U0366794

重企强国

卢纯 著

清华大学出版社
北京

图书在版编目（CIP）数据

重企强国 / 卢纯著 . — 北京：清华大学出版社，2020.7（2023.3 重印）
ISBN 978-7-302-55267-3

Ⅰ . ①重… Ⅱ . ①卢… Ⅲ . ①企业管理 – 经验 – 世界 ②国有企业 – 经济发展 –
研究 – 中国 Ⅳ . ① F279.1 ② F279.241

中国版本图书馆 CIP 数据核字（2020）第 050903 号

责任编辑：王如月
装帧设计：■ 设计・邱特聪
责任校对：王荣静
责任印制：杨 艳

出版发行：清华大学出版社
　　　　　网　　址：http://www.tup.com.cn, http://www.wqbook.com
　　　　　地　　址：北京清华大学学研大厦 A 座　　　　邮　　编：100084
　　　　　社总机：010-83470000　　　　　　　　　邮　　购：010-62786544
　　　　　投稿与读者服务：010-62776969, c-service@tup.tsinghua.edu.cn
　　　　　质量反馈：010-62772015, zhiliang@tup.tsinghua.edu.cn
印 装 者：三河市东方印刷有限公司
经　　销：全国新华书店
开　　本：155mm×230mm　　　印　张：23　　　字　数：210 千字
版　　次：2020 年 7 月第 1 版　　　印　次：2023 年 3 月第 10 次印刷
定　　价：88.00 元

产品编号：087118-02

自　序

党的十九大报告全文约 3.2 万字，在这份描绘中华民族伟大复兴事业的宏伟发展蓝图中，"世界一流" 4 个字在全文中仅出现 3 次，共修饰了两个主体，其一是"到本世纪中叶把人民军队全面建成世界一流军队"；其二就是"培育具有全球竞争力的世界一流企业"。

将培育世界一流企业放在与建设世界一流人民军队同等重要的地位并写入执政党的报告，这在世界各国尚属首次，特别是在中国全面建设社会主义现代化强国的关键历史时期，以习近平同志为核心的党中央作出这一重大战略部署，充分说明强国必先强军、强企，强军、强企必须瞄准世界一流、建成世界一流！

从 1872 年中国第一家参照现代企业制度成立的轮船招商局算起，中国企业怀揣"重企强国"的理想，苦苦求索了近一个半世纪！当我们站在新中国成立 70 周年的历史节点回望中国企业伴随共和国走过的峥嵘岁月，犹感心潮澎湃，感慨万千。新中国从"一穷二白""没有企业、只有工厂"到企业数量最多、入围《财富》世界 500 强榜单[1] 最多的国家；新中国企业从行政机构直接管理、计划经济体制的生产单位，到市场化的独立法人主体、中国特色社会主义市场经济的重要基石，中国企业书写了从无到有、从小到大、从弱到强的中国奇迹，不仅实现了自身发展的"蝶变"，更为实业救国、实业建国、实业立国和重企兴国、重企富国、重企强国作出了不可替代的历史贡献。今天，当我们立足伟大新时代去展望国家、民族和世界的未来，那种与生俱来的历史使命感和重企强国的信念仍然驱动着中国企业在第一次"蝶变"的基础上实现从"大"到"强大"、从"强大"到"伟大"的第二次"蝶变"，为国家打造强国重企、掌握关键核心技术、赢得全球竞争力和话语权，为世界构建"连接枢纽""合作平台"，服务人类命运共同体建设！这是中国企业已经扛在肩上的历史使命，也是摆在我们面前的时代答卷。

本书大量使用了"强国重企""重企强国"的概念，这里的"重"和"强"既可以理解为动词，也可以作为形容词，不同的词性可以表达不同的意义，但都旨在阐明"强国须重企，重企必强国"这一核心观点。对国家而言，中国要实现从大国到强国的跨越，必须高度重视企业的功能，充

---

1 如无特殊说明，书中提及的"世界 500 强"均指代美国《财富》杂志发布的世界 500 强榜单。

分发挥企业的作用，着重培育能够成为世界一流的行业领军企业。对中国企业而言，我们不能仅仅满足于当前的"大而富"，更要"强而优"，必须成为党和国家所器重、民族所倚重、行业所敬重、世界所尊重的大国重器，加快完成从"大"到"强大"的"二次蝶变"，创建一批世界一流企业。需要指出的是，世界一流企业一定是强国重企，但强国重企不一定都是世界一流企业，强国重企是一个大国十分重要而又强大的企业，它的内涵和外延比世界一流企业更宽泛，能包含更多大企业和有作为的企业。

"重企强国"是中国企业的历史也是未来，是初心也是使命，是付出也是收获，是汗水也是欢颜，是光荣也是责任，是基因也是信仰。对于每一家在时代中奋斗、在奋斗中成长、在成长中强大的中国企业来说，无论是国有、民营还是合资企业，无论规模体量大小，都应当认知"重企强国"的内涵，思考"重企强国"的意义，探索"重企强国"的路径，践行"重企强国"的使命。

中外历史反复证明，国家强则企业强，企业兴则国家兴，重企能够强国，重企必将强国。在经济全球化、贸易自由化的时代，疆域广袤、人口众多不再是衡量世界大国的唯一标准，船坚炮利、百万雄师不再是彰显国家力量的唯一途径。今天，国家的综合实力正在被强大的企业和庞大的市场所定义，国家的影响范围正在通过企业的商业版图得到确认，国家之间的角力博弈正在企业之间的谈判桌上进行。强国重企在推动能源革命、信息革命、产业革命等方面扮演着不可替代的重要角色，是打造军工强国、航天强国、网络强国、能源强国、海洋强国、生态强国、金融强国、数字强国的主力军。有了强大的世界一流军队和世界一流企业作支撑，国家安全才有充分保障，国家利益才能有效维护，国家地位才能更好巩固，中国才能有充分的底气和自信应对任何霸权主义国家的挑衅。

在英国、美国、德国、新加坡、日本等东西方经济强国渐次崛起的历程中，一批大国强企在国家的重视培育和自身的努力奋斗下，成长为各自行业领域的世界一流企业，不仅成就了百年长青的基业、推动了社会的进步昌明、科技的日新月异、文化的蓬勃兴盛、人民福祉的改善提升，更为国家拓展发展空间、延长发展时间作出了不可替代的重要贡献。

2019 年 7 月 22 日，美国《财富》杂志发布了最新的世界 500 强排行榜，中国有 129 家企业上榜，历史上首次超越美国，位居全球第一。对中国而言，这是具有重大历史意义的里程碑和标志性事件，它标志着中国已经成为名副其实的世界企业大国，也标志着中国企业已经站在了新的历史起点上。我们不仅要为全世界制造产品、提供服务、打造产业，更要为全世界和全人类提供福祉、创造文化、书写历史！对世界而言，这是时代变革的前奏，当中国以此为起点完成从企业大国到企业强国的蝶变，世界也将为之改变。

对发展和进步的渴望，对美好生活的追求，对复兴和强大的憧憬，驱使我们更加深刻地认知重企强国的内涵和创建世界一流企业的意义！世界一流企业令人向往，强国重企受人尊敬，国之重器让人信赖，行业翘楚引人跟随。它们拥有永恒发展的内生动力，持续稳定的盈利能力，跨越百年的长青基业，不泯不灭的创新激情。它们不仅创造卓越的产品、价值和服务，更孕育思想、传播文化、传递理念、培养习惯、成就人才。它们是社会昌明、科技兴盛、法制健全的中坚力量，是国家富强、民族兴盛的中流砥柱！

进入新时代，中国企业如何重新发现企业这一古老的契约组合和制度集成，如何重新理解现代企业制度的重要意义，如何重新认知世界一流企业的强大功能，如何重新认识定位自己，如何重新把握世界，不仅将决定中国企业未来向何处去，也将对国家崛起强大的步伐和民族百年复兴的进程产生重要而深远的影响。

并非所有的中国企业都具备成为强国重企和世界一流企业的基础条件，但所有的中国企业都有做强做优做大的现实需要。中国企业做强做优做大既需要在使命、责任和价值层面上的理论思考，也需要在方法、路径、工具和事功层面上进行实践探讨，还需要精神、理想和信念层面的引导和激励。目前，国内理论界和企业界都在孜孜不倦地思考、矢志不渝地探索，但迄今为止还没有形成系统科学的理论体系和实践路径方法，更缺乏理论和实践一体化的现实成果。

本书的理论思考主要探讨中国企业的价值理性、责任使命，以及创建世界一流企业的充分必要性和必然规律，希望以此为中国企业形成从"大"到"强大"的方向引导机制和推动机制提供一些有益借鉴。本书的实践探讨部分主要是路径措施和工具事功层面的技术方法，希望能为中国企业提高创建世界一流企业的实践有效性和成功率，形成创建激情和行动自觉提供一些参考和事例。

基于上述认识，围绕创建世界一流企业、实现重企强国这条主线，本书尝试提出了五个方面的理论思考与实践探讨。

第一部分：企业、现代企业和世界一流企业。

企业起源于人类的契约精神和商贸文明，在现代经济学赋予企业的明确定义之下，企业还拥有更为丰富、生动、深邃的六大内涵属性：企业是兼收并蓄的制度集萃、聚合万物的连接枢纽、创造价值的利益共同体、永恒发展的经济组织、不断迭代的元理念、崇尚奋斗的精神家园。正是这些内涵属性赋予了企业历久弥新的强大生命力，让企业成为追溯人类文明发展脉络的活化石，也让企业成为推动人类文明向前发展进步的重要力量。

现代企业是企业发展和演进的重要成果，是现代企业制度的结晶，是人类制度文明的伟大创造，也是维系人类社会发展的制度基石之一。现代企业以有限责任开发无限市场，以无形法人创造有形财富，以多元股份凝聚统一意志。现代企业以有限责任、股份制和法人制这三大核心制度以及一系列子制度，使现代企业成为创造价值的沃土、调和关系的枢纽，成为以法律程序和契约精神推动市场经济健康发展的重要力量。现代企业以制度的力量推动并实现了改变世界、影响未来的伟大变革。

世界一流企业是现代企业创新发展的高级形态和重大成就。世界一流企业以跨越时空、国界、文化和意识形态的特殊组织形态，以富可敌国、强可御国、大可比国的强大功能、磅礴力量，以优强核心资产、极高市场价值、行业引领地位、顶尖科学技术、一流人才队伍、强大国际影响力等共性特征，以跨越国界、联通世界、全球经营、发展无限、功能多元、范式创新等特殊属性，推动国家崛起、引领行业进步、影响世界发展、塑造未来格局。

强国皆重企、重企能强国。培育、建设一批世界一流企业和强国重企是所有国家求富图强的必经之路；发展、提高世界一流企业的全球竞争力成为国家持续强盛的重要标志；培育、驾驭更多的世界一流企业，使其基业长青、服务国家、贡献社会、造福世界成为所有大国和强国都必须求索实践的重大发展命题。

第二部分：中国企业的发展、改革与制度创新。

中国现代企业在内忧外患的旧中国萌芽，在一穷二白的新中国重生，在改革开放的春潮里蝶变，在走向民族复兴的新时代壮大，书写了从落后到赶超、从模仿到创新、从"只有工厂、没有企业"到世界企业大国的奇迹。中国企业在百年奋斗历程中，积淀形成了深厚的历史底蕴、炽热的家国情怀，也走过了曲折的发展历程，书写了不朽的历史贡献，发挥了不可替代的功能作用。

持续深化改革是中国企业发展的主旋律。新中国成立以来，中国企业历尽艰难却始终百折不回地推动改革、践行改革，先后经历了放权让利、利改税、承包经营、建立现代企业制度和全面深化改革等主要历史阶段。"改革"已经深深融入了中国企业的历史、文化和基因。面向未来，改革仍然是中国企业战胜艰难险阻、应对风险挑战、做强做优做大、实现高质量发展最重要的法宝。

从"大"到"强大"，中国企业需要"二次蝶变"。改革开放促成了中国企业的第一次蝶变，成功解决了中国企业有没有、够不够、大不大的问题，更让中国从"一穷二白""只有工厂、没有企业"成长为工程强国、制造强国，成长为入围《财富》杂志2019年世界500强榜单最多的国家和世界第二大经济体。今天的中国已经不缺大产业、大企业，但缺少掌握关键核心技术、具备全球竞争优势、拥有世界影响力的世界一流企业，仍然需要突破大而不强、富而不优的发展瓶颈，需要补齐一系列短板不足，加快完成第二次蝶变，实现从量变到质变的升级。

将现代企业制度进行本土化改造是所有国家的一致做法。中国企业不仅是现代企业制度的实践者，还是现代企业制度的创新者；中国企业不仅在管理体制和经营方式上进行了创新，而且在现代企业制度层面进行了一些符合中国国情和企业实际、能够充分发挥中国特色社会主义制度优越性的探索创新，当前正是探索提出中国特色现代企业制度的关键历史机遇期。党的十八大以来，国有企业积极探索推动以"两个一以贯之"为代表的现代企业制度中国化的创新，加快实践探索适合中国国情、符合中国企业实际、满足国家需要、普惠世界发展、造福人类命运共同体的中国特色现代企业制度。

第三部分：世界一流企业的中国需要、机遇和优势。

中国要实现从东方大国到世界强国的历史性跨越，矗立于世界舞台中央，必须通过建设一批世界一流企业，依靠强国重企去推动支撑；中国要让全世界认可中国特色社会主义制度的优越性，接受中华民族实现伟大复兴的现实，必须用世界一流企业的实力、产品和服务让所有持偏见的人心悦诚服；中国要推动构建人类命运共同体的伟大事业，为全人类的可持续发展贡献力量，必须通过建设一批世界一流企业和强国重企构建中国平台、分享中国机遇、贡献中国智慧、提供中国方案、承担中国担当。对中国企业而言，打造强国重企、建设世界一流企业是实现从"大"到"强大"的内生动力，是提升全球影响力和国际竞争力的引导机制，也是在新时代实现转型、升级和"蝶变"的实践路径。

今天，离开世界就无法解释中国，离开中国也无法讨论世界的未来。面对错综复杂的国际竞争环境，中国企业需要抢抓历史窗口期，加快建设世界一流企业的步伐，捍卫国家利益，维护世界多极化和经济全球化来之不易的发展成果。中央企业作为共和国的"长子"，作为党和国家最可信赖的依靠力量，必须坚决听从党中央的召唤，以建设世界一流企业为目标和路径，加快做强做优做大，将自身打造成为无愧于"长子"身份的强国重企。

中国经济持续健康发展为培育世界一流企业创造了难得的机遇，为中国企业提供了快速发展和大展身手的舞台。中国企业应当抓住国家经济整体向高质量发展转型升级的历史机遇，全面贯彻落实新发展理念，努力提升企业高质量发展和可持续发展能力；抓住国有企业全面深化改革的历史机遇，进一步完善市场化体制机制，成为具有强大发展优势的市场主体；抓住全球科学技术重大突破的历史机遇期，掌握关键核心技术，形成全球竞争优势；抓住"一带一路"建设的历史机遇，不断提升国际化经营能力和国际竞争力；抓住国家建设重大工程和重大科技专项的历史机遇，利用国家提供的平台，提升企业的核心能力，通过建设大国重器，成就强国重企。

中国是第一个将打造世界一流企业作为国家意志、国家行动并上升至国家战略的国家，中国共产党的领导优势、中国特色社会主义的制度优势、有为政府强大的国家优势以及全球最大规模的国内市场优势，让我们更加有信心、有条件、有能力、有优势去建设一批世界一流企业，打造强国重企。

第四部分：东西方世界一流企业案例借鉴。

中国有信心、有条件、有优势建设一批世界一流企业和强国重企，但也要清醒地认识到建设世界一流企业和保持世界一流水平的艰辛与不易，中国企业最缺乏、最急需的是建设和管理世界一流企业的经验。

我们无法对每一家世界一流企业的成败兴衰作出点评分析，本书选择了美国通用电气公司、芬兰诺基亚公司、日本索尼公司3家企业作为典型案例，因为它们具有很好的代表性和借鉴意义。它们的产品和品牌被世人所熟知，又在不同的文化背景和时代机遇下，各自成长壮大为本行业的世界一流企业，它们成就了一样的辉煌，也经历了不一样的失落。

美国通用电气公司是美国乃至人类电气时代的传奇，其成功源于掌握核心技术、把握战略机遇、通过资本运作实现跨越式发展、致力于培养人才、紧跟国家战略形成利益共同体。而美国通用电气公司陷入困局的原因又源于其看似成功的多元化模糊了企业对核心主业的关注和持续投入，导致相关研发能力和引领能力相对落后于竞争对手。

诺基亚是 2G 时代当之无愧的全球手机行业霸主，对移动通信行业的专注投入让这家百年企业成就了盛极一时的辉煌，但却在万众瞩目的高光时刻黯然离场。对于巅峰时期的诺基亚来说，没有新的战略引领，没有新的市场平台，往哪个方向走似乎都是"走下坡路"。

索尼是日本制造的典范，对创新精神和工匠精神深入骨髓的信仰成就了索尼的辉煌，但故步自封、以邻为壑、不愿分享产品平台，以及没有真正实现文化融合的国际化经营，这些都让索尼落后于曾经视其为标杆的韩国三星公司。

今天中国企业所积累的优势、所面临的形势和所面对的挑战，都能在这 3 家企业中找到相似的情况。它们成就一流的成功经验极具价值，值得中国企业学习借鉴；它们盛极而衰的前车之鉴同样弥足珍贵，值得中国企业对照反思。

第五部分：重企强国的中国探索。

每个国家都有着迥异的历史、国情与发展阶段，每家企业都有不同的功能定位、产权属性和行业特点，因而建设世界一流企业没有放之四海而皆准的答案，打造强国重企也很难挂图作战。时代在飞速发展进步，我们也不能用传统的思维方式和管理方法去建设世界一流企业、打造强国重企。为此，党中央已经为中国企业指明了前进的道路和方向，即全面贯彻落实新发展理念，国有企业要始终坚持"两个一以贯之"，全面深化改革，向高质量发展转型升级，培育具有全球竞争力的世界一流企业。在遵循上述道路方向的基础上，基于对企业、现代企业和世界一流企业本质特征的认知把握，基于中国企业共同的价值追求、理想信念和发展历程，我们尝试提出跨越行业、具有普遍借鉴意义、可供中国企业参考的理论观点与路径方法，即做强做优做大核心主业，瞄准世界一流不断创新，战略引领未来、转型成就一流，把握机遇、管控风险，以平台聚力、以合作扩能，树立全球格局、提高全球影响力和竞争力，优化资本结构、提升企业盈利能力和市场价值，选好"一把手"、配强"关键少数"，重视人才、珍惜人才、培养人才、成就人才，培育独具特色的企业精神文化。

今天的中国比以往任何时候都需要强国重企，比以往任何时候都具备培育一批世界一流企业的条件、能力和信心，因为中国企业已经深知强国需要重企、重企必将强国！国家与民族的未来取决于我们今天想做什么、在做什么、能做什么，"重企强国"目标的实现也取决于我们今天思考的深度、改革的力度、行动的态度。无论从何种视角出发，中国企业都应该秉承家国情怀，树立全球视野，依托世界市场，积极努力作为！

目　录

重

企

强

国

企业、现代企业和世界一流企业

当某种事物由于太过寻常而被人们习以为常时，它的意义、价值和影响常常会被人们所忽略，比如空气和水、语言和文字，比如企业。

今天，企业所提供的产品和服务维系着我们每个人的基本生活。只要我们睁开双眼，视线所及、伸手可得的一定是企业提供的产品，比如食品饮料、服装鞋袜、家具电器；我们不必走出家门，就已经开始享受企业提供的服务，比如水电燃气、网络通信。

2020年初席卷全球的新型冠状病毒肺炎疫情更让我们认识到，企业及企业所提供的产品和服务已经成为维系人类健康与生命、维系人类社会稳定与发展、维系人类文明进步与繁荣不可替代的重要支撑之一。

今天，我们已经无法想象一个没有企业存在的世界，但对大多数人来说，对企业的认知仍然是既熟悉又陌生、既具体又朦胧。企业是什么？它因何而生又从何而来？它为什么能够历经千年却愈发生机勃勃？为什么现代企业能够跨越不同的国家、民族、文化、意识形态而存在和发展？为什么所有大企业都渴望成为世界一流企业？为什么所有的国家都不遗余力地培育强国重企？

带着这些问题，我们通过一些大家耳熟能详的历史片段，还原一段从企业到现代企业再到世界一流企业的发展历程，揭示一些不为我们所熟知的企业内涵特质，为我们重新发现企业的重要属性和价值、重新认识企业的重大意义提供一些参考。

第一章
重新发现认识企业

据不完全统计，在法国历史上至少有 23 条舰船被命名为"企业号"，英国先后有 15 艘军舰被命名为"皇家企业号"。美国迄今为止共有 8 艘军舰以"企业号"为名，从 18 世纪的木桅帆船到现代化军舰，特别是有 3 艘美国航空母舰先后承袭了"企业号"之名，人类历史上第一架航天飞机也被命名为"企业号"。西方世界深受海洋文明影响，为舰船命名是一件大事，而企业仅仅是人类文明创造的一种制度组织，却吸引着西方国家纷纷视之为精神图腾，将代表国家形象、象征国家力量、预示国家运势的军舰纷纷冠以"企业"之名。

英文 Entreprise 一词原本只有"企业组织"的含义，因为企业的种种特性而被后人引申为"创业精神"和"进取心"。人类创造了企业组织、企业制度，还赋予它精神层面的美好愿景，广袤的海洋、无边的市场、无垠的宇宙、无限的未来，无一不吸引着和鼓舞着人类以企业为寄托和载体去探索和征服。

究竟是什么赋予了企业如此丰富的内涵和强大的力量？如果我们换一个视角去观察企业组织、理解企业制度和把握企业属性，也可以将企业看作是一系列制度的集合体和制度创新组织，是聚合生产力全要素的连接枢纽，创造价值和财富的经济组织，永恒发展、不断做强做优做大的共同体，不断迭代衍生拓展的元理念和崇尚奋斗的精神家园，也吸引着我们去重新发现、认知企业的属性和特质。

一、兼收并蓄的制度集萃

企业在数千年的发展演进过程中，先后创设、借鉴、吸收了契约制度、雇佣制度、产权制度、经营制度、破产制度、股份制度、有限责任制度、合伙制度、国有制度、私有制度、租赁制度、会计制度等一系列人类制度文明的精华，也书写了一段跨越时空的文明长歌。

在不同的历史时空中，企业曾以不同的面貌、讲着不同的语言、书写着不同的文字、在不同的地域和文明中以不同的角色出现。公元前 3000 年，企业组织的原始基础——契约关系在两河流域出现，古巴比伦《汉谟拉比法典》中已经有了关于"雇佣""租赁""破产"等条款。公元前7世纪，春秋战国时期的齐国政治家管仲提出"官山海"，由国家垄断性经营制盐和冶铁业，这是国有企业最早的雏形。公元1世纪，企业的雏形——承担有限责任的商业社团在古罗马出现，伴随着古罗马的军事扩张而广泛传播到地中海沿岸和欧洲大陆。公元3世纪左右，古印度数学家首先发明了数字，公元7世纪被阿拉伯人发展并传播到西欧，阿拉伯数字成为今天全世界通行的数字语言和记账文字。公元12世纪，"公司"一词在佛罗伦萨城邦出现，最早的银行在威尼斯出现，它们共同见证了地中海贸易的繁荣兴盛。1555年，俄罗斯公司获得沙皇颁发的特许状，成为世界上第一家特许公司。1608年，第一家股票交易所在荷兰阿姆斯特丹正式运营。1785年，英国发明家、企业家瓦特改良了蒸汽机，同一年，"博尔特·瓦特"公司将人类带入了工业时代。1855年，英国通过有限责任法案，企业法人第一次享有了有限的责任。1898年，德国民法典成为第一部明确规定企业法人制度的民法典，一个特殊的权利主体被赋予了正式的法定地位。2016年，中国召开国有企业党的建设工作会议，明确提出将国有企业党组织内嵌到企业治理结构之中，坚持党的领导和现代企业制度"两个一以贯之"，这是现代企业制度在社会主义新中国迈出的革命性一步，它将给现代企业制度带来怎样的影响和变革，值得全世界拭目以待。

现代企业虽然形成于西方，但真正孕育它的是全人类，真正成就它的是经济全球化，真正发展它的是世界文明。今天，当我们用全球的视野、历史的思维、人文的视角观察企业，企业就不仅是一叠黑白的财务报表，更是一幅色彩斑斓、声色并茂、生动鲜活、可歌可泣的人类文明历史长卷；企业不仅是一部格式化的公司章程，更是一部残酷的压迫史、激昂的斗争史、炽热的创业史、勇毅的创新史、曲折的奋斗史；企业不仅是冰冷的机器、厂房，更是有血有肉、有灵有魂、有生有长、有存有灭的生命组织；企业不仅是千篇一律的摩天大楼，更是一张张或张扬桀骜、或克制谦逊、或自由奔放、或严苛精细的鲜活面孔，呈现出既千姿百态又始终如一的精神特质：企业既可以是古丝绸之路上阿拉伯商队的黄沙与驼铃，也可以是纽约纳斯达克上市的香槟与钟声；既可以是大西洋上劈波斩浪的荷兰商船，也可以是城市大街小巷中穿梭的快递小哥；既可以是英属东印度公司的鸦片和香料，也可以是德国拜尔医药公司的阿司匹林和海洛因；既可以是中国黄土高原晋商票号手中噼啪作响的算盘，也可以是美国硅谷 IT 工程师敲打的计算机键盘；既可以是黄浦江边繁华都市的巨幅广告、绚丽霓虹，也可以是耸立在可可西里无人区的通信基站、输电铁塔；既可以是基于血缘亲缘的欧洲百年家族企业，也可以是为全民所共有、被同一种理想信仰所凝聚的中国国有企业。

企业组织伴随人类文明从原始蒙昧、封建专制走向开放包容、现代昌明，从手工作坊、行会商号走向现代企业、跨国公司、世界一流企业，从丝绸之路、茶马古道走向浩瀚大洋、虚拟空间，未来还将开拓无限的星际宇宙。一路走来，企业如同大江大河，它以海纳百川的胸怀，接纳吸收人类各个历史时期、各个国家、各个民族的文明精华、科技结晶、制度集萃，它以大浪淘沙的精神，去粗取精、融会贯通、创新发展，实现了自我进化、迭代升级、长盛不衰。

企业组织的创生与发展、革新与迭代是在无数次吸收与扬弃、继承与发展中完成的，并非一次性的制度发明，而是跨越千年时空的渐进式创新，是各个历史时期、多个文明共同完成的一幅巨大拼图，是全人类共同绘就的历史长卷。

企业组织伴随着文明的进步、生产力的发展、社会制度的变革，为了适应地理大发现、工业革命、机器大生产、贸易全球化、信息革命等不同历史阶段、不同社会制度的需要，在千百年的时间里自发地、逐步地发展起来的制度集成，从无限责任到有限责任，从家族企业到公众公司，从垄断托拉斯到跨国企业集团，从本土领先到世界一流，企业带给我们意想不到的惊喜和震撼，这些都是企业组织在创立之初所没有被定义的，这也正是企业作为一种跨越千年的组织创新、制度发明的生命力所在、活力所在、魅力所在和未来所在。

二、聚合要素的连接枢纽

人类文明的进步从某种意义上是打通壁垒、构建枢纽、创造连接、聚合要素的过程。语言和文字是人与人意识的连接、思想的枢纽、知识的聚合、智慧的传承，是凝聚族群、形成民族、组建国家的基础；工具和工程是人与自然的连接、能量转化的枢纽、科技、经济、社会等要素的聚合，是人类适应自然、利用自然、改造自然的重要手段，使人类逐步摆脱了个体能力的限制和受自然支配的命运。一件产品、一门技术、一项工程或是一个概念如果具有连接枢纽的特性，就具备了将"无关"变为"有关"，将"无序"变为"有序"的能力。

通过观察水利工程我们可以更方便地理解"连接枢纽"属性的重要意义。水利工程搭建了有形的"枢纽"，比如能量转换枢纽（将水的动能或势能转化为电能）、水资源调配枢纽、交通转运枢纽、清洁能源与化石能源组合互补的枢纽。同时水利工程也构建了一系列无形的"连接"。比如，水利工程是国家经济社会发展、自然资源禀赋和科学技术实力共同连接作用形成的产物，是政府、企业、移民、环保组织、社会团体各方利益诉求的焦点，是联结河流上下游、左右岸、干支流、全流域关系的铰链，是经济社会发展与生态环保理念交锋的舆论场，也是国家之间合作发展的"舞台"、竞争博弈的"战场"。正是因为具备了"连接枢纽"的特性，让所有的重大水利工程都关乎山河再造、社会重构、生态修复、治水兴邦，也影响物种繁育、文化传承和文明演进。

同样，人类以企业为平台创造了重要的连接枢纽，对人类文明进步的重大意义和深远影响不亚于人类发明的语言、文字、工具和工程。

企业是聚合生产力各要素的连接枢纽。企业汇聚了契约、资源、科技、智慧、资本、权责、制度、人才等多种要素并实现了连接聚合。企业不但连接了这些要素，更将这些要素聚合在一起；不但聚合在一起，而且根据不同的目标功能对各要素进行重新结构化，放大、倍增了单一要素的价值和效能，并赋予其新的功能。比如，企业将没有亲缘关系的陌生人通过契约、合同连接在一起，将分散在个体之中的智慧、能力、品格、修养、关系等资源聚合为一个整体，实现了个人所不具备的创造力和抗风险能力；企业将科技、资本与劳动力相结合，让一项科技发明迅速产业化并具备规模化生产、社会化推广的能力；企业将管理科学与资源相结合，通过优化配置产生新的效益，通过重新结构化产生新的功能。在人类所有的制度发明、组织创新中，具备和企业类似的连接枢纽特性的组织、制度有很多，比如国家、宗教、军队、政党、宗族，但还没有一个组织能够像企业这样编织起如此庞大的连接枢纽网络，能够打破国家、文化和意识形态的壁垒，在全世界高效地聚合、配置、结构化和赋能资源。

企业是打通壁垒的连接枢纽。企业构建了连接全世界的产业网、能源网、交通网、信息网、金融网，以跨越国界的产品和服务打通了民族、文化、地域、国家、意识形态之间的壁垒。企业通过商贸交流促进了各个国家、各个民族之间的科技交流、文化沟通和思想融通，是人类文明互鉴互通、共同发展的重要制度基础。丝绸之路打通了东西方的地理隔阂和商贸屏障，新航路的开辟让非洲和美洲的原始部落文明一步进入现代文明，"一带一路"倡议让不同社会制度和不同经济发展程度的国家可以自由平等地进行贸易，移动互联网让我们可以随时随地无延迟地联通全世界，在企业的连接下，市场越来越大，世界越来越小。

企业构建了过去、现在和未来的连接枢纽。在中国古汉语中并没有与"企业"内涵相对应的词汇，"企业"一词源于日本明治维新时期对英文 enterprise 的汉字翻译，并于近代引入汉语之中。企业的"企"字在汉字中的意思是踮起脚尖盼望的样子，寓意对未来的企望；"业"字可以理解为产业、事业。企业创造了债权、期权、剩余索取权等概念并将其制度化，人们用过去积累的知识、财富、资源、信誉，通过现有的科技、制度、人才，去投资未来的事业、获得预期的回报。企业进行战略管理，就是使企业过去积累的资源和现在的各项能力能够与未来的发展目标相匹配。国家培育一个或一批企业，就是对国家的未来发展进行有目标的战略管控。

企业构建了社会关系的连接枢纽。企业组织和制度的发展、成熟、壮大，逐步改变和颠覆了以土地农业为基础、以王权贵族为上层建筑的社会结构，它终结了封建时代，将人类带入商业文明和工业文明时代，为人类社会构建了一种更加平等、稳定的合作、雇佣关系，人有了雇佣和被雇佣的自由，与封建主仆关系不同的是，雇主和雇员在人格上是平等的。现代企业诞生以来，不仅创造了维系社会正常运行发展的产品和服务，更为全世界提供了80%以上的工作岗位，"我靠企业生存、企业靠我发展"已经成为全世界所有企业员工的思想共识，更成为社会与国家稳定的基石。在中国，企业职工有困难时会先寻求"单位"的帮助，职工取得荣誉时企业也会得到褒奖，职工违法犯罪时企业也要为员工担保或承担连带管理责任。过去，中国企业的职工外出公干需要企业开具介绍信，否则就无法买票、住宿、联系业务；现在，员工办理个人出国签证、银行贷款等仍然需要企业提供在职证明、收入证明，无论是过去还是现在，无论是国有还是民营，企业都有义务为员工进行信用背书。可以说，企业制度创造了区别于土地、政府、家族和宗教之外的依附对象，成为保持当代社会关系稳定的基石之一。

三、创造价值的经济组织

在无数次的变与不变之中，企业完成了从原始走向现代的伟大蜕变。"变"的是组织形态和制度内涵，"不变"的是发展内核、创新基因、协作机制和契约精神，通过人与人在企业组织内的集体劳作、众智创新、协作创富来创造价值。

企业是人类进行集体劳动的组织。集体劳动在人类进化过程中起了决定性的推动作用，它不仅生产了人类生存所必需的产品，更形成了人与人之间的社会关系，为人类社会的存续和发展奠定了重要的物质基础和组织关系网络。企业并不是人类进行集体劳动最早创造的组织，也不是唯一的组织，但企业却是目前最广泛存在的组织，因为它能适应不同发展阶段、不同历史文化背景的国情，能够生产满足从国家到个人生产、生活、生存的产品和服务，更形成了人与人跨越国界、语言和文化的相互依赖、相互服务、相互交往的关系基础，形成了全球大生产、大协作和大共存。今天，绝大部分的现代人已经很难回归到男耕女织的田园时代，不仅是企业需要人的集体劳动和协同创新去创造价值，人也需要以企业为平台去获取信息和生产生活资料，获得赋能和机遇。

企业是人类众智创新的组织。在企业出现之前，人类的重大创新通常以个体智慧的方式出现，比如东汉的蔡伦改进造纸术、中世纪德国的古腾堡发明金属活字印刷，这些都是基于某个人的天才创想或长期积累，但也受限于个人的能力。在企业不断发展壮大的过程中，它不仅吸引资本，更吸引并组织起大量掌握智慧、科技、经验的个人，并且通过有效的机制极大倍增了个人的生产力和创造力极限，企业能够赋予这些创新能力和成果以产权，并不断实现资本化，以便这些创新能够被推广和交易，更长久地继承和发展。

企业是人类协作创富的组织。人类从事生产经营活动是为了获得财富和创造价值，在资本主义国家，这种财富和价值绝大部分被私人所占有；在社会主义新中国，这种财富和价值更多地被全体国民所分享。无论在哪种社会制度下，只要是在市场经济中，创造价值的多少通常用货币化的销售收入和利润指标来衡量，而发展优先权、资源配置权、方向主导权通常会被该行业创造价值最多的企业所占有，所以企业都会天然地追求价值创造、利润创造、财富创造，整个社会的财富也在被不断地创造和积累，从而实现了人类社会的进步和发展。创造价值、创造利润、创造财富是企业区别于其他组织的重要特征所在和强大吸引力所在。正是为了创造价值和财富，企业才不遗余力地网聚人才、资源和资本等要素，将之组合成效率更高、创造力更强、抗风险能力更强的共同体。正是为了创造价值和财富，人们才愿意创办企业、加入企业、被企业赋能。

四、永恒发展的共同体

企业的一切都是为了发展，发展是为了企业的一切。

发展是人类的本性，是历史的主流，是不可抗拒的力量。所有的碳基质生命体从诞生的一刻开始，就已经开启了走向死亡的倒计时，生存、延续、发展是生命的本能需求。肉体总会消亡，而制度可以长存。为此，人类先后创造了家族、民族、国家、企业等概念上的组织，以制度传承文化、智慧和财富。

企业是人创建的经济组织，人是企业的细胞，企业是人的智慧与能力、优点与弱点、精神与特质的集合。企业的注册成立如同生命的诞生，企业的发展壮大如同生命的开枝散叶，企业的破产清算如同生命的消亡。

企业组织和企业制度的核心本质就是发展。西方经济学认为，企业作为组织和制度存在的唯一目的就是实现股东利益最大化。在资本主义制度下，这里的股东最终指向拥有资本的个人；在社会主义制度下，这里的股东最终指向代表最广大人民利益的国家。企业应当是组织与个人发展目标的统一，是企业股东、法人、员工、社会等多方发展诉求的一致。为了发展，人们在企业集体劳动；为了发展，人们愿意依靠企业进行集体创新；为了发展，人们创办企业不断创造新价值。发展是企业创新、创效、创富的初衷，发展是企业回报股东、员工、社会、国家的手段，发展是企业连接资源、关系、契约、权利的目的，发展是企业实现自我迭代、长期存续的基础。

企业包含着人类与生俱来对发展的本能诉求，这是企业能够跨越时空、国界、民族、文化和意识形态而存在的原因。亚当·斯密说"交易是人类的本性，它的历史可能和语言一样古老"。人类的祖先智人从原始的渔猎采集进化到农耕文明，通过社会化的劳动春种秋收、畜养牲畜，摆脱了大自然随机性和不可控的支配，逐步掌握了自身命运和发展的主动权，这种对发展的崇拜和渴望深深地融入了人类基因，不仅直接推动了商业文明的到来，更推动了文明的整体发展演进。农业文明与商业文明具有本质上的一致性，每颗种子都可以看作是对秋天收获的"投资"，每份注册资本也可以理解为是对未来事业的"播种"。

发展、进步、憧憬美好生活是人类的根本诉求，正是基于这种共通的基因，企业组织才能打破国界、民族、文化和意识形态的壁垒，企业制度才能承载着全人类对发展、对进步、对美好生活的共同向往，从过去走向未来。

五、不断迭代的元理念

"大哉乾元，万物资始。"在《易经》中，"元"被认为是万物创世、化生、起源的起点，元世祖忽必烈将国号为定"元"也是取此之意。

所谓元理念，就是人们以某一种特定概念为"母本"和"圆心"，可以嫁接、放射、衍生出丰富子概念或概念分支的初始概念。能够成为"元理念"的概念都具有丰富的内涵和外延，具备不断演进和衍生的潜力，拥有改变世界、影响未来的力量。概念是人们对某种事物本质的描述，元理念也是概念思维的重要形式之一，概念思维有助于我们快速把握一种陌生事物的特征和本质，是我们认识世界、改造世界的重要思维工具之一。需要指出的是，概念思维有时也会形成思维定式和成见，从而禁锢我们的思维和创新。

"工程"就是典型的元理念，以"工程"为元理念，可以发展衍生出建筑工程、水利工程、航天工程、基因工程等有形的工程概念分支，还可以衍生出建设世界一流大学的"211工程"，救助贫困地区失学少年儿童的"希望工程"等无实体形态的工程。它们都是以"工程"为元理念的延伸、发展和创新，其本质都是人类有组织地根据头脑中的意向进行"造物"的过程和成果，都是人类工程思维的产物。

同样，企业也是一个重要的元理念。通过给"企业"冠以不同的定语，人们创造了股份企业、家族企业、合伙企业、托拉斯企业、中央企业、国有企业、集体企业、民营企业、合资企业、外资企业、互联网企业等新的企业概念，它们都是基于企业元理念所衍生出的分支，"企业"之前的定语并没有限制企业的发展，反而给予了企业更多发展的可能。

企业作为元理念，其最大的魅力、最大的生命力就在于不断拓展的内涵和外延。企业是人类主观设计的制度和契约，又是客观存在的组织和实体，企业也许并不需要被赋予一劳永逸、一成不变的定义，它存在的意义就是服务人类的发展，而发展就是对企业最好的诠释。

关于企业的定义，不同的词典、教科书、学术专著都给出了不同的定义，有的简明抽象，比如牛津词典的定义"a company or business"，有的复杂而具体。如果以现在流行的"大数据"方式分析这些定义，出现频率最高的可能是以下几个关键词："盈利""生产要素""市场""服务""商品""自负盈亏""自主经营""独立核算""法人""股东""经济组织"，只需要寥寥数词，就勾勒出一幅"企业"的"二维素描像"。这张"画像"只是"企业"今时今日展示给世人的一个时空切面，它的过去并非如此丰富，它的未来也不应以此为局限。

我们如何认识企业，就会如何定义企业，并且根据这种定义去塑造企业、管理企业。如果我们认为企业是为股东利益最大化而存在的组织，那么企业就会被设计为一切为盈利服务，逐利就是企业存在的唯一价值和终极目的，企业所推动的创新和进步就会被理解为实现盈利目标的副产品，这一理念在西方深入人心，但将世界一次次拖入周期性经济危机的恰恰是对利润不加节制的追逐，这种定义为人性中的"贪婪"贴上了正当合理的标签，同时也弱化了"创新""协作""进步"等人性的光辉。与之相反的是，如果我们认为企业是推动创新和矢志进步、服务社会和大多数人的福祉而存在的经济组织，企业制度的设计就会围绕这一目标而对企业进行更多的制度赋能，企业也将以创造最大化的创新价值、社会价值为己任，而盈利只是其价值创造的"副产品"，随着企业重要性的增强，其创造的利润也自然水涨船高，企业也将焕发出更加夺目的光彩。

面向无限宽广的市场、无限可能的未来，我们应当跳出西方经济学和管理学为企业划定的条条框框，以历史的、开放的、发展的思维去认识企业、理解企业，从中国特有的历史、国情、制度、需要去建设具有中国特色的现代企业、强国重企和世界一流企业。

六、崇尚奋斗的精神家园

人是生理、心理和伦理三重属性的同时存在。没有物质基础，我们的生理存在和伦理存在就无以维系，所以人类用工具、工程创造了现实的物质世界，用以保护自我、发展自我；没有精神家园，人的灵魂和情感就无处安放，所以人类用语言、文字、哲学、文学、宗教、信仰创造了精神家园。

在中国，人们更愿意将自己所工作的企业亲切地称为"厂里"或"单位"，这里有一种区别于家庭又近乎家庭的亲近情感。在大城市，绝大部分企业员工每天有二分之一的时间用于工作和通勤，陪伴家人、睡眠休息的时间共享另外二分之一，我们似乎已经模糊了工作和生活的因果关系，并为此感到迷茫与困惑，究竟是工作为了生活，还是生活为了工作？也许答案并不复杂，因为企业和工作本来就是我们生活的一部分。

企业不仅为我们提供了工作的岗位、生活的物质来源、与社会交流沟通的枢纽，企业还为我们创造了实现自我价值、提升自我能力、激发自我潜能的平台，构建了属于我们每个人的精神家园。企业不仅为员工提供了满足物质生活所需的物质薪酬，也为员工提供了追求理想、追求幸福、追求高品质生活的精神归属。企业不仅为员工提供了职务晋升的渠道，也为员工标记了个人在企业内、行业内的地位和贡献，提供了拼搏向上的精神发展动力。企业不仅为员工提供了雇佣合同，也为员工提供了自我实现的满足感、面对未知的确定感、面对风险的安全感和人在他乡的归属感。员工在企业中获得尊重、保障、希望、荣誉、前途、自信和机遇，通过事业塑造人生、成就自我、实现理想，通过岗位提升知识性的学养和品德性的修养。

对企业的这种感受对中国当今的年轻人来说或许有些模糊，但对许多"50后""60后""70后"来说可谓刻骨铭心。新中国成立初期，企业招工进城、解决城市户口是大多农村子弟改变命运的途径，是全家人的荣耀和寄托。改革开放前，子承父业、顶替上岗是知青回城的主要渠道之一。改革开放初期的下岗潮中，员工离开工作了半辈子的企业，他们为此流泪，不仅因为企业是他们生活的物质依靠，更是他们依赖半生的精神寄托和心灵家园。

奋斗、创新、拼搏、激情是人们内心深处的冲动，安全感、归属感、荣誉感、认同感是人们最重视的情感，企业将这些冲动和情感内化为员工的本能、集体的共识、群体的合力，企业推动着、激励着、鼓舞着员工既为了个人的前途又为了企业的发展而打拼。因为企业的存在，使我们的奋斗更有效率、更有价值、更有保障、更容易成功。

语言、文字、工程、企业……这些能够改变世界、塑造未来的事物，无一不是属于全人类的宝贵财富，无一不是源于人类独有天赋的伟大创造，无一不是人类文明发展进步的重要象征，无一不是人类社会走向共同繁荣的重要支撑。

企业作为发展了上千年的契约组合、制度集成和组织创新，我们对它的认知还远远没有完结，其深层次的本质内涵仍然有待今人和后世去揭示与认知。企业的内涵、属性和特质归根结底是人本性的投射，企业的伟大就是人的理性的伟大，企业的创造力就是人的创造力，企业的不足反映的也是人性中的弱点，企业的无限可能就是人的无限可能。人的发展进步构成了企业的发展进步，人类认知水平、科技水平、道德修养、自控能力的提升直接促进了企业更加完善。可以说，企业的发展史也是人类文明的演进史，是不同文化、科技、制度的交融互鉴史，只要人类继续保持理性、科学、自制、自省，只要人类文明还在不断发展，企业制度就还有进步的空间、发展的可能，这就是企业作为一种制度能够跨越古今、长盛不衰、保持活力的生命力所在。

第二章
制度的力量：西方现代企业

企业从萌芽走向现代企业，现代企业又从本土领先发展成为世界一流，企业进步的步伐重叠着社会走向昌明、科技走向兴盛、国家走向富强、世界走向全球化的足迹。这并不是幸运的巧合，而是制度的力量。

一、制度文明的伟大创造

人的伟大不仅在于能够创造有形的工具、建设实体的工程，还在于能够设计无形的制度。没有科学、精密的结构设计，钟表就不能报时而只是没有关联的齿轮和发条；没有约定的概念设计，数字、字母就是一些随机的线条而不能传达思想、表达情感。同样，没有一系列的制度设计，人类就无法摆脱原始的动物性而进入文明时代。人类社会是以组织形态为存在的基础，而组织是制度实行的载体，制度是组织运行发展的保障，制度的存在就是为了有效减少人与人交往中的不确定性。企业作为制度的集成，其存在的最大价值之一，就是创造、维护和发展确定性，对抗和抵御不确定性。

人类文明可以理解为一种制度文明，人类文明的进步史也是一部制度文明的演进史。从氏族公社制度到原始奴隶制度，从封建君主制度到民主共和制度，从资本主义制度到社会主义制度，在人类文明的历史长河中，不断有新的制度创生、发展、兴盛，也不断有旧的制度完成历史使命而被淘汰或日渐消亡，人类文明就是在这种螺旋上升的循环中不断开启新的时代，这既是优胜劣汰的自然法则，也是人类有意为之的制度创造，更是人类文明生生不息的动力之源。

一切领先都可以归功于制度的领先。自然资源与生产要素只有借助制度之手的安排，才能以最佳的结构、最合理的配置发挥更大的作用，科学的制度设计是奠定领先优势的前提。制度具有塑造、提升、赋能的强大力量，制度的优势就是国家的优势，制度强大则国家强大。

英国能够从一个孤悬欧洲大陆之外的岛国，迅速崛起为殖民地遍布全球的"日不落帝国"、第一次工业革命的策源地和"一战"前的世界一极，并不在于它的人口、资源和区位优势，而在于它善于通过创设一系列制度来弥补现实资源的不足，实现发展效能上的赶超。

英国并不是第一个发现美洲新大陆的国家，也不是最初占有北美殖民地最多的国家，但却是在北美新大陆获得利益最多的国家。在法国、西班牙等国家争相将新大陆的资源运回欧洲时，英国却率先颁布了殖民经营特许制度，鼓励人口向新大陆迁移，利用开垦和经营，从而超越西班牙、法国成为北美最大既得利益者。

瓦特改进的蒸汽机推动了工业革命，激励瓦特进行大胆创新的是英国专利保护制度，推动创新成果转化为现实生产力的是英国现代企业制度。第一次工业革命诞生在英国，并不是英国幸运地拥有像瓦特这样的杰出发明家和企业家，而是因为像瓦特这样的发明家、企业家幸运地诞生在英国，因为英国是当时拥有最完善专利保护制度的国家。

一纸制度可以改变一个国家、一片大陆和一个时代的命运轨迹。在英国崛起的时代，诸如这类的制度创新还有许多，而英国进入 20 世纪后的衰落也可以理解为在制度革新上已经落后于正在崛起的美国、苏联、德国和日本。改革开放以来，新中国以人类历史上前所未有的发展速度书写了和平崛起的伟大奇迹，这背后正是中国特色社会主义制度的力量。

企业制度是人类制度文明的重要成果之一，也是维系人类社会发展的制度基石之一。企业作为以发展为核心价值的经济组织，为了长期存续、永恒发展和持续盈利，必须在权责界定、财产归属、利润分配、组织结构、运行机制和管理规范等方面作出一系列被广泛认同和一致遵守的制度安排。企业制度从民间自发约定到获得政府信任背书，得到国家强制力的保证，从单一行业规则拓展为跨行业共识，从一个国家认可到全世界通行，创造了人类制度文明史上的一项奇迹。

企业制度与企业相伴相生、共同发展，它是人类制度文明不断发展成熟的产物，更是推动企业从原始走向现代的基础动能。没有企业制度的成熟发展，就没有企业组织的发展壮大、没有市场经济的蓬勃兴盛、没有社会民生的福祉提升、没有国民经济的稳步发展、没有科技文化的昌明进步。企业制度不仅改变了企业的命运，更成为改变社会、影响国家、推动时代、塑造文明的重要力量。

二、现代企业制度的核心特质

企业制度最早可追溯到中世纪前的罗马帝国，原始企业制度的主要形式为康枚达（commouda）和索塞特（soviatas）以及特许公司的雏形"条例管理公司"等，这一时期的企业制度只是为了适应中小企业自主经营、自负盈亏的需要。16世纪末到19世纪上半叶，跨洋大宗商品贸易和工业革命带来的机械化大生产，也对企业经营所需要的巨额资本、所承担的巨大风险等都提出了更高要求，现代企业与现代企业制度在时代变革的呼唤中开始走上历史舞台，与生俱来地带有海洋文明的精神特质，主要体现在全球视野、风险意识、崇尚开拓、平等分享和开放包容等方面。

西方现代企业制度以有限的责任开发无限的市场，以无形的法人创造有形的财富，以多元的股份凝聚统一的意志，这种制度安排最大限度地实现了人性本能的"利己"与社会契约的"利他"的有机统一，更构成了西方现代企业制度的三大核心特征：有限责任、企业法人制度、股份的公开发行和自由转让。

有限责任是西方现代企业制度的基石，它不仅有效隔离了经营的风险，更充分释放了企业的创造性。冒险是人类的天性，是基于发展需要的本能，也正是这种天性和本能指引着人类的祖先走出非洲并创建了人类文明。在企业制度的原始阶段，企业必须为经营活动承担无限的责任，这在情理和法理上都是再正常不过的。但是随着西方国家新航路的开辟、新大陆的发现和新市场的产生，风险巨大但又获利丰厚的远洋贸易催生了有限责任制度，股东以其出资额为限对企业债务承担责任，这是企业制度的一次革命性进步。一方面，有限责任制度有效隔离了经营风险、保护了投资者权益、降低了交易成本；另一方面，有限责任制度激发、保护了企业主对创新的热情，因为创新就是一种冒险，变幻莫测的市场和捉摸不定的未来与浩瀚大洋一样充满风险，有限责任制度点燃了企业家的创新激情，更使企业家精神成为企业的重要生产力要素之一，不断有新的产品被制造、新的需求被创造、新的市场被开发、新的商业模式被应用，也间接推动了时代和社会的进步。

股份的公开发行和自由转让是西方现代企业制度不断发展进步的生命力所在。在企业制度的原始阶段，有限的资本来源是限制企业做强做大的重要因素。股份制度作为融资方式的重大创新，将企业的有形资产、无形资产进行货币化定价、等量切片、公开发行、自由转让，使企业的产权、经营权、债权和剩余索取权实现了分离，它的伟大之处在于克服了个体资本独自经营的局限性，将分散的社会资本聚集起来共同释放强大合力，通过股权的转让形成了企业发展的长期激励机制，构建了对企业经营行为的有效监督约束机制。股份制赋予现代企业规模效应，这是实现社会化大生产所必需的基础条件。同时，有限责任制度赋予了企业创造性，股份制度赋予了企业规模化，两者实现了乘数效应，极大倍增了现代企业制度的力量。正如马克思所说："假如必须等待积累去使某些单个资本增长到能够修建铁路的程度，那么恐怕走到今天世界上还没有铁路。但是，集中通过股份公司转眼之间就把这件事完成了。"

企业法人制度是西方现代企业制度的主体，它赋予了企业人格化的特征和独立的民事权利。在传统的家族企业或合伙企业中，产权和经营权高度统一，股东既是出资者又是管理者。在中国，我们称之为"自东自掌"，即既当股东又当掌柜。当企业的资本规模越来越大、专业分工越来越细、专业化程度越来越高、股东越来越多、股份越来越分散时，这种"自东自掌"的模式显然就限制了企业的发展，现代企业的法人制度应运而生。企业法人制度的本质是将企业的所有权和经营权分离，这种制度一方面可以使企业在创造利润的同时将风险封闭在有限范围内，另一方面可以通过专业化和职业化经营确保企业发展的长期稳定性。企业法人没有自然人的寿命限制，它赋予了企业近乎无限的存续时限和生命力。企业法人拥有比单一股东更长效、更稳定的信誉保证，能够对长期、持续的经营行为提供信用担保。企业法人财产所有权赋予了企业法人自由处置企业法定资产的权利，包括物权、债权、股权、知识产权等多种权利，使企业法人在瞬息万变的市场竞争中能够尽快作出决策，从而使企业能够拥有更大的经营自主性和抗风险能力。

有限责任制度、股份制度和企业法人制度共同构成了西方现代企业制度体系的基石，与其他一系列子制度共同构成了不断发展进步的现代企业制度，使现代企业成为创造新价值的沃土，调和各方关系的枢纽，汇众人财富、集众人智慧、聚众人合力的机制，使社会有效投入和产出制度化的专业组织，成为以法律程序和契约精神推动市场经济健康发展的重要力量，更成为现代社会的基础之一。

现代企业拥有超越传统企业的优越性和先进性，因此成为当今企业制度的主流，但传统企业并没有消亡，一些市场不发达的国家和特殊行业仍然有其存在的需要和土壤，现代企业与传统企业和谐共存、并行不悖、互为补充，这也正是现代企业制度的强大包容性所在。基于对企业这一元理念的理解，我们也有理由相信，有限责任、股份制和法人制这三大核心制度并不是现代企业制度的全部和终点，随着人类制度文明的发展进步，现代企业制度的本质内涵也一定会被发展、完善、增补乃至改写。

现代企业制度及其三大基础制度的形成具有划时代的开创意义，它赋予了企业这一已经发展了数百年的经济组织以全新的生命和更长久的发展潜力、更强大的创造力、更普适的适应性，成为支撑人类文明大厦的重要制度基石之一。

三、改变的力量

现代企业制度的形成和确立在人类制度文明史上具有开天辟地的历史意义，它是我们观察人类思想、政治、国家与社会变迁的一个窗口，也是当代社会赖以繁荣和发展的重要原因之一，更是人类塑造未来的重要工具和手段。

现代企业以制度的力量塑造了我们今天所生活的世界，也颠覆了人们的一些认知。当美国的谷歌公司、中国的百度公司开始用车载摄像机拍摄城市大街小巷的街景绘制实景地图时，大多数人都认为这是一件疯狂的举动，即便是政府也无法实现，但这两家企业还是做到了，城市的地图不再是人们传统认知中的二维平面线条，第一次以三维实景的方式展示在人们面前，这就是企业改变和重塑的力量。

现代企业制度推动人类文明实现了科技大爆炸、生产力大跃升、财富大积累。美国经济学家德隆的研究数据表明：人类自旧石器时代以来97%的财富是在现代企业诞生以来的250年间创造的，而这段时间只占人类历史的0.01%。

为什么现代企业能够有如此强大的力量？现代企业制度与大航海时代一起萌芽，它将全世界的资本、资源、要素与市场联系在一起，形成了孕育财富的沃土；现代企业制度与工业革命一起发展，现代企业制度推动的机器大生产，将人类从繁重、低效、重复的简单体力劳动中解放出来，极大释放了人的创造力；现代企业与能源革命同步进步，将地球远古生物亿万年所转化储备积累的太阳能以化石能的方式，在短短的200年间集中释放出来，为创造新财富提供了强大动能；现代企业与科技革命共同壮大，它将每一次实验室的科技创新迅速转化为产业革命，用新产品、新服务、新产能、新产业创造新需求、新市场、新空间，获取新财富、新价值；现代企业与全球化一起走向全世界，在世界范围内高效率、高效益地配置各种资源，促进了全球的资本大流通、劳动力大生产、资源大整合和财富大积累。

现代企业创造财富的力量是制度的力量。现代企业制度不是创造巨大社会财富的唯一要素，但却是将工业革命、能源革命、信息革命、全球化革命转化为现实财富创造力，推动人类文明发展进步的基础，社会财富创造和增加的过程是通过现代企业制度将能源的自然力、科技的创造力、全球化的资源力提炼、整合、放大的过程。

现代企业通过不断满足需求、创造需求来推动人类文明的共同进步和可持续发展。英国不产茶叶，但却是全世界人均消费茶叶最多的国家，"下午茶"成为一种国民文化，这种消费习惯的形成离不开立顿、川宁、F&M等企业的推动。正如政治经济学家约瑟夫·熊彼特所说："光制造令人满意的香皂还不够，还必须诱导大家洗澡。"宝洁公司、联合利华公司没有发明香皂和牙膏，但它们让"用香皂洗澡、用牙膏刷牙"的个人卫生习惯传播到全世界的每个角落。在企业制度不发达的时代，每当生产过剩、人口爆炸、人的需求得不到有效满足时，通常是以战争或瘟疫的形式实现人口与自然资源的再平衡，这种现象也被称为"马尔萨斯陷阱"。现代企业打破了"需求决定供给"的定律，它们不断创造新的、更高质量的需求，文明的发展不再被透明的天花板所限制，企业通过为全世界提供更新的产品和服务来引导社会向着更加文明和更加可持续的方向发展。

现代企业拓展市场的强烈需求推动了经济全球化、贸易自由化，将全世界紧密连接在一起。对于现代企业来说，国界、语言、文化都不是它发展的边界，哪里有市场、有利润、有机遇，哪里就有现代企业生根发芽和扩张发展的沃土。航运企业编织了联通世界的航运网，将每一个沿海国家通过港口、货轮与航线连接在一起；制造企业构建了跨越国界的产业链，从原材料的生产、商品制造再到消费环环相扣，将所有相关的市场、国家紧密相连。对现代企业来说，这些网络、连接就是企业发展的生命线，它们比传统企业更加需要生产要素的自由流动，因为只有更大范围的流动才有更多的利润空间，只有更大的市场空间，才能换回更长的存续时间。为了维护生命线与生存的空间，现代企业可谓不遗余力。最初的现代企业及其背后的国家为了获取市场、占有市场甚至不惜践踏他国主权、挑动发起战争，中英鸦片战争、美日黑船事件就是最好的例证。随着文明的发展进步，现代企业也逐渐采用更加文明的方式维护经济全球化、贸易自由化，比如缔结各种贸易条约、仲裁机制，组建国际贸易组织并形成定期沟通机制，以和平对话方式解决分歧，推动全球化可持续发展。

现代企业通过商业手段制定规则、传播理念、培养习惯，展示出了比政府更高的效率、比宗教更广泛的渗透，形成了通行世界的基础秩序。人类很早就发明了时间的概念，但在 2000 多年的历史长河中，中国的时间由各个城市独立的日晷和钟楼定义，西方的时间靠太阳通过每个城镇教堂塔尖来校准，国家可以颁布法令、统一度量衡，但没有能力校准全国统一的时间。直到 1858 年，统一的标准时概念才在英国铁路公司的推动下、通过列车时刻表普及开来，随着铁路的铺设，越来越多的国家从此开始有了全国统一的标准时。同样，在 20 世纪 70 年代摩托罗拉公司刚刚发明移动电话的时候，从电话的发明者贝尔实验室到普通大众都在嘲笑这一发明，认为在公众场合走来走去打电话的方式太过粗鄙，电话当然要优雅地坐在室内拨打，然而移动电话在通信设备企业和电信企业的共同推动下，已经成为当代人联络沟通的最主要方式。现代企业的力量就是让不可能变为可能，让不习惯变为离不开，让偏见成为共识。

现代企业极大加速了人类社会的工业化和现代化进程。波音公司没有发明飞机，但波音公司让每个普通人都有机会飞上蓝天，实现长距离旅行；福特汽车公司没有发明汽车，但福特汽车公司生产了每个美国工薪家庭都能买得起的 T 型汽车，推动了汽车的普及。伟大的科技成果从实验室到柜台的"最后一公里"无一不是由企业打通，高昂的研发成本都是在现代企业的车间流水线上完成了大幅度削减，没有现代企业就没有现代社会赖以存在和发展的商品和服务。

现代企业是科技创新的主力，通过产品和服务创新引领行业发展、推动社会进步。现代企业将创新与资本的合力发挥到极致。英特尔公司是全球计算机处理器的领军企业之一，其创始人戈登·摩尔提出了著名的"摩尔定律"，即每一美元所能买到的计算性能，将在 18 至 24 个月内翻一倍以上。英特尔公司不断推出体积更小、效率更高、能耗更低的 CPU，在计算机高度普及、人工智能即将迎来重大突破的今天，以英特尔公司为代表的高科技企业，用不断进步的产品推动了整个电子信息产业乃至人类文明前进发展的速度。

自太阳系形成以来，地球作为一颗行星，在几十亿年的时间里只能反射太阳的光辉。作为发明家的爱迪生在实验室里发明了直流电、改进了电灯，作为企业家的爱迪生通过创办通用电气公司照亮了全人类的夜晚，人类社会从此摆脱了地球自转周期的影响。现代企业的繁荣兴盛，不但让人类拥有了制造光明的能力，更让人类拥有了不断制造光明的需求和动力，这颗行星的夜晚不再静谧黑暗，当我们从太空俯视地球的夜晚，城市群的灯火让地球开始自主"发光"，这是人类文明创造的奇迹，更是现代企业的力量。

第三章

世界一流企业
——现代企业制度的创新发展和高级形态

当一样事物具备重构结构、复合功能、连接枢纽、赋能平台等功能特性，就具备了颠覆创新、创造思想、传播理念、塑造文明、改变世界和影响未来的力量。世界一流企业作为企业组织和现代企业制度的集大成者，同样具备这种强大的力量。

在认知企业和现代企业制度的基础上，当我们以人类历史观和全球视野重新审视世界一流企业这一具有强大功能的特殊组织形态，也就能更加深刻地理解党中央作出"培育具有全球竞争力的世界一流企业"这一重大战略部署的题中之义，更加理解世界一流企业于国家、于民族、于世界的重大价值、深远意义、历史地位和特殊魅力。

一、世界一流企业

西方现代企业是经济全球化的坚定支持者，它们制定了通行世界的商业规则和行业标准，但又将全球市场划分为各自的利益板块；它们推动科技创新、文化交流和社会进步，是国家强大崛起、保障民生福祉的中坚力量，却又在利润的驱使下在法律的边缘试探，并不时挑战社会道德的底线，甚至以过剩的产品、无序的生产将世界拖入经济危机的泥潭。

现代企业并非尽善尽美，在发展过程中也曾经有过多次尝试，比如发展成为辛迪加和托拉斯等垄断集团来控制恶性竞争和无序生产，但是垄断并不能解决现代企业的多种局限性，这是一次并不成功的尝试。所以现代企业仍然需要进一步地发展和完善，需要具备更高视野格局、更大责任担当、更强核心能力、更优资本结构的现代企业去引领现代企业制度进一步发展完善，世界一流企业正是肩负着这样的使命而诞生。

世界一流企业并不满足于获取超额垄断利润，它们还是现代企业制度的发展者，行业进步的引领者，大国崛起的推动者，科技创新的探索者，民生福祉的支撑者，社会繁荣的建设者，经济全球化的支持者，经济发展范式的改写者，是世界权力结构、资源配置和财富分配的影响者，是国与国合作博弈的实施者。

现代企业制度的生命力在于其随着人类认知边界的拓展而不断发展，世界一流企业尽管伟大，但仍然不是企业制度的终极形态。几千年来，企业以不同的形式、面貌在不同的文明孕育下先后登上历史舞台，又先后被历史的尘埃所掩盖，留下的只有生生不息、不断发展、兼收并蓄的企业制度。世界一流企业的功能作用、价值意义、内涵特征、组织形态和运行机制还在不断地发展、升级、迭代和完善，这是现代企业制度的本质特性决定的。正是这种特性，使世界一流企业一直在变化、演进和发展之中，而且充满着无限的潜力和生命力！

世界一流企业不是企业的唯一形态，在现代企业制度高度普及、世界一流企业不断涌现的今天，一些低层次的、较为原始的企业形态仍然广泛存在，跨国公司并没有取代乡镇集体企业，手工的高级定制产品甚至比机械化大生产的产品更加珍贵。今天的企业丛林是一个庞大、复杂的生态系统，不同规模、层次、结构和不同所有制形式的企业或紧密合作，或相互竞争，或彼此依赖，扮演着不同的角色，而存在即合理，这正是现代企业制度的魅力所在，既可以向上发展，也可以向下兼容。

进入世界500强榜单并不代表企业就是世界一流，并且世界500强榜单也非一家之言。除了首创者美国《财富》杂志，《福布斯》《商业周刊》等国际性权威财经媒体都有各自的500强榜单，评价标准也各不相同。《财富》的500

强以销售收入为依据进行排名，高度重视企业规模，所谓500"强"应该是500"大"；而《商业周刊》则从资本市场的视角出发，将上市公司市场价值作为评价企业的主要依据；《福布斯》则考虑年销售额、利润、总资产和市场价值四个方面的综合表现。《商业周刊》的排名仅限于发达国家，而《财富》则将世界各国的企业都进行排名。

二、世界一流企业的共性特征

什么样的企业可以称为世界一流企业？是以国家和公众利益为奋斗目标，还是以获取丰厚利润回报股东为基本使命？是拥有业界第一的庞大资产和雄厚资本，还是掌握了引领行业发展的核心技术和拥有一大批世界一流人才？是不断追求卓越的盈利能力，还是始终保持对创新的不懈追求？对于世界一流企业，每个时代、每个国家、每个机构甚至每个人都有其独特视角和评价标准。

视角不同、期待不同，自然结果不同。在西方资本主义语境下，服务股东利益是企业的天然使命，利润、收入、品牌影响力就是西方世界眼中世界一流企业的核心价值。在社会主义国家的语境下，无论是何种所有制企业，企业不但要盈利，更要服务国家建设和民族复兴、满足人民不断增长的物质文化需要、解决人民日益增长的美好生活需要和不平衡不充分发展之间的矛盾，这是中国企业的共识和发展壮大的基础，因为中国企业承载着比西方企业更多的使命责任和目标期待，我们对于世界一流企业应当有自己的看法和见地。

为了便于大家更进一步认知、了解世界一流企业，我们在总结归纳普遍共识成果的基础上，尝试提出世界一流企业的十点共性特征供参考。

第一，世界一流企业都拥有优越强大的核心资产和极高的市场价值。这里所指的核心资产是能够给企业创造持续性竞争优势、形成稳定盈利能力的资产，包括显著的竞争优势、关键的核心技术、清晰的发展战略、精益的经营管理、一流的创新人才、强大的抗风险能力、较高的品牌知名度等构成世界一流企业的核心资产，其中高素质一流人才是企业核心资产中的核心。核心资产是企业保持长期存续、发展壮大进而实现可持续发展的基本条件，标注了企业在行业、在国家、在世界上的位置，是评价一家企业能否够得上"世界一流"最基本、最直观的评价标准。企业核心资产质量越高、优势就越强，企业的市场价值也越高，竞争优势也越大。

第二，世界一流企业通常都是所在行业的世界领军企业，能够引领世界行业发展方向，是本行业企业对标的标杆和赶超的目标。每一个行业的世界一流企业，通常都在本行业的第一、第二之间轮流产生。当企业取得了行业龙头引领地位后，总会想尽办法扩大与竞争者的差距，保持企业的战略安全空间。当行业内其他企业具备一定的规模和实力之后，必然会向行业内的领军企业发起挑战，在竞争与合作中共同引领行业的发展方向、开拓新兴市场、推动重大技术创新，这也奠定了世界一流企业在行业中的话语权和影响力。

第三，世界一流企业都拥有世界一流的科技创新人才和卓越的管理团队。世界一流企业都是一流技术人才和卓越管理人才的聚集地和熔炉。技术创新必须依靠一流的人才去推动，发展战略最终需要卓越的管理团队来制定并实施，企业的核心竞争力归根到底都要靠人才去实现。

第四，世界一流企业都具有宽广的国际视野、强大的国际影响力、高水平的国际化经营能力。当今世界已经不存在与世隔绝的文明孤岛，任何国家都无法回避全球化，在任何版本的世界 500 强榜单上都找不出一家只固守本土市场的企业，没有国际视野、国际影响力和国际经营能力的企业不可能成为世界一流企业，固守本土、封闭保守的企业在全球化浪潮面前不堪一击。世界一流企业无一不是以发展空间的扩大来换取发展时间的延伸。

第五，世界一流企业都具有强大的抗风险能力。一个重大机遇未必都能转化为重大的成功，但一次重大风险往往会酝酿成一次关系企业生死存亡的重大危机。世界一流企业都在揭示风险、应对风险、管控风险方面具有成熟的经验和策略，都能够在一次又一次的风险考验中立于不败之地，并保持基业长青。

第六，世界一流企业都具有世界知名的企业品牌和独具特色的企业精神文化。世界一流企业普遍拥有较高的全球知名度、资本信用度和社会美誉度，它们的品牌都是具有社会共识的概念符号，是传递企业精神、企业价值观念、企业文化、企业硬实力和软实力的桥梁，是企业核心价值观的凝练、发展历程的缩影、信用信誉的保障和开拓新市场的敲门砖。

第七，世界一流企业都拥有能够跨越百年的世界一流产品或服务，能够实现基业长青的持续经营。企业存续的时间是一家企业可持续发展能力、抗风险能力、转型升级能力、战略引领能力和经营管理能力的重要体现。企业做强做优做大、做世界一流不是百米冲刺、先到为王，在以几十年甚至以百年为单位的历史视角下，比竞争对手坚持得更长久，在更长的时间维度上不断自我更新、自我迭代甚至是自我革命、自我重启，确保在每一次新的变革到来前能够立于不败之地，是世界一流企业的共同特征。

第八，世界一流企业都具备强烈的社会责任意识，对国家、对社会贡献巨大。在履行社会责任、服务国家发展、推动社会进步等方面，世界一流企业都有卓越的表现，都有比一般企业更高的格局、更大的胸怀、更广的视野。世界一流企业只有将根系深深扎入国家政治经济和社会生活的土壤，深度融入国家战略，积累良好的社会美誉，才能不断提升企业形象和品牌价值，为本国和全世界的可持续发展作出更大的贡献。

第九，世界一流企业都具备公道正义、充满人文关怀的工作环境、事业平台和成长空间。世界一流企业只有在职务、待遇、专业分工方面的不同，没有人格上的高低。从保安到企业高管，所有人的人格都是平等的，都是企业的一分子，都是协作分工的一部分，具备公道正义、风清气正、具备人文关怀的工作环境、事业平台和成长空间，能够不断地吸引优秀人才、成就一流人才、留住骨干人才、输出杰出人才，永远保持新鲜的发展活力。

第十，世界一流企业都具有强烈深厚的家国情怀和责任担当。"根之茂者其实遂，膏之沃者其光晔。"一个强大的国家必然会孕育、成就一大批世界一流企业。世界一流企业的发展壮大也必将推动国家和民族的发展进步。弱国无外交，弱国也无强企，没有家国情怀、民族担当的企业注定会格局狭隘、价值缺失、精神涣散、目光短浅，难以信赖依靠，只有背靠国家、依靠人民、肩负国家使命的企业才能在激烈的全球市场竞争中获得来自国家的坚定支持，才有机会和基础成为世界一流企业。

三、世界一流企业的本质特性

世界一流企业的上述共性特征是基于其内在本质属性的外化表现，蕴藏其内核之中的本质特征是世界一流企业与其他现代企业的最大区别。世界一流企业是现代企业的高级形态，是现代企业制度的创新与发展，其本质特征不仅是现代企业和现代企业制度多种功能和特质的集成、综合与放大，而且在许多方面都实现了质的提升，并在此基础上形成了一系列独特的本质特性。

第一，全世界、全要素的联通性。

世界一流企业继承了企业的连接枢纽特性，进一步拓展了现代企业的连接效能，原本要靠几家甚至几十家产业链上下游企业合作才能实现的全球化，世界一流企业靠一己之力就能实现，并且效率更高、组合更优、覆盖全球。

每一家世界一流企业都是一个世界级的连接枢纽，它用自身的业务链条构建汇聚全球资源、资本、人才等诸要素的产业网。比如，IBM 全球总部位于美国纽约，全球支付中心在中国上海，全球采购中心在中国深圳，全球财务中心在马来西亚吉隆坡，全球人力资源中心在菲律宾马尼拉，全球客服中心在澳大利亚布里斯班，并且在中国、瑞士、日本、印度等国家设有研发中心。

从跨国公司到全球集团，世界一流企业将自己深深地植根于全球化的大系统中，从中吸收发展的无穷能量，也支撑着全球化体系的长期稳定运行，而且以企业自身的全球化坚定支持经济全球化和贸易自由化。

第二，企业组织和行为的全球性。

世界一流企业是全球化最大的受益者，也是最大的推动者。它将机构、生产、消费和经营在全世界范围内进行分离和配置，通过其主导构建的供应链、协作系统、产业网串联在一起，并且比普通现代企业具有更高的效率，实现资源在全球获取、资本在全球汇集、资产在全球配置，获取的超额利润回流总部，因而世界一流企业的组织形态、制度文化、生产经营、战略视野，包括竞争与风险等都天然地具有全球性。

世界一流企业是全球化大生产、全球化大分工、全球化大协作的产物，所以它也不遗余力地支持并推动人类社会的全球化、工业化、信息化、智能化和现代化进程，它是社会财富的创造者、工业化和信息化的推动者、现代化的构建者、全球化的缔造者、贸易自由化的捍卫者，同时也是社会规则制定者、习惯培养者和需求创造者，它服务科学教育、拓展文化传播、加速信息传递、消除知识鸿沟，因为只有社会更加昌明、文化更加兴盛，市场才能更加繁荣，新的消费需求和产品服务才能更快速普及。

在产品和服务之外，世界一流企业所倡导的价值观、传递的理念，所支持的公益事业、履行的社会责任等，都在潜移默化地影响和改变着世界。

第三，发展的无边界性。

每一家世界一流企业虽然都具有鲜明的国家属性，但已经几乎没有了发展的边界。世界一流企业可以实现产业链上的纵向扩展，也可以完成跨行业的横向扩张，更可以打破国家、语言、文化的边界拓展全球市场。

世界一流企业从不将自己局限于一个国家和某一行业的某一个点位，它们总是对新市场、新机遇、新技术充满热忱，随时随地准备着去开拓新产业、创造新价值、获取新增长。世界一流企业总是将自身置于全球化大市场中进行资源配置、市场开拓、吸引人才、品牌推广、科技开发和本土化改造，为自己营造更加广阔的生存和发展空间，在不同的产业领域、不同的国别市场不断复制自我、保存自我、延续自我、强大自我、发展自我。

第四，功能的多元性。

世界一流企业最突出的功能和作用并不仅仅局限于为股东创造财富、为市场提供产品，更在于其能够跨越企业所在行业，发挥超越经济组织的多元功能。

世界一流企业的影响范围已经超越了市场范畴和经济领域，不管其有意还是无心，无论在何种社会制度之下，当企业规模达到一定量级，其功能属性就会超越一般经济组织的经济性、区域性、行业性，而具有政治性、国家性和国际性，企业利益与国家利益相互交织，成为跨越国界、文化和意识形态的特殊组织，扮演着国家之间合作、竞争、博弈的重要角色。

世界一流企业的重要价值还在于能够发挥政府、军队、政党所不能发挥的重要作用、所不便触及的领域。世界一流企业是代表国家参与国际合作的平台，也是推动经济全球化的重要力量和实施主体。苏联立国初期，资本主义世界对这个新生的国家政权充满惊恐和敌意，美国政府拒绝为国民签发去苏联的签证，福特汽车公司的创始人亨利·福特也是共产主义的顽固反对者。但是，当列宁的特使劝说福特公司进入苏联市场时，亨利·福特还是被这个庞大的新兴市场所吸引，福特公司成为在苏联经销汽车和拖拉机的主要代理人，并帮助苏联建立了完备的汽车工业体系。

第五，发展范式的创新性。

世界一流企业都以创新为立足的根本和最大的执念。它们的创新既包括产品技术和服务方式创新、商业模式创新，也包括发展范式创新。

范式的概念和理论是美国著名科学哲学家托马斯·库恩在《科学革命的结构》中提出的。"范式"比方式、模式具有更强的系统性，范式的变革往往带来颠覆性的改变，某一行业领域的范式变革也会打破行业壁垒影响其他行业，比如移动支付就是交易范式的重大改变，它不仅改变了我们的交易方式，也间接影响并改变了我们的出行方式、社交方式。

当某一领域发生"范式"层面的变革时，发起者通常都是该行业的世界一流企业，因为只有世界一流企业具有超越同行的格局和视野，也具备推动颠覆式创新的技术能力和市场影响力，世界一流企业需要以"范式"变革推动社会进步和市场发展，同时倒逼行业实现迭代升级。

基于以上共性要素，我们可以尝试概括提出世界一流企业的一些本质属性，即世界一流企业都是跨国公司或全球公司，其生产、经营和发展具有跨越时空、国界、文化、意识形态的组织属性。世界一流企业都是通过获取资源、雇佣员工、生产产品、提供服务来创造价值，具有连接世界全生产力要素的枢纽属性，能够引领行业发展，促进科技创新、推动国家强大、提升社会福祉、推动经济全球化和贸易自由化，具有多元功能属性。世界一流企业的一切都是为了发展和盈利，盈利是为了企业能够更好更快地发展，因而具有永恒发展、永续逐利的本能属性。世界一流企业集现代企业和现代企业制度属性于一身，因而具有不断衍生迭代创新、不断发展的巨大潜力和生命活力。

第四章

强国重企　重企强国

自现代企业制度诞生以来，西方渐次崛起的大国无一不是倚重现代企业、重点培育世界一流企业的典范，这些世界一流企业也自然成为推动国家更加强大的重要力量。在不同时代和不同国家，强国重企和世界一流企业有着不同的评价标准，但却具有高度相似的共性特征，即跨越国界性、连接世界性、功能多元性、发展无限性、创新永恒性、与国比肩性和多元价值性。

一、重企之"重"

世界一流企业富可敌国，他们所拥有的财富堪比国家。在全球 100 个最大经济体中，有 51 个是企业,49 个是国家，全球最大的 10 家企业年销售总额约等于全世界 100 个最小国家的国内生产总值。世界上有 161 个国家的财政收入不及美国沃尔玛公司。2014 年，美国苹果公司的现金储备达到 950 亿英镑，大约是英国政府国库现金储备的 2 倍多；2018 年，成立仅仅 42 年的苹果公司成为世界第一家市值超过 1 万亿美元的企业，相当于 2.7 亿人口的印尼当年的 GDP。

世界一流企业大可比国，它们都是所在国家的经济支柱。2018 年，美国 GDP 为 20 万亿美元，其中，美国入围《财富》杂志世界 500 强榜单的 120 多家企业总营业收入之和为 8.9 万亿美元，占美国当年 GDP 的 44.5%。诺基亚公司作为芬兰最成功的世界一流企业之一，其年收入最高时占芬兰全国 GDP 的三分之一。世界一流企业不仅能够推动国家强盛，也能够挽救国家于危难，扶大厦之将倾。1907 年，美国的摩根财团几乎靠一己之力帮助美国快速度过了当时的经济危机。

世界一流企业强可御国，它们甚至可以影响政治、掌控国家。西方的世界一流企业毫不掩饰地通过捐款助选的方式表达政治主张，影响国家政策的制定和实施。众所周知，波音、洛克希德·马丁、雷神公司等美国军火工业巨头是共和党的坚定支持者，而硅谷的众多高科技企业则是民主党的长期票仓。

美国这样的大政府、大企业，国家与企业之间尚能通过博弈实现平衡，如果是小政府、大企业，那么这些国家的世界一流大企业既可以在短时间内推动国家快速发展，也可以在长时间内影响国家。在韩国，以三星、现代、LG和SK集团为代表的4家世界一流企业总资产已经占到韩国国家总资产的26%，是整个韩国经济、社会乃至国家的基石。作为4大企业之首，三星集团的年营业收入长期占韩国GDP的15%至20%，每100个韩国人就有一个在三星供职。在韩国流传着这样一句话——一个韩国人的一生离不开三样东西：税收、死亡和三星。

对于韩国、日本这样资源相对紧张、国内市场空间有限的国家来说，要想在短时间内实现国家经济独立和市场经济发展，由政府举全国之力重点扶持个别大型垄断企业来应对全球竞争，是一个明智选择和有效举措，但在私有制基础上靠行政力量集中资源培育的大型企业，其控制权往往不在国家手中。不可否认的是，家族财阀企业是日本和韩国经济繁荣、社会保持稳定的基础，他们多次担负起国家经济转型的重任，在经济实现跨越式增长，创造亚洲奇迹的几十年里功不可没。但这些家族财阀企业在长期的政策偏袒滋养下肆意扩张，发展成为左右国家经济命脉和社会基础的庞然大物，企业的原始积累很大程度上依赖国家，但企业创造的绝大部分财富却由少数家族享有，而一旦出现经营危机又将影响国家稳定，需要国家出手援助，所以这些企业时刻影响、左右着，甚至"绑架"了国家。

历史上，大企业甚至可以代替政府而治理国家，英国的东印度公司[1]就是这方面的代表。在成立之初，它不过是由一群雄心勃勃的商人成立的香料贸易企业，1670 年英国国王查理二世授予东印度公司自主占领地盘、铸造钱币、指令要塞和军队、结盟和宣战、签订和平条约和在被占据地区就民事和刑事诉讼进行审判的权力，东印度公司从一个商业贸易企业变成印度的实际统治者，它变得越来越像一个政府而非一个贸易企业，或者对当时的东印度公司来说，经营一个国家和经营一家企业没有什么不同，都是获利而已。而无论是作为企业还是殖民地实际管理者，英国东印度公司效忠和服务的对象都是英国政府，并且颇为得意地宣扬企业所遵从的信条："从属于赞助者——英格兰国王和国会。"

二、强国须重企

重企是大国崛起的最大受益者，更是最主要的推动者，是世界各国高度重视、不遗余力重点培育和扶植的对象。

从 15 世纪开始，葡萄牙、西班牙、荷兰、英国、法国、德国、沙俄、日本、美国 9 个世界大国陆续登上历史

1　英国东印度公司也译作不列颠东印度公司（British East India Company，BEIC）。1600 年，英国女王伊丽莎白一世颁发特许状，授予"伦敦商人在东印度贸易的公司"对印度贸易的特权，BEIC 从此正式成立，直至 1858 年被英国政府解除在印度的行政权力。

舞台，大国渐次崛起背后，都有现代企业和世界一流企业的身影，借助国家扩张的力量拓展自身的商业版图，国家也借重企之手完成了从崛起到强大所需要的物质积累，并通过本国企业的商业版图划定了国家的势力范围。

推动葡萄牙、西班牙领航"地理大发现"并建立商业殖民帝国的，是这两个国家背后众多的商船主、香料商，大发横财的葡萄牙、西班牙王室只是见识到了全球贸易的力量，却没有对企业的功能和作用引起足够的重视，这也导致了这两个最早、最大的殖民大国的衰落。

面积仅相当于 2.5 个北京的荷兰，从一片滨海渔村成为 17 世纪世界贸易的中心时，现代企业制度已经初具雏形，荷兰东印度公司以公开发行股票的方式在短时间内迅速集聚了来自全社会的财富，从女王到女佣都是它的股东，靠股份制等现代企业制度崛起的荷兰借势实现了国家的崛起强大。

英国的光荣革命、工业革命，法国资产阶级大革命，沙皇俄国的改革与扩张，欧洲的资产阶级凭借其创设的现代企业制度，颠覆了延续千年的封建王权和宗教特权，实现了国家政治经济的现代化，它们中既有英国东印度公司这样的巨无霸企业，也有无数从事银行、纺织、造船和机器制造的中小企业。

早在德意志统一之前，拜耳医药和西门子电气等德国现代企业就已经创立，德国完成统一后，国家为这些企业的快速发展提供了重要的国内市场和海外拓展平台。1892年，西门子就有一半的雇员来自海外，已经成为一家全球化的现代企业。

日本结束幕府统治并开启明治维新后，建立了一批以军工、矿山、铁路、航运为重点的国营企业，随后日本政府又把这些国有资产以低廉的价格出售给三井、三菱、住友、安田等少数财阀，这些财阀发展成为日本最早的企业集团，孕育出丰田、东芝、索尼、松下等众多世界一流企业。

美国是最早的公司化的国家，从某种意义上说，美国也是一个国家化的公司。美国是直接建立在多个殖民公司基础之上的国家，如英国在美洲的第一个殖民地由弗吉尼亚公司建立，法国密西西比公司垄断了密西西比河流域的贸易和开发，荷兰西印度公司以24美元在印第安人手中买下了曼哈顿岛并命名为"新阿姆斯特丹"，后来又被英国人命名为"纽约"。从各州先后并入美国的历史以及今天美国各州与联邦政府之间相对平等的关系来看，联邦政府更像是不断兼并整合各个州而组成的"企业集团"，参议院和众议院可以认为是代表各州利益的股东代表会，美国总统则可以认为是经由股东大会选举的董事长兼CEO。这是美国作为一个契约国家与其他欧洲等级制国家最大的不同之一，企业不仅直接构成了美国独特的政体结构，更形成了崇尚冒险、以获利为荣的国家精神。美国作为较晚发展起来的资本主义强国，它成为世界一极的背后，更是有诸如太平洋铁路公司、杜邦公司、通用电气公司、洛克菲勒公司、可口可乐公司、福特公司等一系列世界一流企业集团的直接支持。

企业与国家之间形成了密不可分的共同体关系，现代企业随着帝国主义的势力扩张而快速发展成为具有强大垄断优势的跨国集团，当这些西方跨国集团披上现代文明的外衣，洗去了原始积累的血腥泥尘，大多都成为最初的世界一流企业。

三、重企必强国

世界一流企业通过制定标准主导行业发展方向，奠定国家竞争优势。当今世界，谁制定了通行世界的行业标准，谁就能执全球产业发展的牛耳，独占超额利润，主导资源分配，拥有定价权、评价权和话语权。

世界一流企业是国家社会稳定发展的基石。企业产生的财富经由政府之手进行社会再分配，从而还富于民，循环往复、螺旋上升，形成了推动社会进步和国家发展的重要力量。活跃的市场经济是国家发展的动力，几乎所有国家都会培育具有行业引领力、控制力的大企业作为国民经济和社会发展的"稳定器"和"压舱石"。1974年，新加坡政府将新加坡开发银行等36家国有企业的股权交由淡马锡公司负责经营。政府赋予淡马锡的使命是："通过有效的监督和商业性战略投资来培育世界级公司，从而为新加坡的经济发展作出贡献。"作为主权财富基金的代表和新加坡国家资产的管理者，淡马锡在新加坡经济的腾飞中不断自我发展，同时通过在国内外的一系列股权投资推动了新加坡经济社会的繁荣稳健发展，新加坡也从一个资源匮乏的弹丸之地一跃成为亚洲乃至世界经济强国。

世界一流企业是国家的科研中坚和科技创新的主力。据不完全统计，全世界 70% 的发明专利和研发投入来自跨国集团。比如，美国企业的研发投入曾一度超过政府研发投入的一倍。美国贝尔实验室被誉为改变了全人类命运的科研机构。在 70 多年的发展历史中，贝尔实验室先后诞生了 11 位诺贝尔奖得主；4 位科学家获得了图灵奖（堪称'计算机界的诺贝尔奖'）；14 位美国科学院院士和 29 位美国工程院院士先后供职于此。贝尔实验室并非国家拨款的科研机构，而是美国最大通信公司 AT&T 的全资子企业。贝尔实验室不仅研究具有商业价值的通信技术，还在最基础的理论物理领域独有建树。但是，随着母公司 AT&T 被美国政府分拆，贝尔实验室开始寄人篱下地四处漂泊，先后被美国朗讯、法国阿尔卡特和芬兰诺基亚所收购。今天，美国在 5G 标准上的滞后不能不说与贝尔实验室等基础通信科学研究的迟滞有着千丝万缕的联系。

世界一流企业不仅为自身的发展招贤纳士，更为社会的进步、国家的发展提供人才保障支撑。近代以来，世界一流企业愈发成为发现人才、培养人才、输出人才的摇篮。威廉·克努森曾是美国福特汽车公司的职业经理人，后受聘执掌雪佛兰汽车公司，并奇迹般地带领这家亏损多年的企业在当年实现盈利。第二次世界大战爆发后，克努森被罗斯福政府邀请负责统筹美国的军备生产，他将在企业形成的经营理念、组织方式和市场化的运作模式引入军备生产，在短时间内极大提升了美国"民转军"的生产效率和规模。1939年，美国的军用飞机交付总量不过900架，1941年飙升到年产2万架，1944年美国军用飞机年产9.8万架，是1939年的110倍。克努森被誉为统管美国军备生产战线的"艾森豪威尔"，是美国赢得第二次世界大战的幕后关键人物之一，成为美国历史上首个获得三星将军军衔的非军职人员。

世界一流企业在国家政治经济生活中具有举足轻重的地位，是国家之间博弈、竞争的抓手，也是对抗、打压的目标。2013年4月14日，法国阿尔斯通集团锅炉部全球负责人弗雷德里克·皮耶鲁齐在纽约被美国司法部逮捕并被指控涉嫌商业贿赂。在咄咄逼人的美国司法部面前，阿尔斯通时任首席执行官选择了妥协退让。阿尔斯通的电力业务，最终被行业内的主要竞争对手——美国通用电气公司收购。阿尔斯通被誉为法国的工业明珠，这家曾经横跨全球电力能源与轨道交通行业的商业巨头最终被美国"肢解"。2018年9月，皮耶鲁齐走出监狱，与马修·阿伦合著《美国陷阱》一书，披露了这一不为人知的内幕。

世界一流企业可以超越国界,在政党、政府、军队不便或无法涉足的经济社会领域进行活动,它可以带去科技、资本、繁荣和信心,也可能带来榨取、混乱、萧条和恐慌,它可以是睦邻友好的合作桥梁,也可以成为国家之间博弈的手段、制裁的抓手,因此成为备受西方大国青睐并不遗余力培养的对象。20 世纪 70 年代,智利民选总统阿连德的一系列改革措施触动了美国在拉美地区的利益,美国为了达到颠覆阿连德政权的目的,利用美国大型跨国企业作为对智利实施隐蔽行动的力量,阻止美元和美国企业资金流入智利,向智利政府索要巨额经济赔偿,取消原定向智利提供的贷款项目,切断国际贷款等多种手段,达到了使智利经济崩溃的目的。最终,亲美的智利军政府通过政变上台,美国政府自然也对美国跨国企业在这次行动中所扮演的角色和发挥的作用"论功行赏"。

四、世界一流企业重新定义强国

世界一流企业与国家的发展紧密相连,国家强则企业兴、企业兴则国家更强、国力衰落、企业必然萎缩。近代以来,凡是忽视市场力量、未能发挥企业作用和优势的国家,都无一例外逐渐走向了衰落,只有借助市场经济配置资源的高效率、利用现代企业这个特殊的组织形态、激发大众的创造力和全社会的活力，国家才能发展强大。一个国家所拥有的世界一流企业的数量，与国家的国际影响力、国际话语权和国际地位呈高度的正相关关系。

英国是世界上第一个完成工业革命的国家，在全球范围内占领了大量殖民地和商业资源，在政治、经济、军事、科技诸多方面长期处于世界领先地位，号称"日不落帝国"。第一次世界大战后，英国国力就已经开始日渐衰微。第二次世界大战后，英国更是从曾经的世界第一跌出了世界前五大经济体。1996 年，英国 GDP 为 1.4 万亿美元，中国为 0.86 万亿美元，英国 GDP 是中国 GDP 的 1.6 倍，英国入围当年《财富》杂志世界 500 强榜单的企业数量是中国的 17 倍。2018 年，英国 GDP 为 2.8 万亿美元，中国 GDP 为 13.6 万亿美元，中国 GDP 是英国 GDP 的 4.8 倍。中国入围《财富》杂志世界 500 强榜单的企业数量是英国的 7 倍。

《财富》杂志的世界 500 强榜单尽管并不能完全代表和囊括所有世界一流企业，但可以客观反映企业的全球竞争力和国家经济实力。可以看到，英国与美国、德国、日本等经济强国的差距正在逐步拉大，与中国等新兴国家的领先优势正在逐步缩小，曾经引领世界百年的日不落帝国已经荣光不再。

今天定义强国的标准的不仅仅是疆域、人口和军事力量，还有科技、市场和企业。第二次世界大战结束后，日本法西斯军国主义所构建的以军事工业为主的产业体系土崩瓦解。数据显示，1946年日本制造业生产能力不到战前最高水平（1934年至1936年平均水准）的40%，工业设备的30%至60%在战争中被损坏，仅有的完好机床和其他重要生产设备也被盟军拆卸下来，运往曾经遭受日本法西斯侵略的国家作为战争补偿。为尽快冲出经济困境，日本在第二次世界大战后积极引进吸收美国制造业技术，利用"冷战"期间的美军订单，依靠纺织、加工等劳动密集型产业起步并积累起发展资本。进入20世纪70年代后，日本抓住电子信息产业萌芽的新机遇，开始了以"科技立国"为战略目标的二次腾飞，花费巨资从西方购买尖端技术，举全国之力进行创新研发（日本企业投入1美元购买专利，再投入3美元进行创新）。1968年，距离第二次世界大战结束仅仅23年，日本就从一片瓦砾和废墟中成长为继美国和苏联之后的全球第三大经济体，随后又超越苏联成为世界第二大经济体。1996年，日本企业上榜世界500强企业有141家。在1996年的世界500强前10大企业中，有6家是日本公司。20世纪80年代以来，即便日本经济陷入过热后的停滞，但依然保持世界第二大经济体的地位，直到2010年被中国超越，这也是1968年以来，日本经济首次退居世界第三。

人类的前三次工业革命也可以看作是以科技为杠杆撬动大国渐次崛起的过程，也是一部以现代企业为车轮推动全球政治经济重心不断转移的历史。第一次工业革命，英国成为世界政治经济的中心；第二次工业革命，美国取代英国成为世界政治经济的中心；第三次工业革命，日本、德国等制造强国和信息技术强国的异军突起，挑战了美国一家独大的主导权，不但成就了一系列世界一流企业，也成就了这些国家在全球政治经济格局中举足轻重的地位。

随着中国的强大崛起，全球政治经济格局正在经历新一轮重构，这背后是中国经济、政治、军事、文化、科技、教育等综合国力的大幅提升，也同样离不开中国企业的强势崛起。中国企业不仅实现了数量和体量上的全球领先，更构建起一张覆盖全球的产业链和供应网，成为连接世界的新"枢纽"和影响世界政治经济格局的重要自变量。

今天的中国比以往任何时候都需要培育一批具有全球影响力和全球竞争力的世界一流企业来支撑国家崛起强大、推动民族伟大复兴。根据国家统计局的数据，截至 2017 年末，中国的企业法人单位已经超过 1800 万家。如果绝大多数的中国企业都能够以哲学思维重新发现企业组织的本质内涵，以历史思维思考现代企业制度的伟大创造力，以家国情怀、民族智慧、历史担当、全球视野和大国格局实践如何成为新时代的强国重企、打造世界一流企业，那么千万家中国企业将汇聚成一股磅礴的洪流，成为推动国家更加强盛的强大力量。

重企强国

中国企业的发展、改革与制度创新

中国是一方不断孕育奇迹的土地，中华民族是一个善于创造奇迹的民族。中国企业在内忧外患、贫困落后的旧中国萌芽，在一穷二白、百废待兴的新中国重生，在改革开放、追赶世界的春潮里蝶变，在民族复兴、走近世界舞台中央的新时代壮大，书写了从落后到赶超、从模仿到创新、从"只有工厂、没有企业"到全球企业大国的发展奇迹，并准备着在伟大新时代完成从"大"到"强大"的第二次"蝶变"。

中国企业从诞生起就天然地承担着比西方企业更多的国家使命和民族责任，它们伴随着时代的发展而发展，伴随着国家的成长而成长，伴随着民族的进步而进步，在曲折中向前、在奋斗中向上、在改革中壮大、在新时代迈向世界一流，成为中华民族崛起于世界民族之林的重要力量。

第五章

萌芽、新生、蝶变与回望

　　中国企业的发展轨迹与中华民族的命运轨迹高度重合，企业与国家、民族相互塑造、相互促进更相互依靠。从1872年中国诞生第一家现代企业 [1]——轮船招商局，到今天成为《财富》杂志世界500强企业最多的国家，中国企业走过了近一个半世纪，当这幅历史卷轴徐徐展开，相信所有的中国人都会为这段历史所感染、感慨、感怀和感动，这是一部中国企业的萌芽探索史、改革壮大史，也是一部中华民族的励精图治史，新中国的激昂创业史，改革开放的壮阔奋斗史和新时代的伟大筑梦史。

---

[1] 此处及后文的"现代企业"并非是历史学意义上的"近代""现代"与"当代"的阶段划分，而是指应用西方现代企业制度建立的企业。西方现代企业制度早在18世纪就已基本形成。

一、中国企业的萌芽

在世界普遍印象中，东方的华夏文明并不像地中海的希腊文明和中亚的阿拉伯文明那样以商贸见长，特别是明清以来的闭关锁国和迁界禁海，更是在西方眼中形成了中华民族是一个保守、封闭民族的刻板印象。事实上，中华民族是一个多民族和多文化组成的共同体，并不是一个不善经营、封闭保守的民族，我们也同样孕育出了灿烂的商业文明。

商朝是中国历史上的第二个朝代，也是中国第一个有直接文字记载的王朝，相传商朝的祖先驯服了牛马，并利用牛车、马车在各个部落之间进行以物易物的商业贸易，因此被称为"商人"。商朝晚期，中国就已经淘汰贝币改用金属铸币作为一般等价物，比欧洲小亚细亚文明使用铸币早了7个世纪。西汉时期，张骞奉汉武帝之命凿空西域，不但拓展了汉帝国的政治版图，还将中国与中亚文明和世界文明连接在一起，这条商贸之路被19世纪的德国地质地理学家李希霍芬用中国最受西方欢迎的商品命名为"丝绸之路"。位于河西走廊中部祁连山麓的山丹军马场从西汉延续至今，始终为国家蓄养优质战马，是中国最早、也是传承时间最长的"国有企业"。大唐盛世，中国与世界的商贸交流达到顶峰，长安成为世界的中心。鼎盛时期，长安外籍人口达10万余人，占长安人口总数的十分之一，当代考古发掘的唐代墓葬中出土了大量波斯萨珊银币、东罗马金币，足以证明当时的中外贸易之兴盛，至今华人在海外的聚居区仍被称为"唐人街"。宋元时期，中国生产的精美瓷器从福建泉州港出发，经由海上贸易行销至中亚、南亚，并经由阿拉伯进入欧洲，今天，中国就因这种知名商贸产品而被命名为"China"。

中国的资本主义萌芽几乎与西方同步，却始终没有发展孕育出具有一定规模的现代企业，国家错失了发展经济的历史机遇。中国的资本主义萌芽于明中叶的江南手工工场，从世界历史的时间线上看，几乎与西方同步，但直到19世纪鸦片战争前也没有完成从封建小农经济到近代资本主义的发展转型。许多历史学者就此提出了解答，主要观点集中在以下几点：一是中国几千年形成的、大一统的封建统治基础、税赋等制度基础和经济发展范式都是围绕农业而构建，而且根深蒂固，推动变革异常艰难；二是明清中央王朝高度依赖以土地为根基的封建地主阶级，没有为萌芽后的资产阶级发展提供更加开放的自由市场和发展空间；三是中国长期以自给自足的小农经济为主，儒家的"重农轻商"思想使发展资本主义的思潮在中国发展缓慢；四是庞大的人口基数能够提供充足的劳动力和较高的社会总产值，统治阶级缺乏提升生产力、改进生产工具、提高经济总量的强烈意愿，机器大生产的大规模推广缺乏动力和基础。

中国的封闭锁国始于明清，在这 300 多年时间里，中国错失了工业革命以及由此引发的商业革命和企业浪潮，与时代发展的机遇失之交臂。"门外"的世界发生着日新月异的变化，明清的封建统治者却仍然自诩天朝上国视而不见。中国人发明的火药和指南针由阿拉伯人传入欧洲，成为欧洲新兴资产阶级炸碎骑士阶层、开启大航海时代的钥匙。但在很长的时间里，中国人仍然将其作为节日的烟花和看风水的器具。工业革命之前，中国是东方乃至世界政治、经济、科技和文化的高地。当西方资产阶级和工商业崛起时，明清政府却关起商贸的大门（仅保留泉州、广州等少量开放口岸），将时代变革的浪潮拒之门外。没有开放、自由的商贸交流作为枢纽，没有鼓励投资、激励发展、保护创新的制度沃土，没有打破亲缘、地缘的股份制度作为快速积累资本的手段，也就没有现代企业诞生的土壤，国家也错失了走向富强的机遇，甚至滑向了落后的泥沼。

将现代企业制度引入中国的并不是繁荣的市场经济，而是实业救国的历史重任。两次鸦片战争的惨败也让封闭、落后、腐朽的晚清政府认识到现代军队、现代企业、现代科技的强大力量，以李鸿章、张之洞、左宗棠为代表的洋务运动领袖们为了挽救风雨飘摇的清帝国而推动了三件大事：一是筹建现代化的北洋水师，即建立现代军队；二是筹建招商局、汉阳铁厂、江南制造总局，即建立现代企业；三是筹建同文馆、编译局、外派留学生，即引入现代科技。虽然这些努力没能够挽救清王朝衰败的命运，但却成为近代中国的历史开端，成为一次轰轰烈烈的思想启蒙、社会启蒙和制度启蒙运动，中国的现代企业肩负着救国图强的历史使命从此走上历史舞台。

轰轰烈烈的洋务运动冲击了"士农工商"的封建等级观念，开启了旧中国向新世界开放的大门，尽管这个过程充满了屈辱与压迫，但还是让中国民众第一次认识到了现代企业的力量。晚清政府驻欧洲四国公使薛福成曾以近乎惊叹的口吻向清帝国的统治者描述他所见识的西方现代企业："（企业）尽其能事，移山可也，填海可也，驱驾风电，制御水火，亦可也。西洋诸国，所以横绝四海，莫之能御者，其不以此也哉。"

1872年，在西方现代企业制度创立100年后，中国第一家建立在现代企业制度基础之上的现代企业、第一家股份制公司、第一家以官方信誉引导民间资本的企业——轮船招商局正式成立。晚清重臣李鸿章明确指出，"轮船招商局本仿西国公司之意"。《申报》[1]在招商局创办的第二年发表社论称，"今日中国所设立之轮船招商局，公司也，此局

---

[1] 《申报》原名《申江新报》，1872年（清同治十一年）在上海创刊，1949年停刊。申报是近代中国发行时间最久、社会影响最广泛的报纸，同时期其他报纸难以企及，在中国新闻史和社会史研究上都占有重要地位，被认为是研究中国近现代史的"百科全书"。

为中国公司创始之举"。招商局作为中国近代民族工商企业的先驱，其在设立之初便承载了中国富国强民的寄托，为追求民族富强进行了不懈努力。140多年来，招商局曾组建了中国近代第一支商船队，开办了中国第一家银行、第一家保险公司等，开创了中国近代民族航运业和其他许多近代经济领域的先河，在中国近现代经济史和社会发展史上具有不可替代的重要地位。

到1911年清政府灭亡前，中国仅有现代企业500多家，而日本仅在鸦片战争期间就有现代企业5600家。无论是企业群体的数量还是单个企业的平均体量规模，中国都远远落后于东方邻国日本、落后于西方世界。这是西方现代企业制度第一次和东方思想文化社会实现了碰撞融合，它以一种独特的力量和方式影响、改变了这个东方古国的面貌。

先河已开，只等大潮滚滚而来。清末民初，一系列官督商办和民营的民族现代企业陆续创办，在帝国主义、封建专制和落后军阀的压榨下于夹缝中艰难成长。清政府灭亡后至新中国成立前，中国企业大致经历了三个历史阶段。第一阶段被称为"民族企业的黄金16年"（即1911年至1927年），这一时期正逢欧洲列强爆发第一次世界大战，国内民国初建、军阀割据、各自为政，中国的民族企业在这种乱世中反而得以短时摆脱束缚和压榨，在这个短暂的"春天"实现了一次爆发式的快速成长；第二阶段是"官僚资本的黄金 10 年[1]"（即 1928 年至 1937 年），这一时期国民党政府主导的北伐成功，实现了形式上的国家统一，大官僚资本、帝国主义买办及其背后的"四大家族"[2] 和西方帝国主义等政治势力，共同挤占了民族企业的生存空间；第三阶段是中国近代民族企业的"崩溃 10 年"（即 1938 年至 1949 年），这一时期抗战爆发、日寇残酷掠夺、国民政府腐败，将中国本就脆弱的经济生态、产业集群、民族企业几乎摧毁殆尽。

尽管有过短暂的黄金期，但无论是民族企业还是官僚资本，中国企业在轻工业上增长颇快，但到了需要厚重积淀的钢铁、造船、电力、化工等重工业就捉襟见肘，这也是日本军国主义胆敢侵略中国的原因之一。到抗日战争爆发前，日本年工业总产值 60 亿美元，人口 7 倍于日本的中国只有 13.6 亿美元；日本年产钢铁 580 万吨，是中国的 145 倍；国土面积仅相当于云南省的日本可以年产煤炭 5070 万吨，而中国年产只有 2800 万吨；日本可以自主设计制造飞机、坦克、大口径火炮以及包括航母在内的所有舰船，而这些现代化武器装备，当时的旧中国均无自产能力。

中国企业的命运与国家的命运紧密相连、与时代发展的趋势休戚相关。国家富强，企业才有兴旺发展的沃土；企

1　费正清在《剑桥中华民国史》中评价，1928 年至 1937 年，因为民国政府在经济建设领域所取得的一定成就而被称为"黄金十年"。
2　四大家族，一般是指 20 世纪上半叶控制中国政治、经济命脉的四个家族，即蒋介石家族、宋子文家族、孔祥熙家族和陈果夫、陈立夫家族。

业强大，国家才有持续强大的动能。在国家命运的大趋势面前，企业的命运就是小趋势；在时代发展的大趋势面前，国家的命运就是小趋势，中西方概莫能外。中国企业从历史发展中认清了一个真理和事实：企业要发展、国家要富强、民族要复兴，就必须打碎一个旧中国，建立一个新中国。

让中国人民和中国企业倍感欣慰的是，长夜已尽、东方既白，中国历史在 1949 年的金秋翻开了崭新的一页。

二、中国企业在新中国的重生

新中国成立之初，中国共产党面临着异常复杂的形势和艰巨任务。国民党政府留下来一个烂摊子：国民经济严重衰退，工厂倒闭，农业减产，物价飞涨，导致一些地方连续出现社会动荡。面对一穷二白、百废待兴的国家，毛泽东主席曾坦言："现在我们能造什么？能造桌子、椅子，能造茶碗茶壶，能种粮食，还能磨成面粉，还能造纸。但是，一辆汽车、一辆坦克、一辆拖拉机都不能造。"经济上的困局与中国共产党在军事和政治上的巨大胜利形成强烈对比。当时有人甚至妄言"共产党在军事上得了满分，在政治上是八十分，在经济上恐怕要得零分"。

与此同时，国际上以美国为首的西方国家对新中国采取了敌视和封锁政策，1950 年朝鲜战争爆发，把战火烧到了中国的国境线上。在这样的严峻形势下，如何继续完成新民主主义革命的遗留任务，尽快恢复和发展国民经济和国家基础工业，巩固新生的社会主义政权，成为中国共产党的首要工作任务。破题的关键就在"一化三改"，即实现国家的社会主义工业化，逐步实现国家对农业、手工业、资本主义工商业的社会主义改造。

"一化三改"的实质和主要任务是实现国家工业化，为了实现国家工业化，首先要对农业、手工业和资本主义工商业进行社会主义改造。对农业和手工业的改造主要是通过生产合作社的方式推进，对民族企业的改造主要是通过和平赎买、公私合营等国家资本主义形式，逐步将其改造为社会主义公有制企业。1956 年，资本主义工商业完成了全行业公私合营；1966 年，公私合营企业全部转变为社会主义全民所有制企业。

新中国除了改造和发展已有的民族工商业，还必须坚持自力更生，在"一穷二白"的基础上建立起完整的基础工业和重工业体系。早在新中国成立前夕，中国共产党就与苏联在技术引进和资金支持上达成了共识，从苏联以及东欧社会主义兄弟国家引进成套技术设备，进行大规模的产业移植。具有代表性的是我国"一五计划"期间在苏联指导帮助下实施的"156 项工程"建设，包括电力、冶金、军工、化工、装备制造等多个工业门类，如长春第一汽车制造厂、洛阳拖拉机厂等都是"156 项工程"的成果。

"156 项工程"对于中国工业化发轫和建立现代企业具有里程碑性质的重大意义。

有学者认为中国的"工业革命"和"工业化"始于改革开放、推动者是乡镇企业。我们认为，以"156 项工程"和"一五计划"为代表的社会主义工业化建设，是中国自近代以来第一次真正意义上的"工业革命"。任何一个国家推动"工业革命"和完成工业化的历程都是一段长时期的渐进式积累，不可能一夜之间长成参天大树。新中国能够以短短 10 年时间，使工业化水平从落后于发达国家近一个世纪，迅速提高到 40 年代的世界水平，这固然离不开晚清至新中国成立前民族工商业对我们这个传统农业国家的渐进式影响，但主要得益于苏联等社会主义阵营国家在新中国成立初期的帮助，特别是中国社会主义制度集中力量办大事的强大优越性，新中国是在一个传统农业国的基础上"嫁接"了社会主义阵营国家的工业化成果。

20 世纪 50 年代，苏联向我国提供的工程资料和设计图纸数以吨计，仅 1954 年就达 55 吨，成为现代历史上前所未有、最全面的技术转让。尽管中国当时的工业化水平还比较初级，也没有建立起完备的现代企业制度，但刚刚完成"一五计划"的新中国却已经建立了全世界少有的、完备的基础工业体系，尽管当时仍有许多薄弱的领域，但却没有关键的缺环，这对当时乃至后来的新中国都具有重大的历史意义！这是新中国能够在当时的特殊历史时期独立自主地选择发展路线，不必畏惧西方的封锁打压，也不必像其他社会主义国家那样唯苏联马首是瞻的底气，而且新中国还走出了一条轻重工业兼备、军民两手都硬和自主化程度较高的发展基础工业体系之路，反观苏联各加盟共和国，有些只能生产小麦、面包和黄油，有些只能制造飞机、坦克和火箭。在改革开放初期，中国完备的基础工业体系再次发挥了重要基础作用，中国的乡镇企业和民营经济进行原始积累的手工作坊、社办工厂绝大部分都是引进从国营工厂淘汰的车床、高炉等设备，并聘用国营工厂的工程师作技术指导，这些人在当时被称为"星期天工程师"。如果没有新中国成立以来的工业化基础和技术人才支撑，没有制造机器的机器，中国民营经济的萌芽与繁荣也是无本之木、无源之水。

156 项重大工程建设，不仅初步奠定了我国的基础工业体系和国有企业的基础，也成就了中央企业的雏形。中国第一汽车集团、中国第二汽车集团、中国第一重型机械集团、中国第二重型机械集团、中国兵器工业集团、中国兵器装备集团、中国石油集团、中国石化集团等中央企业的前身也都在此期间孕育产生，在 20 世纪六七十年代的特殊历史背景下，我国在美苏两个超级大国的轮番经济封锁、政治打压、军事威胁下，依然能够保持独立自主、自力更生，这些国营工厂和中央企业功不可没，并且至今仍然是国家重要的工业基础和经济支柱之一，为国民经济社会发展和国家安全作出了重大贡献，中央企业的共和国长子地位也因此而来。

特殊历史条件下建立和发展起来的国有企业一直带有浓厚的行政色彩，这与我国当时实行的计划经济体制和国家行政管理效能直接相关，如国家电网、石油石化、航空航天、兵工兵器、电子科技等中央企业的前身都是当时国家的行政部委，集行业管理与生产经营双重职能于一身，在特定的历史条件、生产力水平和计划经济体制下，这种模式和组织形式适应了当时中国的国情和发展需要。与此同时，许多钢铁、石油、核工业等大型国有企业由于规模体量巨大或位于偏远边疆地区，还肩负着沉重的社会管理职能。有些大型国有企业既是生产单位又是一级政府，既是工厂又是城市，医院、学校、公安等事业单位和行政部门一应俱全，这种情况并非是国有企业有意大包大揽，而是在计划经济体制下，政府受财力、物力、人力所限，鞭长莫及，只能由企业代行政府职能。国有企业一方面要高效完成国家下达的生产计划，另一方面还要保障数万名职工和家属的生活稳定，尽管牺牲了一定的经济效益和管理效率，但最大程度保障了职工队伍和生产秩序的稳定，这是国家在特定历史条件下的理性选择，今天看来的"包袱"都是当时必须承担的沉甸甸"责任"。

历史只能回望和评价而不能改写。今天的中国企业特别是国有企业，它们身上仍然携带着这段特殊历史的印记、传承着 156 项重大工程的基因，这也是一段国家记忆和民族记忆，中国企业昨天的负重前行，既是履行国家使命，也是为了后来的轻装上阵和今天的奇迹一跃。今天，若以社会主义市场经济的高效率对比当年的计划经济体制、国有企业管理模式，应当历史和理性地认识到，在当时国民经济基础薄弱、外部强敌环伺的特定历史时期，要推动我们这个疆域大国、人口大国和落后农业国快速实现工业化，实现独立自主，必须经历国家集中配置资源和重点发展关键产业的特定发展阶段，这不仅是社会主义国家的特色，也被美国、韩国、日本、新加坡等资本主义国家广泛采用。

国有企业是新中国政治体制和经济基础的重要组成部分，为国家政权巩固、经济社会发展立下了不朽功勋，成为中国共产党带领中国人民建设社会主义新中国的重要依靠力量。建立在国有企业基础之上的社会主义经济体系，是我国的立国之本、强国之基，国有企业一直牢牢保持着对整个国民经济的控制力和影响力，长期处于主导地位并发挥着骨干作用。

三、改革开放与中国企业的蝶变

改革开放 40 多年来，从"只有工厂、没有企业"到企业法人数量稳居全球前列，从仰望、梦想"世界 500

强"到成为上榜"世界500强"企业最多的国家，从偏重基础重工业到拥有全球最齐全的产业门类，从"引进来"到"走出去"再到成为全球产业链和供应链网络的重要枢纽，中国企业实现了跨越式的发展"蝶变"，彰显了中国改革开放的伟大成就，书写了现代企业制度发展史上的中国奇迹。

新中国成立后至改革开放前，我国通过20多年的艰苦奋斗，一方面建立了较为完整的工业体系，另一方面却还没有建立起一家真正意义上的现代企业，有人曾经作出"中国只有工厂、没有企业"的论断。20世纪70年代末，日本东芝公司已经将彩色电视机卖到了全世界，美国苹果公司已经发布了面向家庭的个人电脑，沃尔玛公司的销售额已经达到了10亿美元，而中国当年的国内生产总值仅为3200亿元人民币，中国人还将手表、自行车、缝纫机作为象征小康生活的三大件。

在日新月异的世界面前，原地踏步就等于倒退。邓小平同志敏锐果断地提出了"贫穷不是社会主义"的论断，改革开放的大幕从此拉开。

党的十一届三中全会后，联产承包责任制和个体经营陆续放开，分别在中国农村和城镇掀起了快速发展的浪潮。集体企业、民营企业从无到有、从小到大、由弱到强，一点点融化了计划经济体制的坚冰，中国迎来了市场经济的春天，为中国全面改革开放和建立社会主义市场经济体制奠定了重要基础。

这是一次自下而上的渐进式改革，民营企业和基层政府是改革开放初期当之无愧的英雄，许多民营企业都是在"姓资姓社"的试探中，冒着犯"投机倒把罪"的风险，完成了这一次艰难的起航。改革开放之初，中国有150多万家乡镇企业和民营企业，它们是中国"第二次"工业化的主力军，集体企业和民营企业为中国的经济社会发展提供了强劲的发展动力，它们将农村的剩余劳动力有效整合为强大生产力，成为公有制经济、国有企业的重要补充。改革开放40多年来，中国民营企业为我国发展作出的巨大贡献可以概括为"56789"，即贡献了全国50%以上的税收，60%以上的国内生产总值，70%以上的技术创新成果，80%以上的城镇劳动力就业，90%以上的中国企业数量。

在国家博物馆举行的"伟大的变革——庆祝改革开放40周年大型展览"上，展出了多个"新中国企业第一"：第一张个体工商营业执照、第一只公开发行的股票、第一张中外合资企业批准证书，等等，它们忠实记录着我国改革开放的步伐和历史。其中，第一家中外合资企业的诞生具有重要意义。

1979年6月28日的《人民日报》头版显著位置刊发了中国决定与外资合营某些企业的报道，并为此起草了《中华人民共和国中外合资经营企业法（草案）》提请全国人大会议审议。这部法律虽然带着历史痕迹和计划经济色彩，但仍以其开创性、奠基性为我国打开国门、引进外资提供了可靠的法制保障，标志着中国对外开放迈出了实质性步伐。

1980年4月10日，新中国第一家中外合资企业——北京航空食品有限公司被批准成立。这是中国第一家中外合资企业，取得了国家发放的中外合资企业第"001号"证照。改革开放40多年来，中国利用外资水平不断提高，吸收外资规模已连续25年位居发展中国家首位，累计实际利用外资超过2万亿美元。跨国公司在华设立区域总部和研发中心已超过2800家。外资企业总数虽然只占中国企业总数不到3%，但却提供了1/10的城镇就业，贡献了中国1/5的税收收入，创造了1/4的工业总产值和近1/2的进出口总额。

与蓬勃发展的民营企业、合资企业和外资企业不同，国有企业在改革开放的大潮中开启了艰难曲折的改革探索之路。在与精干灵活的民营企业、技术和资本领先的合资企业竞争中，国有企业已经无法适应时代快速发展的需要。统计显示，20世纪90年代，国有企业的亏损面达到50%，肩负的众多行政职能和社会职能已经成为国有企业的包袱。在市场经济大潮面前，国有企业人浮于事、尾大不掉的弊端逐渐凸显。

为了赶上时代前进的步伐，国有企业改革迫在眉睫。

1998 年至 2002 年，国有企业改革在三方面实现了突破：通过国有中小企业改革，上百万家国有、集体中小企业改制退出公有制序列；通过国有大中型困难企业的政策性关闭破产，5000 多户扭亏无望的困难企业退出市场；通过再就业中心和基本保障线政策，托管、安置了近 3000 万下岗职工，并建立了国有企业职工流动机制。

"下岗"是属于那一代国有企业职工刻骨铭心的记忆，也是一段可歌可泣的历史。下岗职工为国有企业改革作出了巨大牺牲，当时所有人的付出和努力都是为了实现一个目标：建立产权清晰、权责明确、政企分开、科学管理的现代企业制度。对这些改革的亲历者来说，现代企业制度在中国国有企业的成功实践，不仅仅是企业名称和章程制度的变更，更是一段艰难的抉择，一次心酸的割舍，一次痛苦的离别，是一代人的记忆、付出与牺牲，他们也是改革开放当之无愧的英雄！

被改造的不仅是国有企业，还有政府部门。冶金部、石油部、纺织部、兵器工业部、电力部等国家部委陆续撤销，数十个国家行政部门有计划地从经营领域退出，成为探索建立中国社会主义市场经济模式的重要步骤，同时也成就了一大批符合社会主义市场经济需要的中央企业。脱离了计划经济体制的束缚，社会主义市场经济的活力瞬间迸发，在这之后，中国的钢铁产量、煤炭产量、纺织品产量、水泥产量陆续成为世界第一。

改革对中国企业来说不仅仅是一次重大改造，也是一次伟大创造。一方面，绝大多数的国有企业都经历了改革的阵痛；另一方面，一些中央企业已经投身于改革开放的建设大潮，在民营企业无力涉及、合资企业无法涉及的领域开始了大胆创新。1979年，已经成立107年的招商局集团在深圳蛇口炸山填海、开发了中国第一个对外开放的工业区，在改革开放大潮中首开风气之先，工程招标制、干部聘用制、薪酬分配制、社会保险制、企业股份制等，创造了24项"中国第一"，招商银行、平安保险、中集集团等一大批优秀企业在此诞生。今天的招商局集团已经实现了高度的市场化、多元化和国际化，经营范围横跨金融、实业等多个产业领域，无论是资产规模还是利润总额都位居中央企业前列，走出了一条独具中国特色的改革之路、成长之路。

从"只有工厂、没有企业"到市场经济大国、企业大国和世界工厂，中国只用了40多年时间。1978年，中国GDP占全球GDP的比重不到2%，而人口占比却超过20%，居民恩格尔系数高达60%，人均GDP不到全世界平均值的1/4，出口额占世界出口总额的比重不到1%。2019年，中国经济总量接近100万亿元，GDP总量占全球的16%，人均GDP超过1万美元，接近世界平均水平，成为全球名副其实的第二大经济体，并正在完成向高收入经济体发展的历史性升级。以中国为代表的新兴市场国家的快速增长已经重塑了世界政治经济格局。2008 年世界金融危机后，新兴市场经济体在全球 GDP 中的份额已经超过了发达经济体，在 GDP 新增总量中，中国贡献超过了 30%，成为拉动世界经济增长的重要引擎。

改革开放 40 多年的积累在新时代集中迸发，这是中国特色社会主义制度的成功，改革开放的成就，中国人民勤劳智慧的成果，中国企业也功不可没。从计划经济到市场经济，从"三来一补"的"引进来"补偿贸易到"走出去"开展绿地投资和海外并购，从中国制造到中国创造，从追赶世界到引领世界，中国企业取得了一系列卓越成就。国有企业和民营企业共同携手，从中国走向世界，从全球产品的制造者和国际经贸体系的参与者迅速成长为国际公共产品的提供者和国际合作平台的搭建者，这是中国实现经济腾飞奇迹的一个重要彰显。

中国企业所取得的成就不仅体现在显著提升了中国居民的生活质量，改变了中国社会经济发展的范式，更体现在为中国全面建设小康社会、实现民族复兴、构建人类命运共同体奠定了坚实的基础。今天的中国已经不仅仅是东方文明古国，也不仅仅是现代化、工业化大国，更是一个有着全球经济政治影响力的大国，中国的一言一行、一举一动都在影响着世界，中国正在以大国姿态走近世界舞台中央，走进世界强国之列，中国企业作为推动国家日益强大的重要支撑力量，功不可没。

四、回望

丰收的最大动力，往往来自对饥饿的强烈感受和深刻记忆，多难可以兴邦，也可以兴企。中国企业都背负着中华民族所特有的历史记忆和时代情感，这种时代记忆和历史情感更多地来自中华民族 100 多年来所经历的艰难与困苦，而艰难与困苦也是所有民族实现精神凝聚的重要塑造力量，也是激活家国情怀的火种。这种在困境中奋起、在逆境中自强、在绝境中重生、在改革中蜕变的精神力量，也构成了所有中国企业精神文化的底色和独特气质。中国企业的民族基因、家国情怀是历经苦难、饱受压迫、渴望富强的中华民族留给中国企业的宝贵财富，承载着实业兴国、重企强国的民族寄托。国家经历的苦难屈辱，中国企业都饱尝了其中的辛酸；国家的辉煌时刻，中国企业也都身处其中，分享着无上荣光。

正是背负着深沉的家国情怀和沉甸甸的民族责任，让中国企业走过的每一步都留下了深刻的足迹，让中国企业深深地根植于这片土地，从中汲取了发展壮大的力量，企业的成长更多了一份为这个国家和民族遮风挡雨的责任和砥砺拼搏的担当。正是基于这种责任感、使命感，使中国企业在较短的时间里实现了令西方赞叹的发展成就，也走出了一条完全不同于西方的中国特色之路。

中国企业的发展历程说明了一个朴素的道理，没有独立的国家、坚强的执政党，就没有企业的发展强大；没有强大的企业，就没有强大的国家。中国是两次世界大战的战胜国，我们为这个世界的和平、发展贡献了文化、智慧乃至生命，但当时的中国在国际社会上没有话语权和影响力。话语权和影响力不是别人赋予的，要靠自己的实力去争取。在战争年代，军事力量就是国家的话语权；在和平年代，企业的力量就是国家的重要影响力，企业所制定的行业标准就是国家的重要话语权，企业商业版图的边界就是国家影响力的重要边界，企业掌握的关键核心技术就是国家的重要核心竞争力。

在"中国企业史"的扉页上，镌刻着从晚清到当代数位开创中国企业发展历史的政治伟人、工商巨子、大国工匠熠熠生辉的历史贡献，也镌刻着一张张默默无名的平凡面孔：他们是见证了民族工业蹒跚起步的晚清汉阳铁厂工人，他们是在"二七惨案"中英勇就义的革命工友，他们是在戈壁荒漠隐姓埋名一辈子的新中国核工业、航天工业、兵器工业、石油工业奠基者，他们是千千万万下岗分流、默默无闻的国有企业职工，他们是自由市场上起早贪黑的个体商贩，他们是"三天盖一层楼"的深圳特区建设者，他们是挥别家乡父母妻儿在流水线上"三班倒"的农民工兄弟，他们是CBD写字楼里通宵达旦、和衣而眠的企业白领，他们是为"一带一路"沿线国家建设高坝大库、港口铁路的新时代中国工程师……他们不曾留下姓名，不是熠熠闪光的英雄，他们是父母、是儿女，是平凡而又不平凡的你我，是中国企业发展史的见证者、亲历者和书写者，他们就是历史的一部分。

我们回顾中国企业的发展历史，是为了知道中国企业从哪里来、为何而来，更加笃定前行的方向和脚步。今天，我们要为中国建设一批具有全球竞争力的世界一流企业、为共和国打造更多的强国重企，就必须明白中国企业为什么要建设世界一流企业，为了谁建设世界一流企业，依靠谁建设世界一流企业，这是中国企业的责任所在、初心所在，也是目标所在、未来所在。

第六章
改革——中国企业发展的主旋律

　　时代奔涌向前，带来了繁荣和进步，也推动着无情的淘汰。在适者生存、优胜劣汰的自然法则和丛林秩序面前，每一个有为的政党、政府和企业都面临一个最现实的问题：主动改革或是被动淘汰。改革是强者的选择，淘汰是弱者的宿命。

　　我们必须承认，改革必然经历阵痛，创新需要百折不回，而中国企业今天的成就和自信也正是来自迷雾中的探索，来自百折不回的试错。回望历史，正是改革与创新让中国人自己掌握了自己的前途命运，让中国从"一穷二白"成长为工程强国、制造强国、世界第二大经济体。面向未来，改革与创新仍然是我们战胜艰难险阻、应对风险挑战、实现高质量发展最重要的法宝。

一、改革是时代发展向前的动力

改革是对趋势的把握，是与时代的"对赌"，是主动的变革，改革的结果未必都能走向成功，但不改革就一定意味着消亡和淘汰，古今中外概莫能外。古希腊的梭伦改革，古罗马的法律改革，日本的大化改新和明治维新，德意志的宗教改革，法国的资产阶级大革命，英国的光荣革命，美国的废奴运动、罗斯福新政，苏联的战时共产主义等，在大国崛起史和世界发展史中，改革是其中最浓墨重彩的一笔，也是人类文明发展历程中的主旋律。

视线回到中国，华夏文明历史上的改革也是此起彼伏、接续不断的过程。春秋战国时期齐国管仲改革、魏国李悝变法、楚国吴起变法、赵武灵王胡服骑射、秦国商鞅变法、西汉末年王莽改制、北魏孝文帝改革、唐代永贞革新、北宋王安石变法、明朝张居正改革、清末洋务运动和戊戌变法，民国的新文化运动，新中国的土地改革、"一化三改"，党的十一届三中全会后的对外开放、国有企业改革等。千百年来，失败的谋划、不合时宜的改革导致了民族衰落，成功的布局、正逢其时的改革都推动了国家富强，但无论结果如何，改革串联起了五千年华夏文明和百年民族复兴的历史。

影响世界历史的重大改革往往是自上而下的制度设计，是领导者思想、视野、阅历和知识的彰显。影响中国社会的伟大改革，是在直面问题中展现的责任担当，是改革领导者"为天地立心，为生民立命，为往圣继绝学，为万世开太平"的家国情怀。当下的中国，改革更是时代发展的主旋律，是社会进步的动力源。在实现中华民族伟大复兴的时代背景下，在全面深化改革的时代大潮中，唯有继续推进改革才是当代中国崛起、中华民族屹立于世界民族之林的关键。

中国共产党领导的改革从来不是"头痛医头、脚痛医脚"的"急就章"，所有的制度设计都注重全局性、系统性和协同性；中国当代的改革不再是局限于某一个领域，而是在政治、经济、社会、思想、文化、生态、国防等方面全方位进行；改革的推动和落实上更是充分体现了党中央集中领导的权威性，坚定不移、务求实效、包容试错、失职问责的态度，让人民群众对国家新时代改革充满了信任感、信念感和获得感。

改革开放 40 多年来，中国企业改革始终是中国共产党领导的全面深化改革的重要组成部分，是党在经济领域、社会领域全面深化改革、加快发展变革、追赶时代步伐的重要抓手。中国企业改革不仅仅是国有企业的改革，而是包括国有企业、民营企业、混合所有制企业在内，是所有中国企业都必须面临的时代选择。中国企业的改革也不仅仅局限于建立、完善现代企业制度，还在于探索建立具有中国特色的现代企业制度。中国企业改革的成败不仅事关企业、行业和产业的发展兴衰，更事关党和国家的前途命运，事关百姓民生福祉，事关民族复兴大业，责任重大、任务艰巨、使命光荣。

多年来我们形成的习惯，许多都会成为我们发展的束缚和前进的羁绊，甚至成为改革的对象和破题的关键。中华民族作为以农耕为主的民族，以大米、小麦等谷物为主食摄入大量碳水化合物，这是我们获取能量的重要途径，善做主食、爱吃主食、离不开主食已经融入我们的生活习惯和生物基因。随着时代的发展和机械化替代，我们绝大多数人已经很少有机会进行重体力的劳作，但是摄入大量高碳水化合物主食的习惯并没有改变，这也是当代中国人糖尿病日渐普遍和多发的原因之一。同样，无论是习惯变革还是制度改革都并非易事，需要智慧、需要勇气、更需要决断。

二、国有企业改革历程与评价

国有企业是中国国民经济的基石和主导力量，它奠基于新中国成立后的"156项工程"，以及对官僚资本主义企业的没收和民族资本主义工商业的改造，发展壮大于社会主义建设时期国家大规模直接投资。国有企业是在特定历史条件和政治背景下，国家对经济发展实行直接计划与控制的产物，具有经济组织和企业制度之外的许多特殊属性，中国的国有企业改革不仅仅是企业制度改革，还涉及国家经济体制改革和国家治理体系改革等多方面。

中国国有企业自诞生之日起就不是产权独立的法人和独立决策的市场主体，为了改变这种状况，早在 20 世纪 50 年代末期，我国就开始了以下放权力为主要内容的国有企业改革，但由于"大跃进"的失误和国家出现经济困难，以及长达 10 年的"文化大革命"影响，这一改革最终未能取得成果，国有企业仍然是国家行政部门的延伸和附属。这一时期的改革尽管没有取得重大的实质性成果，党和国家仍然作出了改革国有企业的尝试和努力。需要指出的是，改革的成功并不完全取决于主观努力，也需要时代机遇的眷顾。

从 1978 年开始，中国国有企业改革进入了全新的历史发展阶段，启动了自上而下、持续深化的探索。按照时间顺序，先后采取了建立企业基金、简政放权、减税让利、利改税、经营承包、企业租赁、拨改贷、贯彻企业法、转换企业经营机制、建立现代企业制度等一系列重大改革举措。尽管在改革的初期乃至之后相当长的一段时间里，国有企业改革一直是摸着石头过河，但经过接续不断地推进和持续不断地深入，改革不仅取得了丰富的实践成果和理论成果，也积累了许多经验和教训。回顾这段改革历程，有五个重要历史阶段值得我们全面回顾和重新思考。

第一阶段改革：放权让利，扩大企业自主经营权。

在传统计划经济体制下，国有企业具有特殊组织形态、特殊功能结构和特殊行为方式，这些特殊性使国有企业与国家行政机关具有很强的同质性，企业目标的多元化和功能泛化，使国有企业成为无所不包的"小社会"和无所不管的"大组织"，行为特征和功能目标表现出明显的社会性、非经济特征和非价值取向，并且内在地塑造了国有企业的特殊定位，阻碍了国有企业成为真正的市场主体，进而公平参与市场竞争。

党的十一届三中全会后，党和国家的工作重心重新转到了经济建设上来，而在当时的计划经济体制下，国有企业的生产计划由国家下达、生产要素由国家分配、产品由国家收购、亏损由国家补贴、经营由国家指导、盈利由国家享有，国有企业处于无权、无利、无活力的沉寂局面，平均主义和"大锅饭"现象普遍。这一时期的国有企业改革是在保持计划经济体制基本框架不变的前提下，赋予国有企业一定留利权和经营自主权，强化物质激励，充分调动生产积极性。但是，权责不同步、政策不配套，使得部分获得自主权的国有企业既不处于有效的产权和市场竞争约束之中，也不处于反映价值规律和供求关系的市场机制之中，这一轮的国有企业改革成效并不明显，甚至一度陷入了"收—放—收"的循环之中。

今天，在写字楼里和现代化流水线旁的国有企业员工很难想象，改革开放之初，国有企业基本是行政机关的延伸和附属单位，没有独立自主性。放权让利改革首先适度放松了计划经济的高度集中管理，为国有企业"松绑"，使其"自主呼吸"，从没有经营自主权的纯生产单位，变为上有压力、内有活力、下有动力、手握权力的企业，发展意识、自主意识、创新意识、盈利意识大大增强，突破了传统意识形态的狭隘眼界，为国有企业后续改革开拓了思路。

第二阶段改革：利改税，明确国家与国有企业之间的分配关系。

1984 年，55 位厂长联名的一封《请给我们'松绑'》呼吁书登上《福建日报》，道出了国有企业摆脱"条块"等行政束缚的心声。为进一步搞活国有企业，20 世纪 80 年代末，国家对国有企业实施两步利税改革。第一步是"利税并存"，用直接纳税的方式取代企业按行政隶属关系上缴利润；第二步是"利改税"，完全过渡到以税收代替利润上缴。

今天回看这段改革历程也会发现，利改税混淆了征税和缴利两种完全不同的经济行为和概念，将国家的行政职能和资产所有者的身份混为一谈，并没有改变国有企业政企合一的体制，在提倡"利润多上缴多、利润少上缴少"的同时，还保留了"无利润不上缴"的保护落后政策，这种改革还导致了有的高盈利企业重复建设投资，以规避纳税，有的经济效益差的企业混吃坐等、无所作为。

尽管"利改税"改革并没有彻底解决国有企业存在的深层次问题，但仍不失为搞活国有企业的积极尝试。实施"两步走"利税改革，保证了国家财政收入的稳定增长，有效维护了国家利益，同时也为企业留下依法纳税后的利润，为企业发展生产、改进技术、提高员工福利提供了物质基础，企业的活力和动力也由此增强。同时，国家还开始了投资体制改革，将国有企业固定资产投资方式由拨款改为贷款，开始改革投融资体制。

第三阶段改革：承包经营，实行国有企业所有权与经营权分离。

在前两个阶段改革之后，国有企业的活力和创造力得到了一定程度的释放，但效率低下、市场竞争力差、管理体制僵化等顽疾仍未根本解决。因此，在20世纪80年代末和90年代初，国家开始推动实施各种形式的企业承包经营责任制改革，国家对承包者的经营决策不干预或少干预，承包人原则上只受上缴利润基数的制约。

国有企业实施承包责任制之后，企业增产、增值、增收、增利的动力进一步增强，大多数国有企业都超额完成承包合同任务，国家财政收入和企业经济规模体量实现同步提升。这一轮改革是国有企业所有权与经营权分离的一次重要实践，进一步巩固了前两轮改革的积极成果，稳定了国家与企业之间的分配关系，权责界定更为清晰，更能够体现国有企业领导干部的经营水平和管理能力，培养出一批善经营、懂管理的国有企业干部，同时又没有完全突破原有行政隶属关系和利益分配格局，能够被国有企业及其上级主管部门同时接受。

通过这一阶段改革，我们也要认识到，承包经营改革只是国有企业改革的阶段性任务，尽管短时间内取得了十分明显的成效，但随着市场经济的发展和民营企业的崛起，承包经营的激励效果和经济效益日趋下降，其局限性也逐渐显现。一是这一轮改革并未实现真正意义上的政企分开，政府仍然是资产所有者、规则制定者和企业管控者，经营者自主权的提升并没有改变体制内的上下级关系。二是承包经营改革没有界定国有企业的法人财产，没有明晰产权，导致企业运营者没有取得真正意义上的法人主体地位，因而不能以法人身份处置、抵押企业资产，企业的抵押贷款、扩大经营、投资决策仍受到限制，在瞬息万变的市场经济大潮中，国有企业显然不如民营企业更加灵活。三是承包经营改革难以克服国有企业经营者的"短期化行为"，企业经营行为缺乏长期战略指引，片面追求短期盈利的最大化，对技术改造、设备更新、折旧计提等方面打折扣、搞变通，以国家利益补贴企业盈利。四是片面突出企业承包者的个人影响，一些党的领导干部摇身变为"企业家"，将企业集体发展成果片面看成个人管理的成功，将国有企业视为个人王国和私人资产，在某些领域造成国有资产严重流失，也为后续改革的深入推进埋下了利益冲突的隐患。

第四阶段改革：转变经营机制，加快建立现代企业制度。

上述三个阶段的国有企业改革都取得了阶段性的成果，但始终没有突破计划经济体制下政府直接管理国有企业的框架，局限于放权让利的政策性调整和管理方式改革，没有从根本上触及企业制度的现代化和产权制度的重构。随着我国市场经济体制的建立和发展成熟，国有企业尾大不掉、体制僵化的弊端已经很难适应与民营企业、合资企业和外资企业的激烈竞争，特别是随着我国对外开放的扩大和市场国际化的加快，留给中国国有企业的窗口期已经不多，推动国有企业建立现代企业制度和产权机制的改革迫在眉睫。

这一轮国有企业改革的总要求是：建立以法人财产权为基础，以法人治理结构为核心，以股份有限责任为特征的现代企业制度，它既符合中国特色社会主义制度的组织制度体系，也符合经济全球化要求的运行机制，是实现产权清晰、权责明确、政企分开、政资分开、科学管理、专业管控、市场化运作的深层次改革。这一改革目标的确立，有利于释放国有企业的自主经营活力和专业化经营能力，同时将企业的经营风险分散隔离，国有企业不能再躲在国家的"温室"中吃财政的"大锅饭",国有企业员工不能再依偎在企业的"襁褓"里吃体制的"大锅饭",通过设置国资委明确国家出资人的地位,引入股东大会、职工代表大会、董事会、监事会、经理层,实现国有企业权力平衡制约,实现所有权与经营权的分离。

金融业是市场经济的命脉,作为金融业重要组成部分的银行业能否按照现代企业制度成功实现市场化改革,事关中国国有企业改革的成败。1995年,《商业银行法》颁布实施,工农中建交五大国有银行开启了去行政化、"一心一意办商业银行"的市场化转型之路。五大国有银行改革的总目标就是建立现代企业制度,坚持党组织在公司治理中的法定地位,全面发挥党委的政治核心和领导核心作用,建立以市场为导向的内控机制、约束机制。通过引入战略投资者和股改公开上市,五大国有商业银行实现了市场化改革的成功,经营管理水平、盈利能力和风险管控能力显著增强,不仅自身经受住了2008年国际金融危机的考验,也为国家牢牢坚守住了系统性金融风险的底线,在支持实体经济中不断做强做优做大,资产规模、资本实力和盈利能力都跻身全球银行业前列。成功的市场化改革和股份制改制并没有模糊五大国有商业银行的初心和使命,在服务国家重大战略、重大工程和国计民生的重点领域中,在推动供给侧结构性改革、扶持大众创业万众创新、服务"一带一路"建设、助力经济转型升级中,在以创新定制化的普惠金融产品解决小微企业、"三农"等领域融资难融资贵等问题上，五大国有商业银行始终扮演着主力军、国家队的重要角色，以中国金融行业中坚的姿态，彰显了中国现代企业制度改革的成就。

中国的现代企业制度改革仍然是进行时，这轮制度改革也不是国有企业改革的终极目标，因为即便是现代企业制度建立运行了200多年的西方，每年仍有数不清的现代企业破产倒闭。但是，中国国有企业现代企业制度改革的重大意义在于，它终于触及国有企业的产权制度和所有制结构这一过去不敢触及的核心问题，找到了国有企业进一步深化改革、建立中国特色社会主义现代企业制度的目标和主攻方向。

第五阶段改革：党的十八大以后推进的国有企业全面深化改革。

在前几轮的国有企业改革过程中，国有大企业特别是中央企业由于责任大、资产大、人员多、包袱重、历史渊源复杂等原因，改革步伐和成效都逊色于中小国有企业。2003年后，我国的国有企业改革进入以国有大型企业改革为重点的阶段。

2002年11月召开的党的十六大决定启动国有资产管理体制改革，成立国有资产管理机构，制定和建立了包括企业清产核资制度、企业发展战略和主业管理制度、企业经营业绩考核制度、国有资本经营预算制度等在内的企业国有资产管理法规和制度体系。同时，国资委还推进了一系列有针对性的改革和结构调整措施，如企业内部及企业之间的重组、推动企业内部三项制度改革、企业改制上市、建立规范的董事会试点、减轻国有企业的社会负担、解决企业的历史遗留问题等，使国有企业面貌发生巨大变化。

国有企业是党在新时代推进国家现代化、保障人民共同利益的重要力量，是党和国家事业发展的重要物质基础和政治基础。深化国有企业改革，做强做优做大国有资本，对坚持和发展中国特色社会主义、实现"两个一百年"奋斗目标具有十分重大的意义，国有企业改革必须持续深入推进。

党的十八届三中全会进一步明确了新时代全面深化国有企业改革的目标任务，明确提出了改革的五项基本原则。一是将坚持和完善基本经济制度作为根本要求；二是将坚持社会主义市场经济改革方向作为基本规律；三是将坚持增强活力和强化监管相结合作为必须把握的重要关系；四是将坚持党对国有企业的领导作为必须坚守的政治方向、政治原则；五是将坚持积极稳妥统筹推进作为必须采用的科学方法。这是在新的历史起点上，以习近平同志为核心的党中央对国有企业改革作出的重大部署，为新时代国有企业改革指明了方向、提供了根本遵循。

围绕实现国有企业改革的目标任务，中央还明确提出要抓好六项重点任务：一是分类推进国有企业改革；二是进一步完善现代企业制度，推进公司制股份制改革，健全公司法人治理结构，建立企业领导人员分类分层管理制度，实行与社会主义市场经济相适应的企业薪酬分配制度，深化企业内部用人制度改革；三是完善国有资产管理体制；四是发展混合所有制经济，放大国有资本功能，提高国有资本配置和运行效率，实现各种所有制资本取长补短、相互促进、共同发展；五是强化监督防止国有资产流失；六是加强和改进党对国有企业的领导，明确国有企业党组织在公司法人治理结构中的法定地位。

这一轮国有企业全面深化改革给了中国国有企业新的力量、信心和信念，中国国有企业在全球市场上的竞争力、影响力、控制力的极大提升就是改革阶段性成果的有力彰显，全面深化国有企业改革赋予了国有企业新生命、新活力、新追求，改革已经深深融入了国有企业的章程、文化和基因。国有企业的改革不仅成就了自身的发展转型，也为同时期民营企业、合资企业的发展与成长提供了施展的空间、成熟的人才、合作的机遇和竞争的对手，特别是国有企业在现代企业治理结构层面的持续改革为中国民营企业建立科学完善的法人治理结构提供了示范、参照和信心，使多种所有制企业共同携手构建了繁荣的社会主义市场经济。

为了使国有企业成为有活力的真正市场主体，成为真正的现代企业，成为大国重器和强国重企，成为党和人民真正信赖依靠的重要力量，中国国有企业已经进行了半个多世纪的持续改革，进行了各种方式和途径的探索，而且这种改革和探索未来还将继续进行，这也再次证明现代企业和现代企业制度的发展潜力和持久生命力！

三、中国民营企业的改革

新中国成立以来，我国出现过两种民营经济：其一是洋务运动以来由资本家等投资，在大城市发展起来的民族工商业；其二是改革开放以来以农民、原政府职员、企业职工为主体，在农村、乡镇、城市从无到有产生发展起来的社办企业和民营企业。

随着时代的发展和社会生产力水平的提升，社会主义基本经济制度的完善、国家经济政策的调整，共同决定了民营企业在中国国民经济中的角色定位，也决定了民营企业在不同历史时期改革发展的目标。

新中国成立初期的民营企业改革是由党和政府推动的"公私合营"，改革的目标是发展社会主义公有制经济、逐步消灭私有制。党在过渡时期总路线的根本任务是构建以生产资料社会主义公有制为基础的国家治理体系。这一时期民营企业改革的目标是在利用、限制和改造的方针指导下，先通过赎买把私人资本引导到国家资本主义的轨道上来，再逐步用社会主义经济取代国家资本主义经济。三大改造工作到 1956 年年底基本完成，中国的民营经济彻底转变为公私合营经济。这是一次自上而下的改革，也是中国共产党第一次领导如此大规模的工商业改造，缺乏经验在所难免，在较短的时间内完成公私合营也引发了一些短期问题，一部分民族资本家牺牲了一定利益，并在企业专业化管理等方面造成了某些长期影响。但是，从总体改造成果和历史成就上看，大部分的民族资本实现了获利退出，身份也转变为自食其力的普通劳动者，显著提升了工人阶级的政治地位和生活水平，更重要的是国家逐步掌握了国家的经济命脉和工商业基础，获得了更好建设国家的生产资料和更快发展经济的生产力资源，为维护国家经济安全和党的执政地位的提升奠定了重要基础性保障。

改革开放后，民营企业在党的十一届三中全会精神指引下，开始了自发地萌芽，并推动了一场自下而上的经济体制改革，不仅极大丰富了市场、活跃了经济，更在一定程度上倒逼了国有企业改革，为国民经济发展和改革开放作出了巨大贡献。但体制、政策和法律等障碍尚未完全消除。1988 年 4 月，《中华人民共和国宪法修正案》首次明确了民营企业的法律地位，随后国务院颁布了民营企业暂行条例，虚掩着的民营经济大门被推开。从此，中国民营企业终于有了合法地位、有了光明正大做大做强的底气。

民营企业在改革政策的推动下实现了快速发展，并在不同地区孕育形成了各具特色的发展模式，以个体私营为主的"温州模式"，以乡镇企业为主的"苏南模式"，以引进外资为主的"珠江三角洲模式"等。1992年，邓小平同志发表南方谈话，终结了"计划经济和市场经济"的争论，标志着中国改革开放第二次浪潮的兴起，对中国90年代的经济改革与社会进步起到了关键性的推动作用，对21世纪中国的改革与发展具有不可估量的促进作用。同年10月，党的十四大明确提出，"我国经济体制改革的目标是建立社会主义市场经济体制"，这对民营企业的发展意义非凡。1993年，我国第一部《公司法》颁布实施，允许个人开办企业，成为继"个体工商户"之后的又一大胆改革。民营企业所涉及的行业领域也不再仅仅是物美价廉的轻工业产品，而是拓展到大型装备制造、信息技术、生物工程、医药等高新技术领域，还进入了金融资本领域。

民营企业对发展的渴望，对资本的渴求，对市场的敏感，成为了实践股份制、法人治理制和有限责任制度等现代企业制度的沃土，较国有企业更早完成了现代企业制度改革。对于目前绝大多数民营企业而言，改革开放后的第一代创业企业家大都因为年龄原因面临着迫切的接班人选择问题，是子承父业还是引入职业经理人，关系到一大批民营企业的发展前途，也引起了国家的高度重视。下一步民营改革的重点是加快实现所有权与经营权的分离，加快实现家族企业向现代企业的平稳过渡。

中国民营企业几乎用了 40 年时间走过了西方企业 400 年走过的道路，从手工作坊、合伙企业到家族企业再到现代企业，取得了令全世界瞩目的中国奇迹，也涌现出刘永好、李书福、任正非、马云、马化腾等一大批杰出的民营企业家。华为、腾讯、阿里巴巴、吉利汽车等一大批民营企业用不到 30 年的时间纷纷成长为世界 500 强企业，民营企业已经发展成为社会主义市场经济的重要组成部分和我国经济社会发展的重要基础。

第七章

从"大"到"强大" 中国企业需要二次蝶变

象群和狮群分别走进丛林，百兽的反应完全不同。无论是在蛮荒的丛林还是在文明的国际舞台，无论是动物、企业还是国家，"大"只能引起世人的惊叹，只有"强大"才能获得敬畏和尊重。

从"只有工厂、没有企业"到全球企业大国，中国企业创造了现代企业制度诞生以来的发展奇迹。今天的中国已经拥有一批大企业、大产业，这是中国改革开放的丰硕成果，是中国崛起强大的必然结果，也是中国企业奋斗打拼的自豪成果。

但是，"大"并不等于"强大"。改革开放促成了中国企业的第一次蝶变，我们解决了有没有、够不够、大不大的问题，现在中国已经不缺大产业、大企业，但还是缺少掌握关键技术、具备全球竞争优势、拥有世界知名品牌和全球影响力的世界一流企业，中国企业亟须完成第二次蝶变。

一、中国企业的世界 500 强之梦

2019 年，中国有 129 家企业上榜《财富》杂志世界 500 强，位居全球第 1 名，历史上首次超越美国，比美国多 8 家，比排名第三的日本多出 77 家，即便不计入中国台湾地区的 10 家企业，中国和美国的世界 500 强企业数量也已经并驾齐驱（119∶121）。

这是一个令人振奋的数字，这是一个重大的标志性事件，不仅是因为中国上榜企业数量连续第 16 年增长，更是因为这是一次前所未有的重大突破。《财富》杂志对此评论："这是自 1990 年世界 500 强榜单诞生以来，甚至可以说自第二次世界大战结束以来，美国第一次没有在全球大企业比拼中拔得头筹。"

如果我们对上榜企业进行更为深入的盘点，还能发现一些更令人欣喜的变化。一是中国企业整体排名上升，在持续上榜的企业中，有 77 家中国企业排位比上一年上升；二是后劲十足、增量可观，中国有 13 家新上榜企业，占新上榜企业总数的一半以上，排名上升最快的 10 家企业中有 6 家来自中国，其中，成立仅仅 9 年的小米公司成为世界 500 强历史上最年轻的上榜企业；三是企业销售收入增量好于美国、领先世界，中国 500 强企业只有 2016 年出现了总收入负增长，美国等其他国家都有 5 年以上出现了上榜企业总收入负增长；四是上榜企业门类齐全，17 个上榜企业门类中，中国企业都有分布，而美国在电力、地产没有上榜企业，日本在航天国防、医疗保健、消费品和第三产业没有上榜企业。此外，还有国家开发银行、中国烟草公司等规模、体量、利润都很出众的中国企业没有参加评选。

新榜单的发布，昭示着属于中国企业的时代已经到来。现代企业制度插上了社会主义市场经济的翅膀，充分彰显了中国共产党的领导和改革开放的巨大成功，彰显了勤劳、智慧的中国人民的伟大创造力。这也再次证明，企业的发展与国家的强大高度正相关，先有国家的"水涨"才有企业的"船高"，国家强则企业强！

二、大而不强　富而不优

中国入围《财富》杂志 2019 年世界 500 强榜单的企业已经与美国旗鼓相当，这是中国改革开放的巨大成就，也是中国企业自强不息的成功，值得我们骄傲和自豪。但是，500 强榜单排名背后，还有一些数据值得中国企业深思。

中国上榜企业的平均销售收入 665 亿美元，比世界 500 强企业平均销售收入仅高 11 亿美元，比美国世界 500 强企业平均销售收入低 114 亿美元。

中国上榜企业平均净资产 354 亿美元，比世界 500 强企业平均净资产仅高 1 亿美元，较美国世界 500 强企业平均净资产低 46 亿美元。

中国上榜企业平均利润 35 亿美元，较世界 500 强企业平均利润低 8 亿美元，较美国上榜企业的平均利润低 25 亿美元，其中，中国上榜企业的近半数利润来自银行。如果不计算上榜的中国 11 家银行的利润，其他 108 家中国上榜企业的平均利润只有 19 亿美元；如果不计算美国银行的利润，美国其他 113 家世界 500 强企业平均利润为 53 亿美元，是中国企业的近 2.5 倍。

中国上榜企业平均销售收益率 5.3%，较世界 500 强企业平均销售收益率低 1.3%，较美国世界 500 强企业平均销售收益率低 2.4%。

中国上榜企业平均净资产收益率 9.9%，较世界 500 强企业的平均水平低 2.3%，较美国上榜企业平均水平低 6.1%。

中国上榜企业平均雇佣员工 17.9 万人，比美国上榜企业多 4 万人；中国企业人均销售收入 37 万美元，相当于美国上榜企业的 66%；中国上榜企业人均利润 2 万美元，相当于美国上榜企业的 46%。

从上榜企业所在行业的细分领域看，上榜的所有房地产企业都来自中国，但来自中国的生物医药、生命科学、芯片制造、软件开发等高新技术企业却乏善可陈；我们有可以和亚马逊、Facebook 竞争的阿里巴巴、腾讯等互联网服务企业，却没有可以和英特尔、高通分庭抗礼的芯片制造企业；在汽车行业的上榜企业中，中国有 7 家企业，美国只有 2 家企业，中国实现了全球第一的汽车销量，但无论是传统燃油发动机制造专利数量，还是当下竞争最激烈的智能驾驶网联专利数量，中国汽车企业与西方汽车企业都存在较大差距。

另外，中国进入世界 500 强的企业中具有世界知名品牌的企业较少，品牌国际化与美、日、法、德、英等国家也存在着明显差距。中国的上榜企业中，除了联想、华为、海尔等世界知名品牌外，其他上榜企业大多以国内市场为主，与海外普通消费者的交集较少，在海外鲜有较高的知名度，与之相比，欧美国家的上榜品牌都在中国有着较高的知名度。

我们应当清醒地认识到，《财富》杂志的排名更倾向企业的销售收入、规模体量，中国上榜企业还是赢在了企业的发展规模而非发展质量上，我们的领先更多来自国内较低的人工成本、环境成本而非核心技术、创新带来的竞争力，我们的快速发展更多来自快速的规模扩张而非高质量发展，我们的优势更多来自庞大的国内市场而非全球资源的有效配置。因此，中国企业需要加快完成从"大"到"强大"的二次蝶变。

首先，"大"到"强大"是历史、国家和民族发展向前的大趋势。崛起强大的中国需要的不是一家或几家世界一流企业，中国需要各行各业的成百上千家世界一流企业和强国重企去支撑和推动国家的强大，这是一股滚滚向前的历史洪流，也是优胜劣汰的发展趋势，所有身处其中的中国企业都应当具有历史感和行动自觉，要么止步于大，成为上一段历史中的一个名词，要么与国家和民族一起完成蝶变，参与书写下一段历史。

其次，"大"到"强大"是企业发展的必然规律。没有能够延续百年的"大"，只有支撑长青基业的"强"。企业寻求外延式的扩张最终都会触碰到行业边界、营收天花板和市场壁垒，只有向高处寻求内涵式的增长，提升企业的核心竞争力，完成从"大"到"强大"的蝶变，企业才能实现自身的价值增值，提升影响力和竞争优势，打造长青基业，实现可持续发展。

再次，从"大"到"强大"是企业发展的必然要求。历史上的奥斯曼土耳其帝国、奥匈帝国，中国元朝、明朝和清朝都印证了一个事实，无论是国家还是企业，长期止步于"大"是危险的状态。大而不强就会暴露出结构性隐患、引发系统性风险，更给了觊觎超越或酝酿兼并的竞争对手以可乘之机。如果企业不能完成从"大"到"强大"的蝶变，那么企业也将止步于"大"，终结于"大"。

最后，中国已经是世界的中国，世界也是中国的世界[1]。中国正在世界政治经济体系扮演着越来越重要的角色，

1　施展. 枢纽 [M]. 广西：广西师范大学出版社，2018：636-651.

绝大多数中国企业都已经深深嵌入全球化的紧密链条之中，对于所有的中国企业而言，已经没有偏安一隅、暗自发展强大的可能，必然要在与全球企业的合作竞争中做大做强、做成世界一流企业。完成从"大"到"强大"的蝶变，才能真正提升中国企业亟须的国际影响力和国际竞争力，在全球产业体系中享有一席之地。

三、中国企业的短板

2018 年以来，持续一年多的中美贸易摩擦也警醒、鞭策我们，在经济全球化时代，大国博弈主要通过世界一流企业之间的实力比拼来实现，依靠规模和体量并不足以震慑对手，必须加快建设一大批在各个行业掌握关键核心技术、具备核心能力的世界一流企业，这样才能在任何时候都不受制于人。

承认差距，才有前进的勇气；正视短板，才有跨越的动力。与西方世界一流企业相比，中国企业主要存在以下短板。

一是重大关键核心技术受制于人的问题仍然没有得到根本性的解决。除了军工、航天、能源等少数产业外，拥有自主关键核心技术的中国企业仍是少数，关键核心技术、高端芯片、关键工业母机、核心设计软件仍然依赖进口，还没有实现完全自主可控。以信息网络产业为例，有统计显示，中国目前绝大部分的智能手机操作系统、PC 操作系统、软件编程语言都依赖西方的系统开发工具，高端中央处理器、高端图形处理芯片、移动终端处理器仍需要大量进口。

二是创新能力和基础研究能力跟不上。目前绝大多数中国企业的创新仍然停留在集成创新、引进消化吸收再创新层面，缺乏从零到一的原始创新能力和颠覆性创新能力，中国企业有着让全世界赞叹的科技成果转化能力和生产能力，善于跑好从实验室到柜台的一棒，但是实验室的原始创新能力仍然是短板。2018 年年初，欧盟委员会公布了《2018 年欧盟工业研发投资排名》。该榜单主要是对全球 46 个国家和地区的 2500 家主要企业的会计年度研发投入总金额和研发投入占销售收入的比例进行综合排名。在前 50 名中，中国华为以 113.34 亿欧元的研发投入和 14.4% 的研发投入比位列第五名，除华为之外，前 50 名中再无中国企业，而美国以 22 家企业上榜占据数量上的绝对优势，德国有 9 家企业上榜排名第二，日本有 6 家企业上榜排名第三，法国有 3 家企业上榜排名第 4，荷兰、瑞士、英国各有 2 家企业上榜并列第五，中国、韩国、芬兰、瑞典各有 1 家企业并列第 8。

三是转型升级发展和战略开拓能力不足。大部分中国企业目前还未完成向高质量发展的转型升级，仍然停留在靠规模效益、靠政策保护、靠成本优势的发展阶段。关注短期效益和局部市场，缺乏长期战略引领，战略开拓能力不强，缺乏在更高层面上和更宽广的视野下布局谋划长远发展的能力。

四是国际经营能力、国际影响力和国际竞争力不强。中华民族是一个有着强烈家园观念、故土情结的民族，中国地缘政治的初衷是防御性的，中国企业也因此天然地缺乏西方企业那种"走出去"的"冲动"，对海外市场机遇不敏感，在海外的影响力、控制力、竞争力和话语权都逊色于同行业、同等规模和量级的西方企业。通常认为，企业的海外收入达到企业总收入的50%才是一家跨国集团，达到70%才是全球化公司，而在中国企业中较早"走出去"并且规模和量级远远领先的中央企业，目前平均海外营业收入也只占到企业总营业收入的17%左右，距离真正意义上的跨国企业仍有一定距离。

中国企业目前存在的短板和不足是客观形成的历史和必然经历的阶段。当我们从当下的立场去评价历史，总会带有一种"旁观者"的"清醒"和"后来人"的"睿智"，而一段大时代的形成往往是一个个小事件的积累，一个大趋势的演进通常是一个个小趋势的推动。

中国企业，特别是国有企业、中央企业，今天存在的短板和不足本身就是这段大历史不可分割的一部分，它们都是在特定历史条件下、受多种条件制约和认知局限性所作出的选择。

今天，当我们感叹核心技术受制于人时，也要客观认识到，任何科技发展和技术进步都是渐进式的积累，都是举全国之力、耗费几代人之功，不可能一蹴而就，更不可能"要来""买来""讨来"。在开放大门刚刚打开、外资汹涌而入时，我们只能以市场换西方的成熟技术，甚至是过时技术，在引进、消化、吸收的基础上实现再创新，这一过程何其艰难，只有亲历者才有最深的感触。

今天，当我们感叹创新引领发展能力不足时，也要客观认识到，中国的经济发展范式受到多种现实条件、资源禀赋和历史因素的制约，其体量和规模之大，使这艘巨轮的每一次"转向""微调"都必须慎之又慎，因为牵一发而动全身。比如，中国的能源结构倚重煤炭，这是我国煤多气少油贫的资源禀赋和多年发展惯性形成的，如果用清洁能源大规模替代煤炭时，就要提前充分虑到已经形成的巨大煤炭产能、庞大的产业工人群体以及上下游的装备制造、煤化工、火力发电等产业链，并做好相应准备。

今天，当有人批评中央企业高度依赖规模效益时，也要看到中央企业始终在国民经济中扮演着骨干、中坚的基础保障角色，它们承担着许多国家重大战略和社会责任，只有收益稳定、持续发展才能始终确保党和国家在国民经济领域的主导权和控制力。对中国这样的发展中大国来说，没有金融安全、能源安全、通信安全、粮食安全就没有国家安全，国有企业特别是中央企业在上述关键领域的影响力、控制力、引领力就是国家安全的坚强保障，也正是因为有了在这些关键命脉领域充当国家队的中央企业，中国政府才能够以最快的速度调动国家资源，在应对内外部重大风险时得到无条件的快速响应和坚决服从。

今天，当有人评价中央企业的成长壮大是依赖国家政策扶持和国家资源支持的结果时，我们也要看到中央企业所承担的重要社会责任和为经济社会发展所背负的隐性成本，看到中央企业职工在戈壁高原、深山峡谷、海外战区为国家的利益而坚守，为千家万户的幸福而打拼。比如，国家电网、南方电网在高原戈壁、怒江峡谷花费巨资建设维护电网，仅仅是为了几户人家的用电需要；中国电信、中国移动、中国联通等通信企业在深山峡谷架设通信基站，可能仅仅只是为了几家人的通信需要；五大国有能源企业即使明知会发生巨额亏损也要买高价煤用以发电，以保障千家万户的用电和取暖刚需；当海外发生战乱天灾，中国国航、中国南航、中国东航等国有航空公司都是第一时间赶赴战区灾区协助撤侨；为了国家核工业的发展，一代又一代中国核工业人默默无闻、隐姓埋名，献了青春献子孙。这样的例子不胜枚举，这些责任和付出是那些只追求股东利益最大化的西方企业所不可能做到的，但这恰恰是中国国有企业和中央企业最大的社会责任所在，也是中国特色社会主义制度的优势所在。

当我们评价中国企业普遍大而不强、富而不优的时候，需要我们理性地认识到这是一段客观的历史，也是中国企业发展过程中必然经历的阶段。没有量的积累就没有质的飞跃，只有在激烈的全球竞争中先存活下来，才有发展提升的未来。规模领先是成长为世界一流企业的必经之路，中国企业已经实现了量的积累，下一步要完成向世界一流企业的跨越，而这一步的跨越可能远比之前几十年的奋斗打拼更加艰难，更加需要百折不回的勇毅。

没有天生强大，只有天生要强。中国企业从国营工厂、民营作坊、合资代工起步，能够在今天的世界 500 强榜单中与美国平分秋色，能够赢得"世界工厂""基建强国"的赞誉，能够在全世界骄傲地打出中国制造的品牌，这样的发展成就值得骄傲和自豪。但成绩并不能掩盖短板和不足，建设世界一流企业、打造强国重企对所有中国企业来说都是一次"再出发"。对中国企业而言，我们应当自信地看到辛苦打拼所积累的优势，也应当清醒地认识到与世界一流企业之间的差距和不足，我们期待并坚信有一天能够实现领跑，但首先需要完成这一次关键的赶超和决定成败的"蝶变"。

第八章
现代企业制度的中国创新

现代企业制度是人类的一项伟大制度发明和组织创造，它具有极大的包容性和适应性，它在不同国家的土壤落地生根，发展衍生出适应不同社会制度、经济发展阶段和民族文化的现代企业制度形态。

中国是现代企业制度最坚定的践行者、改革者和创新者。习近平总书记在全国国有企业党的建设工作会议上指出：坚持党对国有企业的领导是重大政治原则，必须一以贯之；建立现代企业制度是国有企业改革的方向，也必须一以贯之。习近平总书记的重要讲话，深刻阐明了国有企业建立现代企业制度与坚持党的领导之间的紧密联系，同时也是现代企业制度与中国国情相结合的一次重大创新。

一、现代企业制度必须本土化

现代企业制度在西方率先孕育，通过西方主导的殖民扩张、全球贸易、科技革命而传播到全世界，西方经济学界对企业概念的解释和现代企业制度的设定成为了其他国家发展现代企业制度的启蒙，曾一度被奉为经典。但企业制度本来就是多民族、多文化共同孕育的结晶，现代企业制度虽然在西方首创，但其在世界范围内的每一次落地生根都是一次本土化的过程。

在西方国家，现代企业制度也因为不同的国家和政党对资本主义的理解不同而产生了分化。比如，在以英美为代表的自由资本主义国家，其企业制度强调股东利益最大化、奉行市场万能；在以德国为代表的社会资本主义国家，其企业制度强调股东利益与社会大众利益的统一，以维持社会的高福利普惠待遇；在日本、韩国、新加坡这些深受中国儒家思想影响的东方资本主义国家，西方现代企业制度与东方的哲学和文化实现了高度的融合，从而展现出与西方截然不同的内涵和价值表现。

涩泽荣一[1]是日本明治和大正时期的大实业家，被誉为"日本企业之父""日本近代经济的领路人""日本资本主义

---

1 涩泽荣一（1840—1931），日本近代产业先驱和工商业的精神领袖，被誉为"日本企业之父""日本产业经济的最高指导者""儒家资本主义的代表"。涩泽荣一崇尚中国儒学，致力于将《论语》思想与商业实践相结合。他反对所谓经济活动与伦理道德相排斥的观念。儒商精神对日本现代企业制度的萌芽与发展产生深远影响。

之父""日本近代实业界之父",他在其商业思想代表作《论语与算盘》中提出:"算盘要靠〈论语〉来拨动;同时〈论语〉也要靠算盘才能从事真正的致富活动。"他主张"谋利和重视仁义道德只有并行不悖,才能使国家健全发展,个人也才能各行其所,发财致富"。他的思想深刻影响了日本企业界,促成了富有东方儒家文化特质和日本民族特色的现代企业制度,比如强调员工对企业的忠诚,同时企业也要对员工终身负责(类似于日本封建领主与豢养武士之间的依附关系),根深蒂固的上下层级观念,特别强调企业创始人、"一把手"的领袖地位和领导作用等(东方儒家文化的君臣思想)。

在不同的价值观、意识形态、文化传统、宗教信仰和发展程度影响下,各国对于企业的概念、理解和运用都不尽相同,甚至还存在南辕北辙的差异,但这并不影响现代企业制度在不同的国家、民族和信仰之间并行不悖。

在中东和北非的伊斯兰国家,《古兰经》和伊斯兰教法认为,利息是展开经济活动前事先设定的,贷款者没有分担风险、参与经营,实际经济活动遭到亏损时利息也能照收不误,这是违反了正义、平等和公平原则的"不义之财",应属被禁止的不合法收入。因此,不同于西方金融企业"坐享其成"的运营模式,伊斯兰银行获得收益的主要方式是股权分享,伊斯兰银行以贷款为投资成为某些大额贷款项目或者大企业的股东,与企业共担风险、共享收益。银行对于小额贷款则是通过固定额度手续费的形式获得收益。

时至今日，全球仍有超过 300 家伊斯兰银行在提供服务，甚至一些老牌的西方商业银行也专门设立了适用于伊斯兰教义的特色金融服务。金融业是现代企业和市场经济的基石，同一个世界，却有着并行不悖的两套借贷法则，共同促进着全球市场、各国企业的繁荣兴盛，这是现代企业制度有容乃大的最佳彰显。

世界各国的企业治理既有在反复实践中形成的共同规范，又因各国社会经济和文化历史的不同而各具特点。正如同市场经济在不同时期和不同国家呈现出的千差万别，世界上也不存在放之四海而皆准的绝对统一的现代企业制度。上好的红茶，中国人用紫砂壶冲泡，取其本味、温润甘冽；英国人还要加糖加奶，留茶香、去苦涩，取其香甜柔滑。茶如此，制度也是如此。现代企业制度在世界的发展与扩散无一不是用西方企业制度的"瓶"，装各个国家和民族自酿的"酒"。现代企业制度有通行世界的基本法则，但真正的核心与灵魂，仍然需要它所扎根的国家去理解、去孕育，企业制度必须依赖于和适用于本国国情而存在。

二、现代企业制度应当中国化

现代企业制度在各个国家生根发芽、开枝散叶，与各国不同的社会制度、政治经济、思想文化、民族历史深度融合，并衍生出"尺有所短、寸有所长"的企业治理模式，但至今很难提出一个普遍适用、包打天下的现代企业治理模式。比如，欧美模式强调市场机制自由调节作用，股权设置分散，但也会导致"内部人控制"和经营行为短期化。伊斯兰国家以及德国、日本、韩国等国家的大企业股权集中在少数银行、财团和家族手中，强调对企业的长期战略管控，但难以避免对市场变化不敏感导致尾大不掉的大企业病。因此，每种企业治理模式都有其不可避免的局限性。

新中国成立前，中国在企业治理上学习过美国、日本，新中国成立之初学习过苏联，但事实证明，这种简单拿来主义并不适用于中国，"简单地复制粘贴"只会适得其反，所以改革开放之初，邓小平同志就旗帜鲜明地提出了建设中国特色社会主义、走我们自己的现代化之路。改革开放40多年的成就已经证明，中国特色社会主义现代化之路是成功的，我们应当有充分的道路自信、理论自信、制度自信和文化自信。

今天的中国不仅是企业大国，更是全世界最大的发展中国家，也是社会主义国家中经济体量和经济规模最大的国家。中国需要怎样的世界一流企业，怎样建设世界一流企业，在西方现代企业制度的经典中不可能找到标准答案，也没有社会主义国家建设世界一流企业的先例可以借鉴，因此我们必须自己探索，在充分借鉴现代企业制度成功经验的基础上，走中国特色之路。

不可否认的是，关于世界一流企业的定义、标准和话语权目前仍然被西方所把持，他们可以依据自己的标准对全球企业进行排名，对各国企业的资产质量进行打分评级，对各国企业的发展预期作出货币化估值，对企业的跨国并购作出裁决许可，对各国经济学、企业管理学教材进行理念输出。同样不可否认，西方发达国家对现代企业制度的形成和发展作出了重大贡献，但这种基于先发优势的标准霸权和评价体系垄断很容易造成一种错觉，即西方的标准就是世界的标准，只有按照西方的现代企业制度模式去实践，我们才能建成符合世界标准的世界一流企业。如果这样思考，就会跌入逻辑陷阱。比如，中国企业如果只为了进入世界 500 强而奋斗，那么我们就会继续沉溺于当前享有的国内市场规模、粗放发展方式和低效益资源利用水平，这样的世界一流企业不是我们真正需要的。并且，假如我们的对手既是裁判又是运动员，谁能保证对手在即将被我们超越时不会吹响"哨子"呢？

中国企业的发展目标应该是建设符合中国国情、满足国家需要、惠及世界发展、造福人类命运共同体的世界一流企业，而不是得到某些国家的认可和背书；我们需要的是世界一流的强大竞争力和不被"一剑封喉"的国家安全，而不仅仅是世界 500 强的荣誉榜单；我们需要的是企业实实在在的进步、国家扎扎实实的发展、人民真真切切的感受，而不仅仅是"世界一流"这四个字。

历史已经反复证明，坚定走自己的道路，强大到不可替代，一切标准和规则都会为之更改。

三、现代企业制度的中国创新

方向决定道路，道路决定命运，思路决定未来。判定一种企业制度是否适用于中国企业，要看它是否符合中国的基本国情，是否能够有益于中国特色社会主义制度优越性的有效发挥，是否有益于中国特色社会主义市场经济发展的需要，是否有益于我们建设世界一流企业、打造强国重企。

中国特色现代企业制度的关键，是在坚持现代企业制度基础上的创新。中国企业需要的已经不仅仅是经营方法上的创新，而是企业制度上的创新，当前也正是探索提出中国特色现代企业制度的关键历史机遇期，特别是党的十八大以来，中国企业进行了以下五个方面的积极探索，并取得了阶段性的积极成果。

一是将坚持党的领导明确写入国有企业章程，明确国有企业党组织在公司法人治理结构中的法定地位，创新国有企业组织领导制度，充分发挥党组织的领导核心和政治核心作用，使党的主张通过法定程序成为企业的经营策略、政策、制度，使党组织推荐的人选通过法定程序成为企业的领导和管理人员，把党统揽全局、协调各方与企业的董事会、监事会和经营管理层等依法依章履行职能、开展工作统一起来。

中国特色现代企业制度的本质与核心是坚持党的全面领导，坚定不移走中国特色社会主义道路，不唯西方马首是瞻、亦步亦趋，同时又能充分借鉴学习吸收世界各国现代企业治理模式的有益经验。创新实践符合我国国情的中国特色现代企业制度，关键在于把坚持和加强党的领导同建立现代企业制度有机结合起来，创新实践"两个一以贯之"，把党的领导融入企业治理环节，把党组织内嵌到企业治理结构之中，把党的建设深度融入企业中心工作之中，打造符合中国国情和发展需要的中国特色现代企业制度，这是一项史无前例的重大制度创新，也是中国为现代企业制度创新发展所作出的一项重大历史性贡献。

二是积极发展混合所有制企业制度，这是中国特色现代企业制度又一大创新，是新形势下坚持公有制主体地位，充分发挥不同所有制的优势，增强国有企业活力、控制力和影响力的一个有效途径和必然选择。

从党的十六届三中全会提出发展混合所有制经济以来，中国企业已经在这一领域进行了10多年的持续探索实践。混合所有制本质上就是中国对现代企业制度的一次重大实践创新和完善提升，其关键就是通过这一制度优化国有企业股权结构，发挥非公有资本在公司治理中的积极作用，提高股东会、董事会、监事会（'三会'）规范运作水平，提升国有企业市场化水平，通过推动国有资本、集体资本、非公有资本等交叉持股、相互融合的混合所有制企业制度，充分发挥制度的合力，实现各种所有制资本取长补短、协同发展、共同壮大。这是西方现代企业制度与中国国情的一次深度融合和有机互补，也是一次颇有胆识的现代企业制度创新实践，对于做强做优做大现代企业具有重要的推动作用。

三是组建国有资本投资运营公司，构建国有资本投资、运营主体，改革国有资本授权经营制度，提升国有企业管理效能，实现国有资本所有权与企业经营权分离，实行国有资本市场化运作，充分释放国有企业自主创新、战略引领发展动能的新型企业制度。

实行国有资本投资、运营公司企业制度的目的在于推动国资监管机构从"管资产"到"管资本"的转变，提高资本运营效率和增值能力，实现国有资产保值增值，为国家培育一批富有产业竞争力的行业领军企业，优化国家产业结构，在投资战略上侧重于国家产业发展战略相关的核心行业和新兴行业，充分发挥国有资本投资、运营公司平台作用，促进国有资本向重点行业、关键领域和优势企业集中，优化国有经济布局和结构调整，提高国有资本配置和运营效率，更好服务国家战略需要。

四是通过互联网、5G、大数据、云计算等高新技术，创新探索去中心、无实体、共享型、智慧型的新型企业形态。

互联网产业的快速发展极大加速了中国企业的发展进程，压缩了企业发展所需的时间，拓展了发展的空间，重构了产业格局，高效分配资源要素，重新定义了成本，所有的传统企业都将经历互联网的解构与重构，谁首先完成重构，谁就能够实现新的发展。在数字经济时代，基础设施的概念已经不再局限于能源、通信、交通等市政公用设施，借助现代信息技术在配置资源、万物智联等方面的突出优势，互联网时代的现代企业在创立时不再完全依赖厂房、实体资源和大量员工作为存在的实体，可以将企业不同的业务板块分包给商业链各环节的专业化企业，自身则侧重于构建平台或某一专精领域，使企业能够更高效地利用外部共享资源，降低内部自建成本，并且将优势集中于企业最擅长的领域，实现一个点上的集中突破。这种现代企业制度创新让许多中小企业不必从零起步自建厂房、渠道和市场，可以在现有"基础设施"之上直接嫁接出全新的企业形态，比如互联网高新科技企业、各种在线服务平台公司等，曾经被赋予贬义色彩的"皮包公司"也许未来会成为中小企业的一种重要的企业组织形态。

五是创新社会主义市场经济体制下的金融企业与实体企业一体融合发展经营的企业制度，不仅有效解决了金融与实体发展不均衡的问题，而且使金融企业与实体企业有机融合为一体，实现优势互补、协同发展，同时也是对中国企业制度和治理机制的一种丰富和拓展。

从分业经营向混业经营转变是全球金融机构经营发展的一个主流态势。当前各国金融机构混业经营模式主要可以划分为以德国、荷兰为代表的全能银行和以英国、美国、日本为代表的金融控股公司两类。与其他主要国家相比，我国混业经营兼具不同国家金融机构的特点，并在中国特色社会主义制度下发展出了自己的特色，最具代表性的就是中信集团和光大集团的全领域混业经营。2002 年，国务院批准中信集团、光大集团和平安集团进行综合经营试点，他们打破了金融主业限制，除了银行、证券、保险等传统金融业务外，还广泛涉足信息产业、基础设施、能源、房地产等传统实体行业，并积极发展互联网金融、健康养老等新兴产业，以现代金融为实体产业注入源源不断的发展动能。

在企业的原始阶段，其组织形态的发展和演进主要是个别企业和企业主的自发行为，当某一种新型组织形态被市场接纳并被法律认可后，才被确认为一种新型的企业组织形态并推广扩散。而现代企业制度在西方的诞生则是企业与政府共同推动的结果，特别是股份公开发行制度、企业法人制度、有限责任制度等现代企业制度的基石更是在政府直接指导下创设而生。

新中国成立 70 多年来，特别是改革开放 40 多年来，中国以开放、包容、谦逊和自信的姿态学习借鉴了西方跨越百年发展形成的现代企业制度，逐步建立起适应社会主义市场经济体制的现代企业制度，国有企业、民营企业和中外合资企业的公司治理机制不断完善，改革不断深入，效益持续提高。

无须讳言的是，中国的现代企业制度与建设世界一流企业和培育强国重企的需要相比，仍然存在许多薄弱环节。这些薄弱环节并非完全都是中国现代企业制度与西方现代企业制度的差距，其中既有西方现代企业制度自身无法突破的局限性，也包括中西方不同社会制度之间的天然区别。

　　近几十年来，现代企业制度和组织形态在西方的创新步伐几乎陷于停滞，而曾经被认为"只有工厂、没有企业"的中国却以一系列的创新和发展成就吸引了全世界的目光。今天的中国已经成为名副其实的企业大国，已经从"跟跑者"转变为"并跑者"，并在一些关键领域实现了"领跑"。中国依靠自己的智慧、力量和勇气，结合中国的国情和市场经济发展的需要，充分发挥和利用中国特色社会主义制度的优势，提出具有中国特色的现代企业制度体系，中国还是为数不多的以国家意志推动现代企业制度和组织体系创新发展的国家，无论是贫穷还是富足、逆境还是顺境，新中国的党和国家领导人一茬接着一茬干，几十年如一日地推动着探索和改革，这在当今世界各国执政党和政府中都是极为少见的。

　　中国企业需要了解过往的历史，才能更加深刻地理解所背负的历史责任，更加珍惜几代人艰苦创业的成果，更加坚定深化改革的信心。中国企业只有清醒地认知当下的现状，才能更加明确未来的定位，更加深刻地理解实现"二次蝶变"的历史意义和重大价值。作为中国特色社会主义市场经济重要组成部分、坚强柱石和骨干力量的民营企业、合资企业、国有企业和中央企业，更应当携手向前，从各自擅长的领域出发，坚定、自信地创新实践中国特色的现代企业制度体系，探索实践出一条中国企业的重企强国之路、世界一流之路，用中国标准阐释世界一流，用中国实践建设世界一流，用中国成就定义世界一流。

重企强国

世界一流企业的中国需要、机遇和优势

中国是自行车大国，几乎人人从小都会骑自行车，在汽车进入百姓家庭之前，家家都有不止一辆自行车，自行车是我们最熟悉的交通工具。中国人骑了100年的自行车，世界最顶级的环法自行车赛也已经举办了100年，但是直到今天，还没有一位中国选手穿上过某一个赛段黄色领骑衫[1]，更不要说捧起总冠军奖杯。

多并不等于好，熟悉并不等于熟练，庞大并不能一定成就伟大。今天，中国已经成为名副其实的世界第一企业大国，但还不是真正意义上的企业强国。现在的中国比以往任何时候都需要有一批在各行各业都具有国际竞争力、能够代表中国的强国重企，需要他们穿起"领骑衫"，激励、提振中国企业建设世界一流企业的信心；需要他们充当各个产业领域的"破风手[2]"，为身后的中国企业冲破风阻，加快完成关键领域的决胜冲刺。

1　环法自行车赛于1903年首次举办，赛期23天，全程共21个赛段，赛程超过3500公里，赛日的优胜者将会穿上唯一的黄色领骑衫，并在下一个赛段中享有领骑的权利。
2　自行车比赛中的最大阻力来自风，在前面挡风的骑手会比在后面跟骑的队友多消耗20%以上的体力。车队中的"破风手"就起到保护队友，为队友节省体力的作用。在个人赛中，"破风手"往往牺牲自己，帮助"主将"最后冲刺获胜；在团体赛中，"主将"更多担任"破风手"，以帮助队中较弱的队友完赛，以获得团体的胜利。

第九章
世界一流企业的中国需要

　　党的十九大向全党发出号召，培育建设具有全球竞争力的世界一流企业，这是实现中华民族伟大复兴、推动中国崛起强大的战略举措和兴国之举，是促进中国企业加快做强做优做大步伐的强企机制和兴企良方，是中国作为世界大国担当使命责任的基础支撑和实践载体，具有十分重大和深远的战略意义。

一、强国重企

　　对国家而言，世界一流企业以其强大能力、独特功能和广泛影响，成为政府、军队之外，又一支能够保障国家安全、维护国家权益、履行国家使命、服务国家战略的重要力量。世界一流企业在推动科技创新、全球化配置资源、市场化高效率运营、专业化大规模生产、持续创造财富价值方面具有政府和军队无法比拟的灵活性、高效性和优越性，在国家经济、社会、科技和政治生活中扮演着不可替代的重要角色。习近平总书记反复强调："关键核心技术是要不来、买不来、讨不来的，只有把关键核心技术掌握在自己手中，才能从根本上保障国家经济安全、国防安全和其他安全。"出于维护国家安全的考虑，中国必须通过建设一批世界一流企业、打造强国重企来构建一系列既不受制于人又能与全世界广泛兼容的核心技术、产业链和产业生态体系。

进入新时代的中国，要满足人民日益增长的美好生活需要，需要世界一流企业带动行业发展，为人民提供更加优质的产品和高质量的服务，推动社会大众福祉均衡提升。改革开放 40 多年来，我国社会生产力水平显著提高，人民生活水平得到极大改善，从根本上解决了十几亿人的温饱问题。随着中国特色社会主义进入新时代，我国社会主要矛盾已经转化为人民日益增长的美好生活需要和不平衡不充分的发展之间的矛盾。只有不断提升中国人民的获得感、幸福感和自信感，才能不断提升对中国特色社会主义制度的获得感和自豪感。今天，我国在基础交通、网络通信、能源供给、医疗保障等公共服务领域已经达到世界先进水平，下一步还需要进一步解决供给不平衡、不充分等问题，通过建设一批世界一流企业和强国重企来推动、引导各行各业的进步发展，为社会提供更普惠、更高效的公共产品，培养消费者更节能、更环保、更进步的新消费需求，以企业一流的产品和服务推动国家更加富强、人民更加幸福、社会更加昌明。

中国需要通过建设一批世界一流企业，作为推动国家整体实现高质量发展，推动产业升级、破解发展困局、化解转型风险的重要路径。改革开放以来，中国经济在快速发展的同时，资源瓶颈、环境污染和产能落后的问题也日益显现，迫切需要有更加充足的资源保障和更广阔的市场空间来保证持续高质量发展。解决好一个 14 亿人口的大国实现高质量发展的问题，就是中国对全世界和全人类最大的贡献。中国要解决发展不平衡不充分的矛盾，要推动从快速发展到高质量发展的转变，要从快速崛起到持续强大，更加需要有一批世界一流企业作为先锋，开拓新市场、创造新机遇、培育新需求、打造新产业、构建新平台，同世界各国相互借鉴、取长补短、合作共赢，从全球经济一体化中吸收新的动能，主动化解转型发展关键时期的各种潜在风险。

中国需要有一批与中国国际地位相当相匹配的世界一流企业"走出去"，维护国家海外利益。截至 2017 年年底，中国企业在境外共设立对外直接投资企业 3.9 万家，分布于全球 189 个国家和地区，境外企业资产总额达到 6 万亿美元，对外直接投资存量达到 1.8 万亿美元，位居全球第二，仅次于美国。中国未来的发展一定是对外开放和走出去并举，中国在海外的资产和利益只会越来越多，风险也会越来越大。依托世界一流企业的国际化经营能力和风险管控能力保护国家海外资产、海外侨民安全，可以发挥政府、军队所不能发挥的作用，中国的海外利益需要一批高度国际化的世界一流企业去维护。

中国需要有一批与中国责任担当相匹配的世界一流企业"站出来"，彰显中国在国际社会的话语权和影响力。中国已经从国际贸易体系的参与者成长为全球公共产品的提供者和合作平台的建设者；从初期简单的"三来一补"对外贸易转型升级为更多地使用产业投资和产业合作模式"走出去"；已经将海外市场从亚非拉等发展中国家扩展到欧美等发达国家。世界经济的增长很大程度上依赖中国经济增长的带动，中国经济发展一旦陷入停滞，对全世界经济发展将产生重大影响。

中国在世界治理体系中的角色越来越重要，话语权和影响力也越来越大，中国作为世界新兴经济体的代表，建设一批世界一流企业必然惠及全世界，中国的发展成就也理应通过一批世界一流的企业、世界一流的品牌和世界一流的产品得到全世界的认可、接受、尊重和欢迎。中国提出"一带一路""人类命运共同体"等一系列倡议、理念、主张，需要一批世界一流企业代表国家去实施。作为快速崛起强大的新兴大国，中国在国际社会应尽的责任、义务和道义，对发展中国家的帮助、支持和援助，也需要通过一批世界一流企业的力量传递出去。中国是维护世界多极化、经济全球化、构建人类命运共同体的中坚力量，全世界都期待中国的世界一流企业在其中发挥更大作用，肩负起维护经济全球化、建立人类命运共同体的重任。

建设世界一流企业、打造强国重企已经上升为中国的国家战略。"十二五"时期，国务院国资委为明确中央企业"做强做优，世界一流"发展战略目标，研究制定了《做强做优中央企业、培育具有国际竞争力的世界一流企业要素指引》等文件，将"四强"（自主创新能力强、资源配置能力强、风险管控能力强、人才队伍强）、"四优"（经营业绩优、公司治理优、布局结构优、企业形象优）、世界一流企业"四个特征"（主业突出，公司治理良好；拥有自主知识产权的核心技术和国际知名品牌；具有较强的国际化经营能力和水平；在国际同行业中综合指标处于先进水平，形象良好，有一定的影响力），作为中央企业创建世界一流企业的基本指引，并形成了 13 项对标共性要素：一是建立起规范健全的法人治理结构；二是主业突出，具有较强核心竞争力；三是自主创新能力强，拥有自主知识产权的核心技术；四是发展战略性新兴产业具有明显优势；五是国际化经营与运作能力较强，跨国指数较高；六是拥有国际知名品牌；七是具有合理的经济规模与较强的盈利能力；八是内部改革适应国际竞争要求，激励约束机制健全；九是集中有效的集团管控模式；十是风险管理体系完善，拥有较强风险管控能力；十一是管理信息化处于较高水平；十二是重视领导力建设，建立起学习型组织；十三是具有先进独特的企业文化和较强的社会责任。

2019 年，国务院国资委对创建世界一流示范企业提出了进一步的明确标准和要求，即："三个领军"（在国际资源配置中占据主导地位的领军企业、引领全球行业技术发展的领军企业、在全球产业发展中具有话语权和影响力的领军企业），"三个领先"（效率领先、效益领先、品质领先），"三个典范"（践行新发展理念典范企业、守法重信典范企业、履行社会责任典范企业），为中央企业创建世界一流示范企业提供了基本遵循。

二、时不我待

时代奔流向前，从不给任何民族和国家留下踟蹰观望的时间。面对建设世界一流企业这一重大发展命题，中国企业也应当客观认识、理性看待我们所面临的复杂外界环境，看到时代赋予的重大机遇，把握好历史前进的大趋势，以时不我待的紧迫感和危机感加快做强做优做大。当前，中美贸易摩擦正倒逼中国企业必须抓住历史窗口期，以建设世界一流企业为目标、抓手和路径，加快做强做优做大。

2017 年新一届美国政府上任以来，以加征关税等手段相威胁，频频挑起与主要贸易伙伴之间的经贸摩擦。中国面对挑衅展示出高度的克制、冷静和气度，中国和世界绝大多数国家都需要和平均势、互利友好的国际环境。针对美国政府单方面发起的经贸摩擦，为了捍卫国家利益，维护世界多极化来之不易的发展成果，中国不得不采取有力应对措施。

中美关系已经超越两国关系，成为影响世界政治经济格局的重要变量。中美经贸关系是两国关系的"压舱石"和"推进器"，事关两国人民根本利益，更事关世界经济的繁荣与稳定。两国于 20 世纪 70 年代建交以来，双边经贸关系持续发展，合作领域不断拓宽，合作水平不断提高，形成了高度互补、利益交融的互利共赢关系，不仅两国受益，更惠及全球。

在人类历史上，后起大国的崛起往往导致国际格局和世界秩序的暂时失衡，这是不可避免的历史规律。"冷战"结束后，美国希望一直把持并主导世界秩序、左右全球政治经济格局，从中获得超额垄断利润，维持美国的优先权和主导权。因此，美国不仅仅是针对俄罗斯和中国，而是将所有的新兴崛起国家，哪怕是美国的西方盟友都视为潜在的竞争者和挑战者，通过挑起争端和制造麻烦来保持美国利益优先和战略优势是其一贯做法。

20 世纪 80 年代初期，日本经济飞速发展并取代美国成为世界上最大的债权国，美国人开始惊呼"日本要和平地买下美国"。为了打压日本经济，里根政府依仗掌握的经济、军事、科技霸权，撕下贸易自由、汇率自由的面具，开始干预外汇市场，要求日本等国家签订《广场协议》，逼迫日元大幅升值，最终由于房地产泡沫的破灭造成了日本经济的长期停滞，这段时期被日本经济界称为"失去的 20 年"。不仅是日本，还有美国在欧盟和北约的"亲密盟友"——德国也未曾幸免。德国是欧洲的经济强国和制造强国，是欧盟的经济发动机。同日本一样，德国当时签署了《广场协议》这一"城下之盟"后，德国马克被迫升值，以电子、家电、汽车、工业设备等外向型经济为主的产业结构受到极大打击。

中国有先天的制度优势、庞大的市场规模和经济体量，有后天改革开放的积累和自主奋斗的深厚成果，拥有广泛的国际道义支持，在许多科技领域实现了对世界水平的赶超乃至引领。但不可否认美国手中仍然掌握着大量我们仍未掌握的关键核心技术和国际规则话语权，在许多方面有着"一剑封喉"的决定性作用。

美国政府挑起的贸易摩擦给中国企业提出了严峻挑战并敲响警钟。中国在一些关键领域仍然受制于人，从积极的视角看也倒逼中国企业加快向世界一流企业迈进，提升了中国加快建设世界一流企业的紧迫感和使命感。历史留给中国企业的窗口期已经不多了，中国必须加紧建设一批世界一流企业，掌握关键核心技术、补齐短板弱项、应对封锁打压、保护国家利益、维护世界多极化。

与西欧国家及其企业完成原始积累的血腥殖民和美国及其企业发展过程中充斥对抗冲突不同，中国和中国企业的发展壮大是少有的和平崛起，是建立在几代产业工人奉献付出和亿万农民工背井离乡基础之上，我们身上有着农耕民族固有的勤劳坚忍，我们能吃苦并乐于吃苦，我们能奋斗并善于奋斗，我们相信一分耕耘就有一分收获的古训，我们发展的初衷是为了实现最广大人民群众的发展诉求和对美好生活的向往，而不是掠夺和称霸一方。我们当年引进来和今天输出的是技术、理念和资本，我们为全世界提供的是共同发展和共同富裕，我们倡导的是建立人类命运共同体，我们秉承的是平等合作、多边共赢、义利兼顾、义在利前、亲诚惠容，也代表了全世界广大发展中国家和人民的共同诉求和愿望。我们坚信得道多助，更加坚信猜忌、波折和冲突只是一时的暗流，和平、开放、包容、共享、平等才是世界发展的大势。

三、长子责任

许多年纪在 50 岁以上、家中有兄弟姐妹的人都有这样的感触，家庭中的长子（长女）往往意味着要承担和背负着更重的责任，作出更大的牺牲和奉献，对国家而言也是如此。新中国的国有企业还有一个响亮而自豪的称号——

"共和国长子"，这是党和国家对国有企业所作出的重要贡献的肯定和慰勉，也体现了国有企业对党和国家所肩负的责任。

2016 年，习近平总书记在全国国有企业党的建设工作会议上指出，国有企业要成为党和国家最可信赖的依靠力量，成为坚决贯彻执行党中央决策部署的重要力量，成为贯彻新发展理念、全面深化改革的重要力量，成为实施"走出去"战略、"一带一路"建设等重大战略的重要力量，成为壮大综合国力、促进经济社会发展、保障和改善民生的重要力量，成为党赢得具有许多新的历史特点的伟大斗争胜利的重要力量。

中央企业作为共和国的"长子"，作为党和国家最可信赖的依靠力量，必须坚决听从党中央的召唤，以建设世界一流企业为目标和路径，加快做强做优做大，将自身打造成为无愧于"长子"身份的强国重企。这是中央企业推动国家实现高质量发展、造福全国人民、履行国家使命的伟大实践，是中央企业推动国家强盛和民族复兴的光荣政治使命和重大历史责任，是中央企业在新时代必须完成的重大发展命题。

中央企业具有建设世界一流企业的得天独厚的优势和基础条件。中央企业有党和国家赋予的红色基因、国家基因和民族基因，是社会主义制度集中力量办大事优越性的成果，承载着国家重大使命而诞生组建，继承举国之力奠定的发展基础，享受国家配置的优质资源，背靠全球最大、发展最快的中国市场，拥有一批忠党报国，有国际视野，有能力素养的干部职工队伍。这些独特的优势和条件，构成了中央企业建设世界一流企业的强大动力和成功保障。

中央企业也有其自身的短板和不足，以建设世界一流企业为目标、路径和抓手，是倒逼中央企业改革创新的强大内生动力，是做强做优做大中央企业的成功之路。对中央企业而言，这些短板和不足主要体现在长期的垄断地位和粗放扩张造成的战略引领能力不强、奋斗精神衰减和创新开拓意识减退；一业独大，缺乏核心主业相协同的多元化业务布局；技术优势和资本优势没有产生有效的合力，一体两翼效应没有充分发挥；市场化先天基因不足，行政色彩、机关作风比较浓厚；先天缺乏"走出去"的动力，对海外机遇不敏感；政治优势没有充分发挥，党的领导和现代企业制度深度融合不够，改革发展和生产经营缺乏战略指引，注重短期效益而非长期战略等。建设世界一流企业是一个庞大系统工程，打造强国重企是一项长期战略任务，两者都有清晰的目标路径方法和指标体系，建设世界一流企业的过程也是中央企业补短板、强弱项的过程，能够对中央企业产生一种强大的内在规范性和目标引领性，引导中央企业持之以恒，久久为功。

中央企业只有永远处于建设世界一流和保持世界一流

的奋斗中，才能在激烈的全球竞争中始终保持最佳状态和立于不败之地。在贸易自由化和经济全球化的大趋势下，国家间的竞争更多地表现为企业间在全球市场上的竞争；中国经济能否持续保持中高速增长，很大程度上取决于中国企业特别是中央企业能否抓住机遇、迎接挑战，成为更具国际竞争力的世界一流企业。

第十章
建设世界一流企业的中国机遇

机遇之所以被世人珍视，是因为机遇都有稍纵即逝的窗口期，机遇从不敲两次门。当前，中国经济整体向高质量发展转型升级，国有企业全面深化改革，以 5G 为代表的一系列重大科技即将实现重大应用突破，中国已经进入重大工程集中涌现的"重器时代"，"一带一路"倡议得到国际社会积极欢迎等，都为中国企业建设世界一流企业、打造强国重企提供了难得的重大历史发展机遇，为中国企业提供了大展身手的舞台。这五大历史机遇都是基于中国的国家优势和大国地位，仅凭其中一项就足以培育一批世界一流企业，能够同时拥有这五大历史机遇，更是时代给予中国企业的馈赠，我们必须充分认知、主动作为并且珍惜这些来之不易的发展机遇。

一、高质量发展

党的十九大报告指出，我国经济已由高速增长阶段转向高质量发展阶段，抓住国家整体经济向高质量发展转型升级的关键契机，深入贯彻落实新发展理念，是推动中国企业加快做强做优做大的重大历史机遇，更是提升中国企业发展质量和国际竞争力的强大内生动力！

实施高质量发展是国家意志、国家行为和国家战略。在联合国的会场上，国与国没有大小之分，但在经济全球化的产业链上，国与国却有高低之别。位居产业链高端就能掌握产业规则的制定权、资源的主导权、利益的分配权、产品的定价权和博弈的话语权。没有哪个国家愿意长期屈居产业链下游，尽管从低端到高端的"逆袭"异常艰辛，但所有国家和企业都不会停止迈向产业链高端的努力。

长期以来，中国企业以政策保护为优势、以自然资源为资本、以市场规模为效益、以人口基数为红利、以牺牲环境为代价的发展方式已经触碰到"天花板"，继续重复过去的发展方式只会让企业陷入停滞和倒退，陷入"高端上不去、低端退不出、中端守不住"的发展困局。

中国企业向高质量发展转型是建设世界一流企业的必由之路，也是重大机遇。在西方，国家的高质量发展升级通常是由企业发起的自下而上运动；在我国，高质量发展更多是由政府推动、自上而下的全面改革。世界上没有任何一家企业能够依靠粗放扩张发展而成为世界一流企业，并且长期保持世界一流水平的先例。高质量发展本身是企业的自我革命和破茧成蝶的过程，即使国家没有要求，企业也应当主动向高质量发展转型升级，这是中国企业做强做优做大的关键机遇，也是一种负责任的态度，更是一种使命担当和主动作为。企业作为市场经济的主体和国家财富的创造者，国家的高质量发展首先必须依靠企业去担当实施主力和示范引领。

对中央企业而言，建设世界一流企业首先必须实现自身的高质量发展，进而以行业引领者的姿态、担当和责任带动整个产业链的高质量发展和服务国家高质量发展，这不仅关系到中央企业能否成为世界一流，而且关系中央企业能否继续作为强国重企、作为党和国家可以信赖、依靠力量。

高质量发展对中国企业来说不仅仅是生产层面的设备更新、产品换代、技术迭代，也不仅仅是管理层面的降杠杆、去库存、甩包袱，还应有更深层次上的认知升级。高质量发展的"高"是同企业过去的发展模式"断、舍、离"，是和国际同行业的最高标准对标，是和国家的顶层设计和战略布局对标，是贯穿企业发展始终的长期行动，是自觉自主、向上向前的努力奋斗，是长期坚持的战略引领。

面向新时代，党中央提出以创新、协调、绿色、开放、共享为核心内容的新发展理念，不仅为国家实现高质量发

展提供了指南和要求，也为中国企业建设世界一流企业提
供了奋斗目标、成功路径和重大机遇。

一是在创新发展中开拓新空间。市场规模的"天花板"
只能靠创新去打破。长期以来，中国企业对创新的投入普
遍低于西方企业。市场饱和、产品趋同、低价竞争使许多
中国企业对创新欠账有了切肤之痛。中国企业当前最需要
的不是修修补补的小创新，而是战略层面、主业主责、创
造需求、掌握核心技术、革新固有范式上的大创新。只有
紧贴国家战略的创新才有格局，把握科技进步的创新才有
未来方向，树立全球化视野的创新才有竞争力，用创新的
产业产品和商业模式引领行业未来，主导产业发展方向，
这是国家需要的创新，是符合强国重企身份的创新，是建
设世界一流企业所需要的创新，也是实现高质量发展所需
要的创新。

在创新发展方面，中国工商银行面对移动互联网金融
的创新挑战，一方面积极接入 5G 时代虚拟网点新场景；一
方面对传统存储业务进行赋能升级。如工商银行苏州分行
将苏州博物馆的文博精品与传统纸质存单相结合，将几十
年不变的制式黑白存单赋予精致的设计、精美的印刷、厚
重的文化底蕴和值得传世的收藏价值，使这一即将消亡的
传统业务重获了新生。

二是在协调发展中挖掘新效益。传统的企业像一列由
主业拉动的绿皮火车，火车跑得快全靠车头带；而高质量

发展要求企业应当像高铁，每一节车体都是一个动力单元，可以协同前进，也可以在关键时刻制动减速。对中国企业而言，突出、优强的核心主业是企业的基础和主梁，但同时也应当培育一系列与核心主业相互配合、相互支撑、相互促进的业务集群以及上下游产业集群。我们在当前的顺境中修船补帆，推动全面协调发展，就是为了在未来有可能的逆境中乘风破浪、激流勇进。

在协调发展方面，中国华润集团积极求变，成功完成了从贸易代理向实业化和多元化的转型，成为一家以实业为核心的多元化控股企业集团。目前，华润集团主营业务涉及大消费、大健康、城市建设与运营、能源服务、科技与金融5大领域，旗下有消费品、电力、地产、医药、水泥、燃气、医疗等19家一级利润中心，在全球市场中形成了较强的国际竞争力。

三是在绿色发展中把握新趋势。人类已经走过了漫长的"碳繁荣"阶段，科技的进步正在将人类文明引向"低碳繁荣"，未来也必将实现"无碳繁荣"。"生态优先、绿色发展"已成为不可逆转的文明发展方向，海上风电开发、新能源汽车、水制氢、共抓长江大保护，都用实践证明了"绿水青山"向"金山银山"的转化通道是可以打通的，放弃高污染、高耗能、高耗水、高排放也可以创造新价值、新产业、新经济、新范式，绿色资产、绿色发展带来的价值增值不仅可以造福当代，更可以惠及子孙。

在绿色发展方面，以华能集团、大唐集团、华电集团、国家能源投资集团、国家电力投资集团、三峡集团为代表的中央骨干电力能源企业，集中力量为国家建设四条清洁可再生能源走廊，即三北"风光"清洁可再生能源走廊、长江中上游水电清洁可再生能源走廊、海上风电清洁可再生能源走廊和"一带一路"清洁可再生能源走廊。这四条清洁可再生能源走廊中，三北"风光"清洁可再生能源走廊贯通西北、华北和东北，长江中上游水电清洁可再生能源走廊贯穿西南至华中、华东，海上风电清洁可再生能源走廊连接了渤海、黄海、东海和南海，"一带一路"清洁可再生能源走廊连通了中国、南亚、中亚、非洲和欧洲，这四条能源走廊横贯东西、贯穿南北、连接中外、辐射全球，未来 3 年至 5 年内，将形成超过 10 亿千瓦的清洁可再生能源装机规模，相当于我国 2020 年电力装机的一半，形成我国最重要的清洁可再生能源基地、产业发展平台和维护我国能源安全的战略保障，是构建我国清洁低碳、安全高效能源体系的重要基石，不仅为经济社会发展提供了低价、稳定、可再生的清洁能源保障，更在这一过程中实现了企业的转型升级和做强做优做大。

四是在开放发展中看到新机遇。中国开放的大门只会越开越大，中国企业也必须提高全球机遇意识，提高把握国内、国际两个大局的行动自觉，以更宽广的国际视野，增长"走出去"的底气、增强"引进来"的自信。新的机遇在于打破行业壁垒，以跨界合作抱团出海、推动军民融合、跨行业创新；在于打破贸易壁垒，以产能合作带动优质产能"走出去"、先进产能"引进来"；在于打破国家壁垒，实现资源在全球获取、资金在全球筹集、产品在全球销售、人才从全球引进、资产在全球配置，以及效益惠及全球；在于打破所有权壁垒，以股权合作组建利益共同体和发展共同体。

在开放发展方面，国投集团提出了"为美好生活补短板、为新兴产业作导向"的新时代战略定位，以资本投资打破行业壁垒，引导社会资本发展战略性新兴产业，在高新科技、健康养老、清洁能源开发等新兴产业领域和基础设施等重要领域，充分发挥国有资本引领和带动作用，以产业投资带动新兴产业和传统产业的跨界融合发展，以资本为桥梁搭建中国资本、中国产能与国际市场的合作平台。在这一过程中，国投集团自身也加快实现了从传统基础产业为主的投资公司向具有全球竞争力的世界一流资本投资公司的转型升级。

五是在共享发展中创造新未来。共享经济模式打破的是所有权界限，构建的是优势互补、相互赋能的平台，资源共享可以最大化地节约投资成本，避免重复建设和重复投资。通过打造机制共建、资源共享、风险共担的平台，推动同行业企业之间理性竞争、科学布局，实现优势互补、差异化发展、共同提升发展质量。

在共享发展方面，中国电信、中国移动、中国联通三大移动运营商正在协力构建新一代 5G 网络，通过 5G 网络基站的共建共享，不但大幅提升网络升级的效率，更将为国家节约巨额重复投资。三大国有电信运营商不仅可以有效保障国家的通信基础设施广覆盖、全升级和信息安全，还可以通过分别承担在居民区、商业区、工业区、乡镇农村的基站组网，实现在第一、第二、第三产业不同产业领域的技术合作和差异化发展，避免同业无序竞争。

二、全面深化改革

在新时代推进国有企业全面深化改革，不仅是国家全面深化改革战略的重要组成部分，也是中国企业特别是国有企业和中央企业做强做优做大的内在要求，是适应时代发展、应对西方世界一流企业竞争、培育全球竞争力的重要路径。改革是现代企业制度的 DNA，企业的本能就是适应环境和进化，与时俱进、自我完善，这是企业作为一项制度发明能够发展至今的生命力所在。

国有企业深化改革既是中国经济快速发展的重要支撑，也是中国企业在新时代实现新发展和建设世界一流企业的重要机遇。新一轮国有企业深化改革的目标是使国有企业成为真正独立的市场主体，而不再是政府机构的延伸和附属，适应时代发展和改革开放的需要，加快做强做优做大、做世界一流。

党的十八大以来，党中央在总结国有企业改革实践经验的基础上，站在新的历史起点和从时代要求出发，明确提出这一轮国有企业改革的目标是"以提高国有资本效率、增强国有企业活力为中心""做强做优做大国有企业"。

随着改革开放的不断深入，国有企业既要"走出去"参与国际竞争，又要与"走进来"的西方跨国集团开展本土竞争，同时还要引导社会资本、民营资本进入国家最需要的领域，发挥更大、更积极的作用。打铁还需自身硬，国有企业不能永远活在国家的羽翼之下和温室之中，只有抓住国家全面深化改革的重大历史机遇，不断自我完善提升，才能在激烈的竞争中存活下来、发展起来、壮大起来。面向国际市场、面向全球竞争、面向未来发展，国有企业正面临日益激烈的市场国际竞争和转型升级的巨大挑战，一些企业的市场主体地位尚未真正确立，现代企业制度还不健全，国有资产监管体制有待完善，国有资本运行效率需要进一步提高，企业办社会职能和历史遗留问题需要进一步解决好。国有企业必须抓住全面深化改革的机遇，彻底解决上述问题和历史包袱。

深化改革是国有企业必须作出回答的时代之问和发展抉择。深化改革不是顺水推舟，从不会一帆风顺，在阵痛中探索，在探索中试错，在试错中曲折，在曲折中反复，这本来就是深化改革应有的特点，也是成为世界一流企业必须经历的过程。

如果把国有企业改革由浅入深的过程比作剥洋葱，那么最深处和最内层的改革就是企业的产权和所有制改革。为了使国有企业能够更好地发挥市场主体作用、加快建成世界一流企业，所有制改革势在必行。产权制度改革是全面深化国有企业改革能否成功的重要基础和必要前提。不进行产权制度改革，国有企业改革面临的一些深层次矛盾和问题就无法从根本上解决，距离世界一流企业就永远有"一步之遥"。

混合所有制改革在不同行业、不同历史背景的中央企业进行了不同的探索实践，其中既包括以中国联通为代表的集团层面混合所有制改革，也包括中石化、东航、国航、中核、兵器工业等中央企业在业务板块层面进行的混合所有制改革；既有中粮集团、宝武钢铁集团、中车集团等对新发展业务板块进行的混合所有制改革，也有以中海油、三峡集团等为代表的企业对二级子企业进行的混合所有制改革试点。

混合所有制改革不是目标，而是实现目标的手段。中央企业要打造世界一流企业，竞争力来自一流的人才，活力来自广大干部员工的内生动力。计划经济时代，国有企业具有超越其他市场主体的人才吸引力、组织凝聚力；在市场经济大潮中，许多中央企业特别是依赖核心关键技术的企业都面临高端人才流失的尴尬。市场会给予人才更多的选择机会，如果薪酬待遇相差不是很大，中央企业还可以靠理想留人、事业留人、平台留人，但今天华为、腾讯、阿里巴巴等民营企业，以及外资跨国企业，为了吸引和留住一流人才，已经能够开出几百万年薪和股票期权等优厚条件，中央企业不提升薪酬竞争力和股权激励将面临巨大的人才流失压力。

国家已经给予中央企业探索混合所有制改革的授权，一些国有企业也已经开始尝试高管持股和员工持股试点，将企业发展与干部员工的利益更加紧密地绑定在一起。中央企业应当将这一红利有效用在吸引一流人才、留住一流人才上，加快实现人才队伍的专业化、年轻化、全产业链化、国际化，以内部培养为主、外部引进为辅，把最需要的人才用在最具发展机会的事业上，而不是把最优秀人才用来解决各种内部矛盾、协调处理关系上，好钢用在刀刃上，用在吃劲的岗位上。优秀的人才不需要严格管理、不需要反复激励，就能有强大的责任感和使命感，忠诚、干净、担当、有为。

通过混合所有制改革形成合作优势比引入资本更重要。对于具有优质资产、稳定收益和较高评级的中央企业来说，混合所有制改革不愁找不到大资本，关键是要找到能够提供资本之外的具有合作优势互补的资本，因此，战略投资者的科学选择是混合所有制改革的关键。应当优先选择能够帮助企业提升现有能力、弥补短板不足、提升眼界格局的合作伙伴，企业需要的是更加优秀、精干、专业的董事会，而不是银行的账面资金。不同领域的优秀战略投资者能够弥补中央企业在专业知识、风险管控、财务管理、市场开拓、海外经营、商业模式等多方面的不足，并且能够帮助企业平衡各方利益关系，在股权纽带的紧密联系下提升国有资本的控制力、影响力和增值力，实现共同受益、协同发展、整体提升。

充分抓住混合所有制改革企业的机遇，审慎做好股权架构设计和资产的合理定价十分重要。混合所有制改革怎样作出最优的模式设计以有效避免对未来造成潜在风险是必须思考的重要问题。在资本高度市场化的条件下，国有和民营资本一旦"分手"，容易导致国有资产流失、企业管理崩溃的结果，所以资本股权结构的设计和资产合理定价尤为重要。

中央企业在全面推动混合所有制改革，加快深化改革步伐方面已经取得了积极的成果。目前，超过三分之二的中央企业已经或正在引入各类社会资本积极推进股权多元化，中央企业在不同层面上的混合所有制改革已接近七成，许多中央企业通过先行先试，取得了很好的经验，为今后混合所有制改革面的扩大和深化提供了很好的借鉴，也为建设世界一流企业打下了良好的基础。

中国联通集团是中国唯一一家在纽约、香港、上海三地同时上市的电信运营企业，连续十年入选《财富》杂志世界 500 强榜单。作为中央企业中唯一一家在集团核心资产层面进行混合所有制改革的试点单位，中国联通提出了具有先行示范意义的混合所有制改革方案。根据联通的试点方案，将通过整体设计，积极引入境内投资者，降低国有股权比例，将部分公司股权释放给其他国有和非国有资本，实质性地推进混合所有制改革。在坚持国有企业性质的前提下，联通集团对中国联通 A 股的持股比例从原来的 63.7% 降低到 36.7%。将超过 35% 的股权比例让渡给民营企业，这被视为最大亮点，让外界看到了中央企业新一轮改革的魄力与决心。

三、重大科技革命

从世界发展的历史看，历次科技革命都会通过科技成果的产业化、市场化，催生出新的行业、改造传统的产业、改变经济发展范式、重塑国际竞争格局，推动产业革命，成就一批世界一流企业和强国重企，推动一个大国崛起。

世界目前正处于一系列重大关键科学技术突破的前夜，是各大科技强国、工业强国比拼较量、争夺未来主导权的关键节点。新一轮科技革命和产业变革正在重构全球创新版图，能源革命、信息革命、材料革命正在酝酿之中，高新技术尤其是 5G 通信、人工智能、大数据、云计算、空间技术、基因编辑、区块链技术等颠覆性、战略性技术正在日益成熟并被广泛应用和面临重大创新突破，谁掌握了其中的关键核心技术，谁就占据了引领行业发展的制高点，谁就拥有了产业未来发展方向的主导权。

新的重大科学技术有些已经或者即将走出实验室，进入广阔的全球市场，即将释放出巨大的能量，对当下中国企业而言既是"机遇"也是"危机"——抓住了就是机遇，错失了就是危机。它打开的不仅是新市场的大门、新机遇的窗口，也同时点燃了倒逼各行各业转型升级，席卷现有经济产业、变革发展范式的燎原之火。

在众多高新技术发展创新中，人工智能在移动互联网、大数据、超级计算、脑科学等新理论新技术的共同驱动下正迎来全面系统应用的快速增长期，呈现出深度学习、跨界融合、人机协同、群智开放、自主操控等新特征，智能制造、智能交通、智能医疗、智能教育等行业，几乎都能看到人工智能未来的应用场景。云计算是面向未来的基础产业技术之一，无论是政府、企业还是个人，都可以通过云端获取强大的计算能力、数据处理能力和巨大的存储空间等超越自身的能力。大数据已经渗透到当今几乎所有的产业领域，成为与能源、原料、资本、人力等同等重要的生产要素，人们对于海量数据的获取、分析、挖掘和运用已经形成了产业链并引发了新一波产业变革浪潮，大数据正在成为智能化社会的基础。区块链技术的分布式存储、点对点传输、去中心化特性能够让多种业务主体平等交流、信息共享、实时核对，能够有效解决网络的公平性、安全性等基础问题，区块链作为一项颠覆性技术，实现"信息互联网"向"价值互联网""信任互联网"变迁，必定会引发新一轮全球性的技术革新和产业变革。

当前，以新一代网络通信技术——5G 为代表的新时代产业革命即将到来，这是中国企业加快建设世界一流企业的又一个重大现实战略机遇。

5G 是第五代移动通信技术的简称，由于其具有超常的技术特性和多元功能属性，并且能够有效聚合 AICDE[1] 和移动互联网等多种高新技术，使 5G 已经超越移动通信范畴，成为推动传统产业转型升级、引领重大科学技术创新、改变经济发展范式、实现高质量发展，打造数字中国、建设智慧社会，进而改变中国、影响世界的强大力量。5G 将首次实现中国主导、世界跟随，5G 对中国既是重大机遇，也是严峻挑战！

5G 具有超高速率、超广连接、超低时延、超大容量、超强可靠性等技术特性。5G 既可以实现向下兼容，又可以向上无限发展，将成为第四次工业革命的基石。5G 将为我们打开一扇赋能、注智和增信百业的大门；5G 将为我们搭

1　AICDE 是人工智能 (AI)、物联网 (IoT)、云计算 (Cloud Computing)、大数据 (Big Data)、边缘计算 (Edge Computing) 五个单词首字母的缩写。

建一个平台，搭建一个既能聚合各种技术、实现相互融合补充，又能集群创新的平台；5G 将为我们提供一个强大的发展引擎，提供一个既能加快传统产业转型升级，又能创造新产业、新业态、新模式的强大引擎。5G 的全面应用将创新改变当前的社会主体技术群，拓展人类现有生产边界，改变传统经济发展范式。5G 将为我们提供更多样的可能，更丰富的应用，更深刻的创新。

5G 将拓宽我们的视野，提升我们的能力，倍增我们的智慧，改变我们的生活，潜移默化地改变我们的社交方式和社会属性，应该引起我们的高度重视和深刻认知，以便提前做好准备主动作为。

5G 将加快制造业、农业、服务业的数字化、网络化和智能化，整体带动和提升工业化、城镇化、农业现代化的发展。5G 将开创万物互联和万物智联的新时代，实现产业升级转型，发展数字经济、智慧经济。支撑智慧社会发展，推动人类更快进入以数字化、网络化、智能化为特征的第四次工业革命，并深刻改变我们生产生活方式。5G 是当今中国乃至世界又一次重大历史发展机遇。5G 是全域连接、聚合平台，赋能百业的发展引擎，可以对经济可持续发展起放大、叠加和倍增作用，是全球技术创新竞争高地。5G 将改变中国，影响世界，塑造未来！

5G 具有联通、复合、衍生、赋能、注智、增信的功能特性，无异于这个时代的"蒸汽革命""电气革命"和

"信息产业革命"。5G 不是昙花一现的通信技术阶段性迭代，它可以向下兼容现有社会主体技术群，赋予其新的生命力；可以平行嫁接 AICED 等技术，融合创新成为下一代社会主体技术群；可以向上承接刚刚走出实验室的新技术，使其第一时间转化为现实生产力。5G 是新产业、新需求、新业态的"培养皿"，因而具有极强的可持续发展性。以 5G 为代表的新一代网络信息技术将在更广范围、更高层次、高深程度上提升人类认识世界、改造世界的能力，它带来的是生产力质的飞跃，同时将重新定义产业的价值和形态，推动人类加速完成数字化、网络化、智能化，重塑国家竞争力，构建全新的全球经济秩序、利益和安全格局。

以 5G 为代表的新一代网络信息技术是一个全新的综合国力竞争平台，是新一轮科技大国座次排序的竞争焦点。我国已经是全球网络大国，但还不是网络强国，主要表现在整体创新能力不足、核心技术受制于人、城乡发展不均衡、网络安全风险防控能力依然有待提升等。但是，与前几次科技革命和产业革命不同，中国率先掌握了引领 5G 时代发展的主动权和先发优势，5G 对于中国的意义已经不止于后来居上、弯道超车，而是另辟蹊径的原始创新，重构中国经济社会发展的"信息大动脉"。

习近平总书记提出"得网络者得天下""没有信息化就没有现代化""没有网络安全就没有国家安全"。如果我们不能深刻认知 5G 的价值，科学把握 5G 的内涵，这项技术的价值、潜力和前景将被我们的视野所局限、被认识所误导、被格局所束缚，这不仅是巨大的资源浪费，更将错失引领整个时代发展的先机。

孕育发展中的 5G 革命不仅将从根本上改变传统技术路径、产品形态、产业模式、经济发展范式，甚至将改变社会管理体制和法律规则，5G 将上升为国家战略。今天，科学革命、技术革命到产业革命的时间越来越短，科研成果转化为生产力的速度越来越快，这是拥有强大基础产业体系的中国的发展红利，但留给中国企业的时间已经不多。4G 时代的发展机遇由中国民营企业率先抓住，诞生出微信、支付宝等产品生态，加快了腾讯、阿里巴巴等移动互联网企业的发展进程。5G 对于基础实力雄厚、产业背景突出的中央企业而言，将有可能获得先发优势，必将极大加快中央企业建设世界一流企业的进程。

中央企业应该通过掌握关键核心技术建立更高层次的全球竞争优势，为打造世界一流企业奠定坚实的长期发展基础。习近平总书记在考察三峡工程时语重心长地说，核心技术、关键技术，化缘是化不来的。要通过自力更生，倒逼自主创新能力的提升。世界一流企业的全球竞争优势是企业关键技术和核心能力的外在体现，是企业面对竞争、赢得市场、获取资源的重要基础，基于垄断基础的市场规模优势不可持续。只有将企业核心技术、核心能力和竞争优势形成紧密的有机整体和连续的内生发展循环，企业才能持续发展、持续盈利，只有持续创新，才能拥有蓬勃向上的生命力。中央企业当前要集中资源，努力在以下六个方面加快关键核心技术的突破。

一是加快实现关键高端基础理论科学方面的突破。中国企业依靠国内市场、较低成本、政策保护所积累的优势并不能长久，市场繁荣的"春天"和"盛夏"会麻痹我们对"冬天"的认知，当市场"寒冬"来临时就会发现，中国企业用来"取暖"的是"木炭""蜂窝煤"，而对手已经用上了"天然气"甚至是"核能"，中国企业在关键理论、关键技术、关键制造工艺上突破，很大程度上取决于我国的基础科研水平，只具备仿制、改进的工艺能力显然不够，必须加快补齐从 0 到 1 的原始创新短板，工艺问题需要从基础理论层面先突破，要将技能知识[1]提升到原理知识的层次，以理论的创新指导关键制造工艺质的提升。

二是加快实现关键核心技术的自主可控。从"中兴事件"和"华为事件"可以看出，中国在作为全球第一制造大国的同时，也存在"缺芯少魂"之痛，迫切需要加快实现关键核心技术的自主可控。中国的芯片市场高度依赖进口，尤其是从美国进口。有数据显示，2017 年中国集成电

---

1 "国际经济合作与发展组织"（OECD）于 1996 年发表了《以知识为基础的经济》的报告，这一报告把人类迄今为止创造的知识分为四种形态：即事实知识 know-what：指可以直接观察、感知或以数据表现的知识，如统计、调查资料等；原理知识 (know-why)：知道为什么的知识，如自然科学的原理或法则等科学知识；技能知识 (know-how)：知道如何去做的知识，如做某件事的技巧、方法和能力；以及人际知识 (know-who)：即谁知道某件事，并且知道如何做某件事的知识。

路的进口额高达 3770 亿美元，是同期中国原油进口总额的两倍多。中国的芯片市场需求占全球的 50% 以上，而国产芯片只能满足自身需求的 10% 左右。长期以来，中国企业更注重商业模式创新，对关键核心技术研发的投入不够。应当将资源更多地向关键核心技术方面聚集，加快解决关键领域对外依存度高、关键核心技术不能自主可控、受制于人的问题，通过产业引领推动构建完善的国家创新体系，加快关键核心技术的突破和自主可控。

三是加快解决工业母机、基础材料、设计软件等重大基础性装备和技术国产化问题。当前，我国大多数从事高端装备制造的企业，其核心的芯片、光刻机、设计软件和工业智能机器人电机等关键设备、基础材料大量依赖进口，有些甚至是西方淘汰的二手设备。这些高端基础性装备国产化需要大量的前期研发投入和长期反复测试定型，靠某一家乃至几家企业无力承担。中央企业应当发挥行业领军主力的优势，加快组建技术攻关联盟，整合产业链上下游资源，加快解决关键设备和关键软件的国产化替代问题。

四是只有创新才有制定标准的话语权和影响产业方向的主导力。在全球一体化的大潮下，很难再出现两套并行不悖的标准体系，中国企业只有不断创新、保持与对手的技术优势，才能赢得市场、赢得标准的制定权和未来的主导权。

五是要努力实现人才队伍的全产业链化。核心是要实现所有业务领域、全部产业链条、所有关键环节核心人才的全覆盖，任何一个领域都不能有空白，任何一个领域都要有企业自己的核心人才，任何一个领域的核心能力都要掌握在自己人手中。

六是新的核心技术必须要有与之配套的新商业模式。新的技术必须与新的商业模式共同发力，才能形成新的产业，最大化地发挥新技术的带动效应，不能新瓶装旧酒。

中央企业在加快掌握关键核心技术、巩固行业引领优势方面已经取得了重大成果，未来还需要更加努力。中央企业是国家科技创新的骨干和中坚，很大程度上代表着国家的创新能力和创新水平。掌握了关键核心技术，我们才能拥有自己的"大国重器"，才不会有被别人"卡脖子"的隐忧，"走出去"才能挺直腰杆，"引进来"才能充满自信。

以中国东方电气集团和中国哈尔滨电气集团为代表的中国能源装备制造企业，在推动中国水轮发电机组单机容量从30万千瓦到100万千瓦的"三级跳"的同时，也成功将这一模式复制到海上风电领域。在中国东方电气集团、上海电气集团、金风科技集团、明阳风电集团等中央企业、地方国有企业和民营企业的共同努力下，中国大容量海上风电机组的自主研发制造能力已经达到世界先进水平，通过大容量海上风机核心技术研发与创新，加快我国清洁能源产业和新兴海洋产业的高质量发展，就是以产业创新推动技术创新，以技术创新实现行业引领的成功范例。

中国百万千瓦巨型水轮发电机组和 1 万千瓦海上巨型风电机组研发制造能力的创新升级，深刻改变了世界水电和海上风电装备制造业的国际发展和竞争格局，中国进入了世界清洁能源重大装备产业链高端，增强了基础雄厚、技术领先、独立完整的中国装备产业体系，树立了全球水电装备制造业新标杆，为中国以百万千瓦为单位连片规模化开发海上风电，打造不依赖国家补贴、人民用得起的新能源奠定了重要基础。

只有不断发展创新，才能不被对手超越；只有始终引领时代，才能不被时代淘汰，只有始终把握建设世界一流企业的话语权，才有引领行业发展的主动权。

四、中国的"重器时代"

重大工程是国家之间直接角力竞争的竞技场，随着现代企业制度的建立和完善，越来越多的企业接替国家成为建设重大工程的实施主体，国家之间的综合国力比拼也转变为培育世界一流企业之间的较量，这是中国企业建设世界一流企业的又一重大历史发展机遇。

重大工程是人类文明进步的阶梯，经济社会发展的引擎，改革实践的沃土，科技创新的平台，国家崛起强盛的力量，在人类发展历史上创造了灿若繁星的璀璨成就，在中华民族崛起与复兴的伟大历史进程中发挥了不可替代的重大作用。无论过去、现在和未来，重大工程都是塑造文明、改造世界、影响未来的强大力量，其功能作用举足轻重、巨大效益举国受益、伟大成就举世瞩目。

中国自古以来就是工程大国也是工程强国，勤劳智慧的中华民族用一系列彪炳人类文明史册的重大工程向全世界证明，我们不仅仅是一个孕育过夸父追日、精卫填海、女娲补天、后羿射日、愚公移山等英雄神话的民族，更是一个用长城、都江堰、京杭大运河等重大工程展示追日的恒心、填海的毅力、补天的壮志、射日的勇气、移山的执着的民族，是任何困难都无法战胜的民族，是英雄、智慧、坚定、勇敢的民族。

新中国成立以来，重大工程是党和国家实践中国特色社会主义制度的重要载体，深刻彰显了集中力量办大事的优越性，推动新中国实现了从站起来到富起来再到强起来的伟大跨越，用无可辩驳的事实彰显了中央集中统一领导与社会主义市场经济相结合的强大活力，体现了我国改革开放、思想解放的巨大创造力。

中国已经进入新时代，也进入了重大工程集中爆发涌现，推动国家强盛、经济发展、社会进步的"重器时代"。党的十八大以来，重大工程已经成为国之重器和推动国家强盛的巨大力量，呈现出爆发式的迅猛发展态势，不仅规模、体量和数量位居全球第一，而且在技术、理念上也实现了世界领先，进入新世纪以来，超级计算机、三峡工程、载人航天、探月工程、青藏铁路、南水北调工程、量子通信、北斗导航、载人深潜、高速铁路、航空母舰、国产大飞机、FAST天眼、港珠澳大桥等一系列大国重器横空出世，不仅取得了令世界赞叹瞩目的伟大发展成就，而且使中国企业更加充满自信地走出去，为构建人类命运共同体、造福全人类而建设了一大批海外重大工程，也成就了一批打造大国重器的强国重企。

建设世界一流企业和建设国家重大工程在基础、路径、目标方面具有高度的一致性，中国企业可以通过建设世界一流的重大工程成就世界一流企业。在战略层面，世界一流企业和国家重大工程都是执行国家战略的重要载体，关系国本国运，需要举全国之力去推动，聚民族之志去完成。在社会层面，两者除了直接的战略目标外，往往还附着国家的社会管理功能和民生发展寄托，建设重大工程的过程不仅是促进国家经济社会发展的目的和成果，还是一项重要的社会治理手段和工具。同时，两者都是国家意志、科学技术、物质资源、人才智慧和民族文化的聚集点，是高效整合资源、组合创新、跨界合作、放大资源禀赋的重要平台。

中央企业是建设国家重大工程的中坚力量，首批10家参与建设世界一流企业试点的中央企业无一例外都肩负着国家重大使命，建设着关系国家经济社会发展命脉的重大工程。

以三峡集团为代表的中国水电就是以打造"大国重器"成就"强国重企"的见证者和亲历者。在建设三峡工程之前，中国水电是美国、巴西等水电强国的跟随者。依托三峡工程、白鹤滩水电工程、乌东德水电工程等世界级巨型水利水电工程的成功建设，中国水电实现了从"跟跑者"到"并跑者"再到"领跑者"的跨越式发展，中国水电装机规模已经是世界第一，全世界装机容量最大的10座水电站中有5座在中国。中国水电已经成为世界水电当之无愧的引领者，我们可以自信地说，中国水电是什么水平，世界水电就是什么水平！

不仅是中国水电，中国高铁、中国航天、中国路桥、中国电网都是这样一路走来，背后都有一段可歌可泣的奋斗历程。中国今天的铁路营业总里程达12.4万公里，规模居世界第二；其中高速铁路2.5万公里，位居世界第一。南水北调工程是全世界最大的水利工程，搬运了770个西湖，受惠人口超过1亿。中国特高压输电工程覆盖规模已经是世界第一，并引领制定了全球行业标准，推动构建了"西电东送、北电南供、水火互济、风光互补"的能源互联网新格局。正是这一个个大国重器，成就了国家走向富强、民族走向复兴的坚定脚步。

中国的重大工程已经不仅仅局限于中国路、中国桥等重大基础设施和基因工程、量子通信等重大尖端科学技术，还包括推进改进贫困地区办学条件的"希望工程"、推动国家高等教育发展的"211 工程"，以及以共抓长江大保护、脱贫攻坚为代表的新时代重大系统工程，这些新时代重大工程所着眼的不再是国家某一个点、某一个领域的重大突破，而是一个面、一个体系的全面提升。

中国企业通过建设国家重大工程建设世界一流企业，可从以下六个方面加强认识、提升能力。

一是紧跟国家战略，以国家需要为导向，主动参与、积极承担重大工程和重大专项任务，通过国家级平台不断集聚建设世界一流企业的各种资源，通过国家的支持汇聚持续强大的发展能量，将企业的发展与国家的发展紧紧绑定在一起。

二是集中主要精力和优势资源全力掌握建设重大工程、重大专项任务所需的关键核心技术，培养形成和核心主业高度相关的核心技术和核心能力，培育强大核心主业和世界领先产品，以此打造全球竞争力和行业引领力。

三是以世界一流标准建设国际合作工程，以此提升全球视野和国际影响力，提升国际化经营能力和水平，提升全球范围内高效配置资源的能力。

四是摒弃守成思维，通过打造跨界合作平台，参与更新、更大、更艰巨的国家重大工程，提升企业战略开拓能力、技术创新能力、体制机制完善能力、持续盈利能力，不断向世界一流水平迈进。

五是依托国家重大工程集聚人才、培养人才、锻炼人才，不断完善企业的选人之策、育人之道、留人之术，通过建设国家重大工程锻炼培养出一批领军人才和技术专才，以一流的人才成就一流的工程和一流的企业。

六是依托国家重大工程不断培育完善独特的企业文化、企业精神和企业品牌，为建设世界一流企业提供持久精神动力，积淀为国担当的企业文化，打造世界级的工程名片，塑造世界一流的企业品牌。

工程是典型的元理念，建设世界一流企业本身也是一项系统工程、国家工程，需要用工程思维统筹推动，通过建设重大工程培育强国重企，利用企业优势和市场规律代表国家形成并传承建设运营重大工程的能力，参与国际竞争，培养工程人才，高效整合运作国家资源，通过培养一批具有行业引领能力的世界一流企业助推国家强盛崛起。

重大工程是中国企业"走出去"的重要名片，更是打造世界一流企业的重要平台。今天，中国水电、中国高铁、中国航天、中国路、中国桥、中国网络成功走出国门，已经成为享誉世界的中国名片，也成为了引领全球行业发展的世界一流企业中国动力。

展望未来，重大工程对人类和世界发展的影响作用和推动力量越来越大，将不断突破人类想象的边界和传统认知，甚至带来不可逆转的改变。全球即将进入一个由重大工程主导变革、引领发展的时代。从工具到工程再到重大工程，从适应自然、改造自然到改造人类自身，从有形工程到无形工程，从无生命的无机工程到有生命的有机工程，从举一国之力到举多国之力再到举全球之力的世界级重大工程，一场世界范围的工程科技革命和理念变革正在兴起，重大工程正在以潜移默化的方式改变我们的传统认知和思想观念，悄然改变着我们的生产生活方式和国家的经济发展范式，更成为培育世界一流企业的沃土和打造强国重企的重要平台。

五、紧跟"一带一路"倡议走出去

在复杂多变的国际形势背景下，深化认知"一带一路"倡议的巨大价值，依托"一带一路"倡议走出去，加快实现中国企业国际化经营的升级转型和创新发展，是中国企业建设世界一流企业的必由之路。

"以空间换时间、以时间换空间"，是历史上历次大国崛起背后的一条普遍规律。中国要实现转型升级、高质量发展，实现国家崛起强大、民族复兴，就需要借助全球化的大势，在更大的国际空间谋划更长远的发展布局。中国通过"一带一路"倡议为全世界提供了平台机制、发展机遇、技术资金、制度体系、智慧理念和共商、共建、共享平台，也为中央企业提供了加快建设世界一流企业的重大历史发展机遇。

同国家无法回避全球化一样，从来没有一家只固守本国市场的世界一流企业。中国企业只有"走出去"，才能真正培养国际视野、形成全球格局；只有和西方跨国公司合作竞争，才能真正深刻认识自身的差距和不足，找到前进的方向和目标；只有经历全球不同国别市场的磨砺，才能形成在全球范围内防控风险和高效配置资源的能力。

世界一流企业无一不是以发展空间的扩大来换取发展时间的延伸。中国企业要成为世界一流企业和百年老店，必须先有百年产品；要打造百年不衰的产品，必须面向全球大市场，为全世界提供具有竞争力的产品和服务，在以百年为单位的历史视角下，只有比竞争对手坚持得更长久，才能成为世界一流、保持世界一流，获得最后的成功。

"一带一路"建设是极富历史远见的谋篇布局，为中国崛起强大拓展了重要的战略空间、赢得了宝贵的发展时间。"一带一路"是中国为维护经济全球化所提出的一项重大制度创新，是对世界多极化、经济全球化、贸易自由化最坚定的支持。"一带一路"倡议打破了西方长期以来在全球经贸领域的主导权，是中国奉献给全世界最具普适价值的全球公共产品、国际产能合作平台和重大历史发展机遇。"一带一路"倡议是中国经济社会发展达到一定阶段后主动实现国际分工角色升级的重要路径，标志着中国已经从国际经贸体系的参与者成长为平台机制的构建者、发展机遇的创建者、投资和技术的提供者、制度体系的创新者、智慧理念的传递者，全世界通过"一带一路"重新认识中国、接受认同中国和平崛起的现实。

中国企业国际化经营能力和水平不高是普遍短板，依托"一带一路"走出去，可以培养中国企业的国际化经营能力，与跨国公司和国际大企业开展竞争与合作，深刻认识自身的水平与差距，加快中央企业的成长与成熟。中央企业"走出去"应当加快完成四个升级，提升服务"一带一路"的水平和能力，不断提升建设世界一流企业的竞争力。

一是推动格局升级，不断提升国际化经营的控制力和带动力。中国企业不开展国际投资，就学不会如何在海外市场实现全球资源配置整合，就实现不了真正意义上的国际化经营，为别人打工、只做工程承包将永远受制于人。中国企业应当主动向价值链高端跃升，掌握行业主导权并确立引领地位，从参与单一环节到主导整合全产业链，将国内形成的全产业链整合能力和优势产能整体"带出去"；从单一项目建设到全产业体系规划，将中国的标准、规范带出去；从通过参股、跟投隔离风险，到独立收购、控股成熟的海外项目资产、特许经营权乃至整个企业集团，将中国的资本控制力带出去、管理理念带出去。中央企业要将国内市场更多地留给正在成长中的中国中小企业和民营企业,把中央企业的力量和能力更多地用在同西方世界一流企业竞争中去,用在海外市场的打拼中去,这是"共和国长子"应有的担当和胸怀。

二是推动能力升级,不断提升中国企业在海外市场的竞争力和主导力。中国企业要学会当"领军者",推动中国企业从单打独斗到编队出海,组成中国产业联盟,实现优势互补、互利共赢,共同开拓国际市场。中国企业要学会当"主导者",充分利用中国企业的品牌影响力,吸引西方跨国集团通过参股、结成联营体等方式,参与中国企业主导的工程开发建设,实现从"西方主导、中国跟随"到"中国引领、国际参与"。中国企业要学会当"管理者",逐步学习、适应、主导国际市场规则,从收购单一项目到收购跨国公司,从国人管理到属地化管理,不断提升海外投资能力和风险管控能力。

三是推动影响力升级,不断提高中国企业在海外市场的话语权。中国从不谋求西方那样的话语霸权,但我们也时刻不能放弃自己的话语主权。在经济全球化的发展合作中,中国企业是中国形象的代表,我们不仅要输出产能,更要输出中国标准;我们不仅要购买资产,还应当传递中国企业的价值观;我们不仅要建设海外工程,更要树立中国形象。中国企业在走出去的过程中,要加快从中国投资者到中国朋友的角色定位转变,严格遵守当地法律,尊重地方习俗,积极履行社会责任,积极参与扶贫救灾等公益活动，树立负责任、讲道义的中国企业形象，赢得当地政府和人民的好感与支持，充分展示中国改革开放以来积累形成的出众实力，转变各国政府、跨国企业和国外民众对中国企业的片面认识，不断提升中国企业的影响力和公信力。

四是推动风险防控能力升级，不断提升海外经营的抗风险能力。今天，国际政治经济格局依然暗流涌动，贸易保护主义、逆全球化势力抬头，地缘政治矛盾尖锐，区域冲突频繁，各个国家的经济社会发展成熟度、意识形态、政治体制差异巨大，小国在大国角力的夹缝中骑墙摇摆等，都给以促进全球化为宗旨的"一带一路"倡议和中国企业"走出去"带来了挑战。中国企业"走出去"要甄别和防范的风险首先是国别风险，必须紧跟国家战略布局有效规避；选择可靠战略合作伙伴合理分担风险；深入推进属地化经营建立命运共同体进一步化解风险。中国企业"走出去"应对最频繁、影响最直接的是项目自身风险，这是对企业海外投资决策和经营管理水平最直接的考验，应当高度重视并始终加强海外项目的论证分析、前期尽职调查和分阶段决策，做好海外资产、资金、人员的监管，严格控制项目风险。

中国企业在"走出去"服务"一带一路"建设的实践中，形成了众多丰硕成果，有些已经具备了较高的国际影响力和市场竞争力。随着"一带一路"沿线国家经贸往来不断深入，农业合作正成为推动"一带一路"经济建设的重要引擎，中粮集团在其中更是发挥了重要的纽带作用。

中粮集团通过全球布局建设，已经在南北美洲、澳大利亚、黑海等世界粮食核心产区，建设了仓储、码头、物流设施等一批战略资源，形成了覆盖全球的粮油产业布局。同时还将在中亚、远东及黑海建设仓储物流设施，在东南亚地区建设农产品加工设施，加速推动"一带一路"农业经贸交流和产业协同发展。截至目前，中粮集团的海外资产和业务覆盖50多个国家和地区，海外营业收入超过2300亿元，约占中粮集团营业收入的50%。中粮集团已经由中国第一大粮油食品企业、世界第五大粮商，一跃成为全球具有领导地位的国际大粮商，不仅成为我国农产品贸易全球化的一大亮点，更为中粮打造世界一流企业奠定了坚实基础。

第十一章
培育世界一流企业的中国优势

世界第一家现代企业没有诞生在中国，全球最知名的世界一流企业目前也没有出现在中国，但中国是第一个在执政党的报告中明确提出要建设世界一流企业的国家，也是第一个将打造世界一流企业作为国家意志、国家行为和国家战略的国家，我们不仅有信心，更有条件、有能力、有基础、有优势去建设一批世界一流企业。中国的政治优势、制度优势、国家优势、市场优势、经济规模和发展阶段已经具备了培育世界一流企业的基础条件。

一、"两个一以贯之"

现代企业制度在西方首先形成，至今已经超过 200 年。现代企业制度随着时代的进步而不断发展，但仍不完美，因为有三个关键问题至今无法给出完美的答案：一是企业如何才能不受"一把手"更迭的影响、不受股东短期利益的左右，保证企业长期战略和企业的初心使命得到一以贯之地执行？二是企业规模做大甚至做到世界一流后，如何继续保持企业的组织精神凝聚力、持续奋斗力和旺盛创新力？三是企业如何在创造利润、实现发展的同时，实现企业与员工、企业与企业、企业与社会、企业与国家在重大关键问题上立场一致，实现国家、企业和社会整体利益的最大化？

习近平总书记在全国国有企业党的建设工作会议上指出，坚持党对国有企业的领导是重大政治原则，必须一以贯之；建立现代企业制度是国有企业改革的方向，也必须一以贯之。"两个一以贯之"创造性地探索和实践了党的领导和现代企业制度的紧密融合，给所有的中国国有企业打上了鲜明的信仰烙印，是中国国有企业制度最鲜明的特色之一，也是最大的优势之一，更是中国共产党对现代企业制度的一次重要制度创新和马克思主义理论的伟大实践。

第一，党对国有企业的领导是政治领导、思想领导和组织领导的有机统一，国有企业党组织发挥领导核心和政治核心作用，归结到一点，就是"把方向、管大局、保落实"。在党的集中统一领导下，国有企业能够保持长期战略和企业发展的稳定性、延续性。

中国共产党的独特优势在于，她是一个历经重重考验的政党，有崇高的革命理想和坚定的共产主义信仰，有伟大的奋斗目标和与时俱进的理论指引，有深仁厚泽的为民情怀和坚定不移的宗旨意识，有强大的组织体系和领导机制，有严明的组织纪律和优良作风，有深厚的自我革命传统和选贤任能机制，是一个吸纳了中国各社会阶层的先进分子的政党，是一个有着自强不息的艰苦创业史、不畏牺牲的革命斗争史、百折不挠的改革发展史的政党。

国有企业属于全民所有，是人民的共同财富，国有企业的资产属性决定了国有企业必须体现国家意志、服从和服务于国家战略需要，必须要为党的事业、国家利益和人民福祉作贡献，必须要在落实中央重大决策部署、执行国家重大战略等方面发挥排头兵和主力军作用。国有企业的基本属性决定了不能只为企业自身的经济利益打拼，必须主动为国担当，积极融入、服从服务于国家战略，努力为国民经济稳增长服务。

国有企业从诞生起就肩负着党和国家的重大使命，企业的发展战略、核心价值观、目标愿景是和党的路线、国家的战略、人民的需要高度绑定在一起的，即便企业"一把手"周期性更迭，即使企业经营利润增长出现暂时性的困难，党都可以通过组织确保党的方针路线和国家战略在国有企业得到坚决的贯彻执行，党的领导在企业得到全面落实，确保国有企业始终沿着党指引的正确方向持续健康发展。

第二，坚持党的领导、加强党的建设使国有企业经营发展更加紧密契合国家战略，在建设世界一流企业中得到更多的国家关注和支持。

通过服务国家战略做强做优做大企业是中西方企业发展的共同路径，中国国有企业区别于西方企业的最大特征就是无条件地服务国家战略，不会出现西方企业有利则上、无利则退的情况。这是国有企业成为党和国家最可信赖的依靠力量的关键所在。社会主义集中力量办大事的优势性在国有企业建设世界一流企业中得到更加充分的体现，只有紧跟国家战略、服务国家战略，国有企业才能在改革发展、建设世界一流企业的关键阶段得到国家在资源配置、政策倾斜上的支持和帮助。

坚持党的领导、加强党的建设，能够确保国有企业发展战略谋划契合国家战略方向，将企业小趋势融入国家大趋势，有效规避企业战略方向性的偏差。国有企业贯彻落实党中央的战略部署，使企业业务发展方向与国家战略保持高度一致，确保企业战略长期稳定，通过国家富强进步实现企业的同步发展壮大，这也是国有企业实施战略引领、规避重大风险的重要保障。有了国家长期战略指引和支撑，国有企业才能更加心无旁骛地进行建设发展和创新研发投入，同时吸引更多、更优质的社会资源流向广大中国企业，为建设世界一流企业提供坚实基础。

在党的领导下，国有企业依托共同的理想信念，能够保持旺盛、持续的组织奋斗力和精神凝聚力，能够为建设世界一流企业培育更具使命感和责任感的一流干部员工队伍，培育更具创造力、战斗力和凝聚力的基层组织力量。

对于长期执政的中国共产党来说，只有不忘初心、与时俱进、勇于自我革命、自我监督、永葆先进性，才能有效抵御各种腐败的侵蚀。党的十八大以来，党中央把全面从严治党提升到了前所未有的高度，以力挽狂澜的浩然气魄和卓越胆识，以果敢的政治勇气和历史担当，着力解决管党治党宽松软、"四风"[1]等突出问题，其力度之强劲、成效之显著、影响之广泛令世人瞩目，开启了全面从严治党的新时代，更形成了长期可持续的制度成果。国有企业作为党领导下的经济组织，企业领导人员不仅要接受经营业绩的现代企业制度考核，更要接受政治素养、廉洁作风、担当作为和创业实干等政治考核，党在选拔企业领导干部时，除了卓越的业务素质，更注重"对党忠诚、勇于创新、治企有方、兴企有为、清正廉洁"，这样的双重监督和严格选拔所形成的精神凝聚力和组织战斗力是西方现代企业制度所不具备的长期发展优势。

坚持党的领导，加强党的建设，坚持党管干部原则是国有企业的重要组织优势之一，也是深化国有企业改革的内在要求。党管干部更有利于政治素质高、大局意识强、

---

1 "四风"指形式主义、官僚主义、享乐主义和奢靡之风。

敢于创新、清正廉洁、严守底线，有良好的职业操守和个人品行的优秀干部脱颖而出，这样的干部用对一个可以激励一片，正确的选人用人导向更是企业良好风气的体现，是企业正能量的彰显，能让企业在市场化人才激励措施的基础上，拥有更丰富的激励方式和政治激励措施，为打造强国重企、为建设世界一流企业提供靠得住、有本事、可持续的人才保障。

坚持党的领导，加强党的建设，能够通过高质量党建把企业员工内在精神力量最大限度地持续激发出来、凝聚在一起，形成推动企业高质量发展的强大精神力量。在西方许多国家，资方、劳方、工会、政府之间的矛盾关系至今没有得到有效协调解决，即便是西方世界一流企业，员工对于企业战略的认同感、企业对于员工的影响力也是层次递减弱化的。不可否认，这种现象在改革开放后的一段时间也在国有企业存在过。党的十八大以来，党的建设层层弱化的现象得到了根本扭转和改善，党员的先锋模范作用极大促进提高了一线的生产力，基层党组织的战斗堡垒作用和凝聚力更加凸显。党的领导能够有力推动形成企业内部良好的政治生态和积极、健康的民主风气，思想政治工作和精神文明建设能够更充分地开展，这是外资和民营企业用薪酬激励所做不到的，是国有企业的特殊优势！高质量发展必须要有高质量党建引领，越是关键时刻、困难时期，越是依靠党的组织发挥作用，通过支部战斗堡垒作用和党员先锋模范作用，团结带领广大员工自我加压创造性开展工作。通过提高员工参与度、获得感和幸福感，使员工对企业发展更富有责任感和使命感，进一步激发基层员工的向心力、凝聚力和创造力，风清气正的企业文化得到不断巩固，基层的矛盾和问题得到及时处理解决，将企业的资源和精力更多地集中于发展生产和推动创新上。

第三，在党的集中统一领导下，党的中心工作能够有机融入国有企业的中心工作，国家、民族、企业、个人能够在关键重大问题上保持一致立场，有效减少内耗，快速凝聚共识和力量，形成跨组织合力。

党的领导能够最大化地发挥制度优势、信仰优势、政治优势和组织优势，为全体人民的共同福祉谋利，这也是让西方企业不解和嫉妒的优势。党的领导是跨越行业类别、跨越地域区划和行政条块，是打破组织之间利益壁垒、填补权责空白的重要制度合力，确保企业与政府、社会在涉及国家利益和宏观战略问题上能够保持高度一致，在必要时牺牲局部利益而换取全局事业的发展和稳定，这种大局观是西方企业所不具备的，也是国有企业在服务国家战略、建设国家重大工程，打造世界一流的重要组织优势。

国有企业必须旗帜鲜明地坚持"国企姓党"，坚持制度自信，坚持政治本色。国有企业是中国特色社会主义的重要物质基础和政治基础，是我们党执政兴国的重要支柱和依靠力量。西方是先有意识中的国家概念，之后发展出企业制度和依附于企业的资产阶级政党。中国是先有中国共产党才有新中国，并同时有了党领导的国有企业，其中，以中国电信集团、华润集团为代表的中央企业更是在红色瑞金时代、在抗战烽火之中就已经诞生。没有对党的坚定信仰，国有企业、中央企业建设世界一流企业就无法回答为了谁、依靠谁的核心问题，没有这份使命感、归属感和责任感，国有企业就是无本之木、无源之水，就无法实现长久的稳定发展。

对中央企业而言，我们能够较早具备建设世界一流企业的基础条件，关键并不在于规模大、底子好、力量强，而是在于党赋予中央企业"强国重企"的重大责任，在于中央企业是党的"六种力量"[1]的身份定位。坚持党的领导，加强党的建设是中央企业建设世界一流企业的政治和组织保障，是将党的政治优势转化为世界一流企业建设优势的关键所在。

中央企业在实践"两个一以贯之"方面已经取得了一系列积极成果，有力证明了这一重大制度创新的优势所在。

通过抓牢抓实党组织建设推动企业高质量发展。是中

---

1 习近平总书记在全国国有企业党的建设工作会议上指出，国有企业要成为党和国家最可信赖的依靠力量；成为坚决贯彻执行党中央决策部署的重要力量；成为贯彻新发展理念、全面深化改革的重要力量；成为实施"走出去"战略、"一带一路"建设等重大战略的重要力量；成为壮大综合国力、促进经济社会发展、保障和改善民生的重要力量；成为我们党赢得具有许多新的历史特点的伟大斗争胜利的重要力量。

国铝业集团（以下简称中铝集团）近年来通过抓党建实现企业扭亏脱困增盈。受 2008 年国际金融危机的冲击和影响，中铝集团这个全球最大有色金属企业一度陷入连续亏损困境，2014 年全年亏损高达 198 亿元。这是不少企业都会面对的阶段性发展困局，不同企业也有着不同的破题解法。中铝集团的解法就是以党建的力量推动企业扭亏为盈。2016 年起，中铝实行"双百分"考核，党建工作和生产经营考核各为 100 分，并且互为系数，两项工作的考核结果相乘得出各企业年度考核结果，扎扎实实地通过抓党建来抓生产力。中铝集团党组在学深悟透习近平新时代中国特色社会主义思想的基础上，结合集团工作实际探索出了关键少数法、问题导向法、久久为功法、底线思维法、精准管理法、引领发展法等"十个工作法"，将其广泛运用到企业的经营管理中，推动中铝集团从 2015 年起实现了盈利"四连增"。2019 年前三季度，中铝集团营业收入总额近 3000 亿元，增幅超过 25%，利润总额增幅 13%，创造 2008 年国际金融危机以来最好业绩，集团党建工作与生产经营实现真正的融合、同频共振和相互促进。

中国兵器装备集团是我国国防科技工业的核心力量，是国防建设和国民经济建设的战略性企业，肩负着"保军报国、强企富民"的神圣使命，其前身可以追溯到第五机械部、兵器工业部、国家机械工业委员会，有着时代传承的人民兵工精神和红色基因。中国兵器装备集团旗下的长安汽车是我国对外资开放的重要窗口之一，下属 3 家中外合资企业，共有员工近 3 万人，党员 2 千多名，其中近千名外籍员工来自 20 多个国家和地区。长安汽车将坚持党的领导旗帜鲜明地写入合资企业的公司章程，公司党委在 3 家合资企业大力实施"种子工程"建立健全党的组织，开展"双培养"建设骨干队伍，紧扣生产经营开展党建活动，引领多元文化凝聚人心，党建工作产生品牌效应，赢得了包括外方在内的广泛赞誉，有些来华工作的外方员工甚至发自内心地提出了入党的请求。日本籍汽车技术专家泉城弘毅在写给原丰田公司 CEO 的信上感叹道："在这里，有党组织的带领，企业和员工更有活力、更有朝气、更有竞争力。"在选用人才、技术攻关时，外方管理人员都到人力资源部"走后门"，明确提出"请给我派个共产党员！"[1] 这样的案例在中国东风汽车集团、中国东方电气集团等与外资企业有紧密股权合作关系的中央企业中广泛存在。特别是那些扎根中国时间长、并且深刻了解中国国情的外国资方，如北欧、德国、日本、韩国的外资企业更能够理解中国国有企业党建的本质内涵，认同这种对企业发展所起到的强大正向激励作用。作为中国国有企业更应当鲜明地亮出党的旗帜，更加自信地展示出国有企业党的强大优越性！

---

1 中央组织部组织二局调研组. 党旗何以在中外合资企业高高飘扬——长安汽车合资企业党建工作调研报告 [M/OL]. 北京：人民网，（2015-03）http://dangjian.people.com.cn/n/2015/0316/c117092-26701344.html.

二、制度优势

习近平总书记指出："我们最大的优势是我国社会主义制度能够集中力量办大事。这是我们成就事业的重要法宝。"

新中国是在战火硝烟、国际封锁、一穷二白的基础上建立起来的，为了实现国家的独立自主，我们只能依靠举国体制，集中有限资源，聚全国之力，以重点突破带动全局进步。如果没有举国体制，就没有"156项重点工程"及其所建立的国家工业基础；如果没有在党的领导下集中力量办大事，就没有"两弹一星"及其奠定的国防安全、战略安全基石。因此，举国体制和集中力量办大事是新中国实现国家进步的重要经验之一，作为中国特色社会主义制度的重要优势之一被广泛继承和发展。

如果把视野拓展到更宽广的历史维度、全球视野上，举国体制也是中华民族屹立于世界民族之林的重要优势。中国自秦汉以来就是大一统的中央集权国家，中央政权在管理国家、分配资源方面有着强大的权威性和控制力，中央的政令可以直达郡县边关，这是西方城邦制、封建领主制所无法媲美的制度传承和体制优势，也让中国可以集中国家力量建设重大国家工程，调配全国资源以应对洪水、地震、干旱、瘟疫等自然灾害。

西方多年来总是以自由主义价值观评价中国的举国体

制，将其武断、笼统地等同于计划经济、抑制个体、效率不高、资源浪费等概念，事实上，这种评价是对中国制度优势别有用心的"误读"。举国体制只是资源的配置方式，并不代表资源的配置水平，我们在历史上确实犯过"大跃进"这样发展理念上的"冒进"失误，但并不代表中国制度和举国体制有问题。又比如，西方国家自身也是举国体制的受益者，英国举国推动工业革命，严格禁止未经本国工厂加工的工业原材料出口；第二次世界大战期间，美国举国家之力推动核武器工程，巅峰时期就有超过50万人参与"曼哈顿计划"；日本在20世纪60年代投入巨资购买专利，举国向电子产业转型……比如印度长期实行民主政治、自由市场经济，但印度今天的发展成果与中国相比，高下立判！再次说明制度必须有相匹配的机制才能最大化发挥优势，我国的举国体制是经过实践和历史检验的，是符合中国国情、中国需要和中国实践的重要制度成果和发展经验。

新中国成立70多年以来，特别是改革开放40多年来，中国充分发挥了中国特色社会主义制度的强大优势，绘就了一幅波澜壮阔、鼓舞人心的历史画卷：人口大国实现了粮食自给自足，消灭贫困、全面实现小康近在眼前，建立了全世界最完整的现代工业体系，科技创新和重大工程捷报频传，信息畅通，公路成网，高坝矗立，西气东输，南水北调，高铁飞驰，航母启航。唐山地震、汶川地震、九八洪水、非典疫情、新冠疫情，一方有难、全国驰援。这些大事、难事、要事能够办成，都离不开中国特色社会主义的强大制度优势。

三峡工程从提出设想到建成运行，跨越百年、移民超过百万、耗资超过 2000 亿元，论证、决策和建设期间，国家历经多次边境军事冲突、数次重大自然灾害、中苏中美关系浮沉起落、西方经济制裁等种种干扰，但党中央却从未放弃建设三峡工程的努力。如果没有中国共产党百折不回、矢志不渝、初心不改的坚强领导，没有中国共产党的科学决策、民主决策、果断决策，没有中国共产党团结人民、带领人民、依靠人民，没有历代党的领导集体薪火相传、接续努力、继往开来，没有中国特色社会主义制度集中力量办大事的优越性，没有全国一盘棋和调动各方积极性，绝不会建成三峡工程这一全民受益、民族自豪、世界赞叹的大国重器。

三峡工程的成功建成，充分折射出中国特色社会主义制度的一系列强大优势：坚持党的集中统一领导，确保国家始终沿着社会主义方向前进的优势；坚持人民当家做主，紧紧依靠人民推动国家发展的优势；坚持全国一盘棋，调动各方面积极性，集中力量办大事的优势；坚持铸牢中华民族共同体意识，实现共同团结奋斗、共同繁荣发展的优势；坚持把社会主义制度和市场经济有机结合起来，不断解放和发展社会生产力的优势；坚持以人民为中心的发展思想，不断保障和改善民生、增进人民福祉的优势；坚持改革创新、与时俱进，善于自我完善、自我发展，使社会始终充满生机活力的优势。这些显著优势，都是我们在新时代坚定中国特色社会主义道路自信、理论自信、制度自信、文化自信的基本依据，也是中国企业建设世界一流企业的独特优势。

没有放之四海而皆准、一成不变的发展道路和发展模式。举国体制、社会主义集中力量办大事的制度优势，也必须紧跟时代潮流向前发展。我们应当努力探索中国特色社会主义市场经济条件下的新时代举国体制，将我国政治制度优势与市场机制协调发挥，使举国体制在新时代发挥出更强大的创新效能。

建设世界一流企业需要依靠市场经济之手，但同样更需要有力的制度推动。如果中国特色社会主义的制度优势不能在打造强国重企、培育世界一流企业上有效发挥，从某种意义上说就是制度优势的浪费。事实上，中央企业的诞生、成长、壮大及其今天在国家经济社会发展中所担当的重要使命，这就是中国特色社会主义制度优势的成功实践。

今天，党和国家正在中央企业中不断发展这一优势，比如成立中国航空发动机集团。航空发动机被誉为飞机制造业"皇冠上的明珠"，但却是制约中国航空工业发展的"软肋"。中国几乎所有的民航飞机发动机都依赖进口。

2015 年总装下线的国产大飞机 C919 采用的发动机由法国与美国合资企业研制。2015 年，中国交付的首架投入商业运营的国产中短航程新型涡扇支线飞机 ARJ21，使用了 GE 航空集团生产的 CF34-10A 发动机。

目前，全世界能自主独立研发制造航空发动机的只有美国、英国、俄罗斯和法国等少数国家并且被严密封锁垄断。2019 年，广西某发电企业采购自美国 GE 公司的 7 兆瓦[1] 级小型燃气轮机由于故障问题需要停机维修，而 GE 要求整机送到新加坡拆卸维修，GE 之所以宁愿如此大费周章、兴师动众，就是因为 7 兆瓦级的燃气轮机经过进一步小型化就可以应用于航空发动机生产研发。即便我们是甲方，是设备产权的所有者，但却没有在自己国土上拆解维修的权利。这也印证了习近平总书记反复强调的"关键核心技术是要不来、买不来、讨不来的，只有把关键核心技术掌握在自己手中，才能从根本上保障国家经济安全、国防安全和其他安全"。

2015 年全国"两会"期间，政府工作报告首次将航空发动机与燃气轮机制造列入其中，"航空发动机、燃气轮机"首次列入国家战略优先产业。2016 年，党中央、国务院决策成立中国航空发动机集团有限公司，包括中航工业在内的多家国有企业都将向新成立的航发集团注资，成立仅仅

---

1 兆瓦（英文：megawatt，通常缩略为 MW），是一种表示功率的单位，常用来指发电机组在额定情况下单位时间内能发出来的电量。1 兆瓦=0.1 万千瓦=1000 千瓦。

3 年，航发集团就已经发展成为下辖 27 家直属企事业单位，拥有 3 家主板上市公司、近 9 万名职工、6 名院士、200 余名国家级专家的大型企业集团，成为党和国家集中力量突破航空工业"卡脖子"关键环节、推动国防建设和国民经济发展的重大举措，是新时代举国体制打造强国重企的又一成功实践。

三、有为政府

西方有句谚语：养大一个孩子，需要一个村庄的努力。对于培育世界一流企业而言，需要一个国家的努力。

建设世界一流企业是企业行为，培育世界一流企业是国家行为，政府的有效管理和引导是培育世界一流企业的重要基础。"培"就是要为企业发展营造良好环境和积极氛围，"育"就是要对企业的发展方向、路径和方式进行有效引导把控和积极帮助支持。培育世界一流企业、打造强国重企作为国家战略，是政府的应有作为，政府是制度的制定者和提供者，制度的科学性、战略性、全局性、系统性和长期性决定了企业的长期发展质量，也考验着政府的行政效能。

中国政府是中国共产党领导下的为民政府、强大政府、有为政府、法治政府、负责政府、高效政府、权威政府和长期执政政府，这是中国企业创建世界一流企业的又一大优势！

中国政府在培育和管理企业方面有着悠久的传统和独特的优势，在企业制度登上历史舞台之前，国家就承担并履行着企业的生产职能和价值创造职能。春秋时代的齐国宰相管仲推行"官山海"，即国家管制山川湖海资源、垄断煮盐炼铁，以此管控战略资源、增加财政收入、加强统治效能。"官山海"被此后的历朝历代所继承，只是经营范围时有增减。官山海制度几乎跨越整个中国封建时代，是中央财政稳固的基础，为中国成为中央集权的大一统国家奠定了重要基础。同样，稳固的中央政权又能推动国家在更大范围内形成独特的资源配置能力，两者相互推动、相互促进。随着经济的发展，商品流通活动日趋活跃，有的专卖项目逐步转归私商自由经营，只有盐、茶两项在较长时期里保持着不同程度的官营性质。今天，国家仍然对食盐、烟草采取国家专卖制度，对能源、通信、金融等关系国家经济命脉的产业或行业通过授权中央企业实施国家专营。

新中国成立后，中国特色社会主义制度又赋予了国家集中力量办大事的制度优势，有利于国家集中优势资源培育世界一流企业。中国共产党的长期执政地位有效保证了政策的长期稳定性，党领导下的人民政府充分彰显了中华民族崇尚奋斗、勤劳务实的民族基因，坚持不懈地改革，驰而不息地从严治党，保持了执政党与时俱进的先进性，也让政府更加高效务实为民、更加廉洁公平权威，这些都为培育世界一流企业创造了得天独厚的条件。

政府能够在市场管不了又做不好的领域发挥重要作用。在市场能够充分有效发挥作用的领域，政府通过充分授权，以市场之手更高效地配置调控资源、创造价值、满足社会发展需求。在市场发挥不了作用又管不了做不好的领域，政府可以起到托底作用，为社会发展提供基础保障，为企业经营尽可能地"减负""增效"。随着我国政府改革和依法治国不断深化，一系列简政放权、放管结合、优化服务的制度措施不断出台，进一步提升了政府的效率、公信力和透明度，进一步激发和释放了企业的活力和创造力，同时更加有利于政府和企业在各自擅长的领域内各司其职、高效配合、互相补位、激发合力。

企业制度和市场机制是国家治理体系的重要组成部分，也是国家治理能力先进性的集中体现，设计和制定制度是政府为培育世界一流企业提供的最大红利之一。历史上葡萄牙、荷兰、英国、日本等国家渐次崛起为世界大国，这些国家背后并没有像美国、苏联那样广袤的疆域、富饶的资源、大量的劳动力供政府支配调遣，这些政府所拥有的最重要的力量就是制度，以先进的制度设计弥补落后的综合国力，以开放的经济制度激发市场的创造力，以活跃的社会制度带动人民的创新力，以自由的市场制度提升科技成果的生产力，特别是这些国家都借助制度之手加速了现代企业的发展壮大，促进了国家的现代化。科学有效的制度形成强大的国家力量，以明确的国家战略统领行业发展方向，以集中的资源投入做强做优做大优势企业、培育强国重企，比如中国、美国、日本和德国。开放包容的制度激发企业的活力，尽管资源有限，但仍可以通过制度设计不断做大增量来创造更多的社会财富，成就"小国大业"，比如亚洲的新加坡、韩国，中东的以色列。为培育世界一流企业提供科学的制度设计、长期的制度引导、有力的制度支撑是政府的智慧所在、责任所在、担当所在，制度具有持续长期的惯性，科学的制度设计能够在源头上带动后续制度的良性循环，给予企业经营活动正向反馈，而不科学的制度设计则会引发恶性循环，让矛盾愈演愈烈。

中国政府有着比企业、市场、社会更宽阔的全局视野，能够根据国家战略、行业发展、企业做强做优做大的多重需要，有重点地推动主业相近、业务互补的国有企业进行整合重组。国有企业的产权属性赋予了政府作为出资人和大股东推动企业重组整合的法理地位，能够根据国家发展的战略全局，为建设某一重大工程、执行重大专项任务、实现某一特定目标而专门设立一家中央企业，如三峡集团、中核集团、航空发动机集团，也可以为实现优势互补、强强联合而推动整合中央企业，如国电集团与神华集团重组成为国家能源集团。这种整合更加高效、务实，能够有效消除整合过程中的种种利益博弈和权利交换，以党的权威性和行政力量的高效率理顺被整合企业的治理结构，实现战略统一、管理统一，加快培育世界一流企业。与韩国、日本只能集中有限的国家资源并培育少数私人垄断企业不同，中国的巨大市场规模和经济体量允许我们在同一领域培育两家或两家以上的世界一流企业以保证竞争活力，这又是中国企业得天独厚的国家优势。

中国政府通过设置科学的评价考核机制引导企业进行长期战略管控，推动企业提质升级。没有科学的评价标准就没有科学的考核机制，没有科学的考核就没有有效的管理。业绩考核是政府作为国有企业出资人最有效的管制手段之一，其展示的是政府的格局、眼界、胸怀，是政府运用评价管理推动国有企业建设世界一流企业的最佳手段，政府对企业考核体系的设置评价决定了企业以怎样的方式、向怎样的方向去发展，并形成塑造企业的行为方式和要达到的结果目标。注重短期利润、规模扩张和营收增长的考核机制，与注重长期发展、服务国家战略和使命主责的考核机制所培育出来的企业有很大差别。这就如同长跑运动员和短跑运动员的训练方式是截然不同的。国有企业建设世界一流企业任重道远，需要一代人甚至几代人的接续努力，因此，国家的长期战略稳定至关重要，政府对企业的考核也已经从单纯注重利润向注重战略管控、高质量可持续发展转型，不断夯实建设世界一流企业的根基。

构建国家平台是中国政府为培育世界一流企业提供的最有力支撑。"一带一路"倡议就是国家为中国企业搭建的顶级合作平台。"一带一路"平台基于政府间合作协议，有关合作理念和主张已经写入联合国、二十国集团、亚太经合组织、上海合作组织等重要国际机制成果文件，拥有外交层面最顶级的跨国信任背书，海外投资的风险得到了有效控制，是目前最顶级、最有保障、最具前景的合作平台。

未来，中国企业还需要政府搭建"长江经济带发展""京津冀一体化""粤港澳大湾区""5G 融合发展创新"这样的顶级国家创新平台，搭建更多诸如"一带一路"的国际产能合作平台，搭建"跨国清洁能源走廊""全球能源互联网""海上风电走廊""月球空间站""深空探索"等跨国重大工程合作平台，为中国培育更多的世界一流企业。

培育积极良好的社会氛围是中国政府为培育世界一流企业所营造的长期发展环境。政府、企业与社会是共生共融的紧密关系。从培育世界一流企业的需要来看，中国政府正在着力引导理性平和、富有职业精神和崇尚契约精神的社会心态，培育崇尚科学、注重审美的社会氛围，强化人格平等、彼此尊重的社会环境，以积极的正能量和正确的价值观为企业发展提供沃土。

四、大国崛起

今天的中国与 100 年前的"内忧外患"、70 多年前的"一穷二白"和 40 多年前的"封闭落后"相比，无论是国际地位、综合国力，还是科技水平、国民素质，都已经发生了天翻地覆的变化。2018 年，中国的 GDP 是日本 2.5 倍，占全世界经济总量的 16%。每年对世界经济增长的贡献率超过 30%，是全球经济增长最重要的"发动机"。中国已经成为世界第二大经济体、第一大工业国、第一大货物贸易国、第一大外汇储备国，第一大能源消费国；中国每年的大学毕业生高达 700 多万人，有 1.8 亿人接受过高等教育；中国的高速公路、高速铁路里程均居世界首位，航空运输总周转量世界第二。中国的经济体量、市场规模和发展水平都已经接近或达到了世界先进水平，完全有足够的市场容量和能力为建设一批世界一流企业提供所需的市场空间和资源条件。中国经济的崛起是自强自立的成就，是顺势而为的过程，也是世界秩序重构的趋势。中国已经从世界政治经济格局中的因变量上升为自变量，逐步具备影响和塑造世界的能力。

经过持续多年的深化改革，中国企业的体制机制不断优化，核心竞争力不断增强，发展孕育了一大批具有全球行业竞争力的中国企业。中国企业在世界 500 强 50 个行业中有 18 个行业进入同行业前三，在石油化工、工程建筑、网络通信服务、水电与清洁能源等领域已经实现世界第一，这些领域中的不少企业已经具备了成为世界一流企业的条件。其中，进入世界 500 强的国有企业已经达到 82 家，中央企业中有近一半已经进入世界 500 强企业名单，一大批企业不仅规模达到了世界级水平，而且在技术、管理和国际化经营等方面也走在了世界前列，具备了建设成为具有全球竞争力的世界一流企业的基础和条件。市场规模越大，资源交换更新的效率就越高，机遇也就越多，这是中国自改革开放以来，以大市场成就大进步、大产业和大企业的重要经验之一。

中国企业所创造的发展奇迹并不只是依赖于国内市场规模的"大"，也有全套产业体系和各国产业环节的"全"，更有产业层次和生态的"丰富"。这其中既有中央企业、大型民营企业、混合所有制企业所领衔的重大基础设施工程和尖端工业制造，也包括无数中小国有企业、民营企业所生产的物美价廉的优质商品和服务。目前中国已经拥有 39 个工业大类、191 个工业种类、525 个工业小类，是全世界唯一拥有联合国产业分类中全部工业门类的国家。从食品、玩具、服装到高坝大库、核电机组、航空航天、高速铁路、跨海大桥、5G 网络、超级计算机，这些产品及其背后的中国企业成为新时代中国名片。

借助重大科技创新和国家重大工程建设，中国企业在多个领域实现了赶超，成为世界行业的引领者，中国高铁、中国航天、中国水电、中国互联网、中国通信等已经成为新时代我国参与国际竞争与合作的闪亮国家名片。中国华为、腾讯、阿里巴巴等民营企业也通过信息革命实现了"弯道超车"，成为全球同行业的佼佼者，在许多领域已经成为引领者。

国有企业和优秀民营企业的携手奋斗，共同奠定了中国企业在国际舞台上的良好形象、优质信誉和强大实力，改变了国际社会对中国企业的刻板偏见和认知局限。今天的中国已经离不开世界，世界更加离不开今天的中国。经济全球化使所有经济活动、产品、资产、生产要素跨越国界和不同的政治、文化，自由流动，相互依存，链接耦合，在全球一体化的浪潮下，没有例外。中国的日益强大得益于经济全球化和世界多极化，我们从中汲取了丰厚的发展红利，也深深嵌入了这个人类有史以来最庞大、最复杂、最紧密、最精密的协作体系。中国同世界各国已经建立了各种新型的国际关系，发起了构建人类命运共同体的伟大倡议，为全球治理体系变革贡献了中国智慧和中国方案，得到世界的赞扬和认可，中国正在成为全球化公共产品的提供者，人类命运共同体的倡议者和践行者，世界多极化和经济一体化的捍卫者，人类可持续发展智慧、方案、思想和理念的提供者和探索践行者。中国的崛起强大从来都不是谋求世界秩序的主导地位，而是希望通过对世界的贡献和全球影响力去真正掌握自身的发展命运。

今天的中国已经是全球政治经济秩序中不可取代的重要组成部分，任何世界组织都无法离开中国影响力而讨论全人类的前途命运，这是中国崛起强大的充分彰显，也是中国市场和中国企业充满活力的有力证明，并且这种影响也必将随着中国企业的日益强大而更加凸显。国际政治经济格局也正在经历深刻调整变化，世界正在进入科技进步引领国家发展的时代，这是中国企业快速崛起占据行业制高点、加速国际化、加快成长成熟、成为世界一流企业的重大时代机遇。当前的世界政治经济局势正处于西方主导能力衰落、东西方趋于均势平衡、西方内部矛盾冲突不断、世界多极化趋势不可逆转阶段，尽管欧美打压遏制中国崛起的动作仍然不少，但很难形成 20 世纪五六十年代集中围堵封锁中国的局面，对中国等新兴经济体来说是机遇与挑战并存，整体的外部环境对中国建设世界一流企业是有利的，这是中国企业加快走出去实现国际化经营，通过国际合作与竞争抢占行业制高点、向产业链中高端跃升的关键历史时期，是建设世界一流企业的重要战略机遇期。与此同时，世界已经从资源禀赋决定国家实力进入了科技创新引领主导未来发展的新时代，掌握了最新科学技术的国家就掌握了未来发展的先发优势和主动权。历史上所有的重大科学技术创新都是在企业层面进行量产并推广的，尽管中国的整体科技发展水平与美国仍有一定差距，但这种差距正在不断缩小，并且在一些领域已经实现了超越，中国能够用全球最大的市场、举国之力的投入迅速摊薄新技术的研发成本，从而推动下一代新技术实现产业化，这种优势是其他国家所不具备的，也是中国企业以建设世界一流企业为目标加速实现赶超的关键。

经济全球化为中国企业走出去、加快提升国际化经营能力、建设世界一流企业提供了重要战略机遇期。从波音兼并麦道、索尼收购哥伦比亚、奔驰合并克莱斯勒，鲸吞式的兼并重组扩张历来是跨国集团快速做大做强的制胜之道。世界经济中心日益东移，西方老牌世界一流企业也随着西方老牌资本主义国家的衰落而式微，为中国企业的崛起强大腾出了发展空间。2008年金融危机造成的西方跨国集团资产价值缩水，给中国企业抄底并购优质资产提供了绝佳历史时机。2017年6月，中化集团以430亿美元的价格收购全球第一大植保公司先正达，创下中国企业海外单笔收购金额最高纪录。2011年11月，三峡集团以21亿欧元购买葡萄牙政府所持有的葡萄牙电力公司21.35%的股份，成为首家控制西方发达国家能源支柱企业的中国企业。利用西方经济危机的历史发展机遇，中国企业加速实现了"走出去"的转型升级,通过海外重大资产并购,快速提升了国际资本运作能力,通过并购企业打破壁垒快速进入发达国家市场和第三方市场,掌握了关键核心技术,进一步提升了中国企业的国际经营能力和国际竞争力。

重企强国

东西方世界一流企业案例借鉴

没有永恒的一流，只有永远的打拼。全球市场风云际会，世界一流企业如大浪淘沙，当今世界已经不是大者恒大、强者恒强，成为世界一流企业并不意味着可以无往不胜、高枕无忧、永远一流，时代变革和市场竞争对百年老店和新兴企业一视同仁。改革开放40多年来，中国企业已经积累并具备了建设世界一流企业的基础和条件，但缺乏和急需的是建设和管理世界一流企业的经验，借鉴反思东西方世界一流企业的成败兴衰尤为重要。

列夫·托尔斯泰在其著作《安娜·卡列尼娜》中说，"幸福的家庭都是相似的，不幸的家庭各有各的不幸"。这句至理名言被演绎为"安娜·卡列尼娜法则"，并被生物学、社会学等多个学科广泛引用。这一原则在企业领域中也同样适用，即"成功的世界一流企业都有相似的成功，失意的世界一流企业各有各的失意"。

我们无法对每一家世界一流企业的成败兴衰作出点评分析，只选择了美国通用电气公司、芬兰诺基亚公司和日本索尼公司3家企业作为典型案例，因为其产品和品牌被世人所熟知，又在不同的文化背景和时代机遇下成长壮大为本行业的世界一流企业，成就了一样的辉煌和不一样的精彩。

这3家企业发展历程的传记和著述已经颇为丰富，我们仅从主业、战略、创新等中国企业普遍关心的维度进行分析思考，并且分别结合中国企业的发展实践案例进行对照，希望能够从中总结、提炼一些有益于中国企业建设世界一流企业的参考和借鉴。

第十二章
工业时代的传奇
——美国通用电气公司

美国通用电气公司（General Electric Company 以下简称 GE）是美国道琼斯工业指数于 1896 年首次发布时精心选择、最能够代表美国工业整体水平的 12 家企业之一。104 年后的 2000 年，最初入选的 12 家企业中，包括美国烟草公司、美国糖业公司、美国橡胶公司等一时风头无两的 11 家企业陆续退出道琼斯工业指数样本库，只有 GE 历经百年风雨仍然留在其中。2018 年 6 月，伴随道琼斯指数走过三个世纪风雨的 GE 也没有免于被道指剔除的命运，令人不胜感慨唏嘘。

GE 见证了美国从偏安一隅的新兴移民国家到成为世界一极的全过程，更见证了人类文明从蒸汽时代走进电气时代和信息时代的全过程，这家拥有百年长青基业的世界一流企业创造了怎样的辉煌，又如何陷入低谷，背后的故事和传奇的经历值得今天的中国企业细细品味。

一、百年 GE 企业王国

GE 是名副其实的企业王国，是美国乃至人类工业时代的传奇。

GE 的起源可以追溯至 1878 年由美国著名发明家、企业家托马斯·爱迪生创办的爱迪生电灯公司。在第二次工业革命刚刚兴起的 19 世纪末，坐拥"白炽灯""留声机"等众多电气产品专利的爱迪生电灯公司，无异于美国今天的苹果公司、特斯拉公司、谷歌公司等"独角兽企业"，也自然得到了资本大鳄的关注和青睐。1892 年，摩根财团的创始人约翰·皮尔庞特·摩根撮合通用电气公司、汤姆逊—豪斯登国际电气公司等 3 家公司合并，正式成立 GE。

现代科技插上资本的翅膀，又恰逢时代变革的历史窗口期，GE 通过兼并重组不断扩张着自己的商业版图。第二次世界大战爆发前，GE 在美国国内所辖工厂只有 30 多家。第二次世界大战后，GE 在美国本土所辖工厂增加到 125 家；1976 年，这个数字就翻了近一倍，达到 224 家。在海外，GE 逐步吞并了意大利、法国、德国、英国、西班牙等国家的电气工业企业。到 1976 年，GE 已经在全球五大洲、24 个国家共拥有 113 家制造工厂，成为一家庞大的跨国集团公司。

GE 是人类电气化革命的亲历者和推动者。回望 GE 所走过的 130 多年发展历程，可以说是一段人类电气时代的历史和传奇。1878 年，爱迪生发明了世界上第一只商用白炽灯；1882 年，GE 在纽约设立了美国第一家中央发电站，开启了美国乃至人类的电气时代；1896 年，在德国物理学家伦琴发现 X 射线后的第二年，GE 工程师艾利胡·汤姆森设计了医用 X 射线成像仪，并将它成功推向了全球市场；1906 年，GE 开始了世界上第一次音频广播；1942 年，GE 为美国制造了第一台喷气式发动机；1957 年，GE 成立了世界上第一家核电站；1962 年，GE 科学家 Bob Hall 发明了固体激光器，此项发明使光盘、激光打印机和光纤通信等成为可能；1969 年，阿姆斯特朗穿着用 GE 硅胶制作生产的太空靴迈出了人类在月球上的第一步，GE 还为登月工程提供了质量控制、系统工程以及运载卫星等关键技术支持；1983 年，GE 发明了世界首台核磁共振成像系统。今天，全世界的机场每 4 秒钟就有一架安装着 GE 生产发动机的飞机起飞；全世界每秒钟都有医生用 GE 的核磁共振系统诊断疾病；从宝洁的洗发水到宝马的汽车，GE 化工产品的影响遍布全球；从纽约的百老汇到南极的科考站，GE 照亮了全世界不同地域的天空。

GE 不但贡献了改变世界的工业产品，更培养了众多的发明家和企业管理大师，用科技创新、思想创新和管理创新多次改变和影响了世界。除了大名鼎鼎的创始人爱迪生，GE 还培养、成就了许多影响世界甚至改变世界的科学家、企业家。比如发明了交流电的特斯拉曾供职于 GE，直到和爱迪生产生分歧而负气从 GE 出走；创办了福特汽车公司并首创大规模流水线生产方式的亨利·福特曾领导过 GE 最核心的照明设备部门，是爱迪生的"得意门生"和忘年之交；美国前总统里根从政前曾在 GE 的电视台做过 10 年的节目主持人；被誉为"最受尊敬的 CEO"和"美国当代最成功最伟大的企业家"的杰克·韦尔奇，从化学工程师一路成长为 GE 史上最年轻的董事长和 CEO，他所推行的"六西格玛"标准、全球化和电子商务被一代企业家奉为经典，几乎重新定义了现代企业。

今天的 GE 除了生产消费电器、大型工业电气设备外，还是美国军方最大的军火承包商之一，是一家涉及能源、化工、军工、航天、医疗等多个领域的多元化跨国企业集团，可以说从家用吐司炉到核反应堆、从产品到服务几乎无所不包，业务遍及世界上 100 多个国家，鼎盛时期拥有员工 31 万人，年收入超过 1400 亿美元，2012 年公司市值达到 8290 亿美元，超过了当年沙特的 GDP，位列《财富》杂志世界 500 强第 6 名，《福布斯》全球企业 2000 强第3 位，若单独排名，GE 的 13 个子业务集团依然可名列《财富》杂志全球企业 500 强。

二、成就 GE 的关键因素

100 多年来，GE 不断用创新的产品和服务引领行业、改变世界，不但成就了这家堪称"伟大"的企业，也推动了时代进步、文明发展。成就 GE 的因素有很多，前 CEO 杰克·韦尔奇的著述已经做过很详细的解读，我们仅从中国企业关注的视角简要分析 GE 的成功法则，即掌握核心技术、把握战略机遇、通过资本运作实现跨越式发展、致力于培养人才、紧跟国家战略形成利益共同体等。

GE 是专注核心技术、牢牢把握产业价值链关键环节和主导地位的典范。从爱迪生创办 GE 起，就明确了一条法则，即聚焦解决人类电气化进程中的基础性、关键性和系统性问题，并将所有的技术创新专利化、资产化和证券化，始终紧握产业价值链的关键环节和高端定位，以核心技术的领先不断巩固竞争优势。比如，GE 通过把控半导体研发而控制了早期的计算机产业，把控飞机发动机研发而控制了航空产业，把控大型火电、燃气、水力、核电机组研发而控制电力行业，即 GE 始终是不断创造新需求而不是满足已有需要，始终做全球行业方向引领者而不是跟随者，始终致力于构建产业大系统和系统中的控制性环节或关键因子。美国著名管理学者吉姆柯林斯曾这样评价 GE："GE 将自己定位为造钟者，而不是报时者。"

GE 是善于抓住战略机遇的典范。GE 在人类从蒸汽时代迈入电气时代的关键历史节点诞生，从供给和需求两端发力，一方面推动发电厂和配电网等公共基础平台建设，另一方面生产家用电器产品培养大众需求和生活方式，借助 20 世纪初美国经济的大繁荣实现了快速发展。第二次世界大战期间，GE 又抓住机遇从民用产业开始向军工产业拓展，先后抓住了原子能、喷气发动机、新型材料、激光等对整个行业乃至整个时代都具有重大影响的关键技术并将其实现产业化和民用化。20 世纪八九十年代，GE 又抓住美国经济快速发展特别是"冷战"后独占世界政治经济主导权的历史机遇，在第 9 任 CEO 杰克·韦尔奇上任后，通过去官僚化、无边界组织、全球化、六西格玛管理等一系列大刀阔斧的改革，推动 GE 完成了从装备制造业向多元化企业集团的战略转型，这次战略转型将 GE 推上市值巅峰，也将杰克·韦尔奇推上企业管理界的"神坛"，但后来 GE 陷入困境也与这次决定 GE 前途命运的重大战略转型有着千丝万缕的联系。

GE 是以资本运作推动跨越式发展的典范。GE 成立本身就是摩根等美国大财团用资本撮合的产物，借助资本之手完成了原始积累，它的成长壮大也从来不是通过按部就班式缓慢积累成长，在杰克·韦尔奇手中，GE 将资本的力量运用到极致，通过跨国并购、资本运作、金融杠杆等手段成功快速完成多元化战略转型，GE 市值从杰克·韦尔奇上任时的 130 亿美元上升到了其退休前的 4800 亿美元，20 年间增长了 60 倍，形成了横跨多个产业领域的产业帝国。

GE 是发现人才、培养人才、输出人才的典范。GE 自成立之初就将人才视为企业的资源和财富，而不是支出和成本。GE历史上的历任CEO、高管几乎都是内部提拔培养的，从未出现过人才断层，GE不仅热衷于培育人才，更以开放的胸襟将自身成熟的管理理念推而广之，为企业界培育、输送高管。据不完全统计，世界500强企业中，有170位CEO曾在GE任职，有超过200家企业的CEO曾接受过素有"美国企业界哈佛""企业管理界的西点军校"之称的GE克劳顿学院的培训。

GE还是善于把握国家发展大势，积极融入国家战略的典范。GE的成长壮大和业务拓展始终伴随着美国在20世纪初的快速崛起、第二次世界大战后的全球扩张、"冷战"期间的步步为营、"冷战"后的霸权垄断，特别是在能源、军工、航天等领域掌握着大量核心技术，与美国政府形成了紧密的利益共同体和战略协同。20世纪70年代，美苏"冷战"剑拔弩张，GE在风口浪尖上仍然坚持为美国政府研发核武器，因此遭到反战人士和消费者的一致抵制，而GE则坚定地站在美国政府一边。美国政府对GE的"忠心耿耿"也是"投桃报李"，在GE全球化并购中大开政策绿灯，在关键环节甚至不惜动用国家力量予以支持。对美国政府而言，企业利益就是国家利益；对以GE为代表的美国大型企业而言，国家利益就是企业利益。

成就GE的因素是多方面的，是机遇的成功、科技的成功、创新的成功、资本的成功、专注核心业的成功、战略管控的成功、人才的成功和全球化的成功，也是 GE 将自身与美国国家战略和国家利益绑定在一起的成功。

三、百年 GE 的盛极而衰

2001 年，45 岁的杰夫·伊梅尔特接替韦尔奇出任 GE 董事长兼 CEO，而此时"家大业大"的 GE 已经开始显现"大企业病"。伊梅尔特上任伊始就带领 GE 开启了大刀阔斧的"瘦身运动"，包括剥离媒体、保险、物流、金融、家电等"杰克·韦尔奇时代"的"明星"业务板块。其中，影响最为深远的就是在 2015 年剥离总价达 2600 亿美元的金融业务资产，尽管该板块最高时曾为 GE 创造了 30% 以上的利润。同时，伊梅尔特不断加大 GE 在能源、航空、医疗、发电、交通等重大装备制造领域的投资和布局。这一系列重大改革举措都凸显了伊梅尔特带领 GE 重新回归基础工业设备制造核心主业的坚定决心，也充分展示了他毫不逊色于杰克·韦尔奇的战略眼光和改革魄力。

可惜的是，时代并没有给这位壮志满怀的杰出企业家以施展抱负的最佳机遇。在伊梅尔特执掌 GE 的 16 年间，历经"9·11"事件、全球能源市场动荡、2008 年金融危机等诸多风雨，可谓多事之秋。曾被著名投资家沃伦·巴菲特盛赞为"美国企业象征"的 GE 还是在 2018 年遭遇了其百年历史上最严重的一次挑战。

2018 年 6 月，伴随道琼斯指数超过 3 个世纪的 GE 首次被剔除。GE 市值最低时仅为 600 多亿美元，还不到其巅峰时期的十分之一，仅仅 2018 年第三季度就亏损 200 多亿美元。美国媒体评价 GE 今天的困境是因为没有抓住移动互联网、大数据、云计算、人工智能等工业 4.0 核心技术嫁接，战略转型决心不够彻底。

尽管伊梅尔特的继任者约翰·弗兰纳里（任内将全部重心放在电力、航空和医疗三大核心业务，同时退出金融、运输和照明等标志性的业务板块，但收效甚微，GE 股价仍在下跌。2018 年 10 月 1 日，GE 董事会最终还是失去了等待的耐心，接任伊梅尔特仅仅 14 个月的弗兰纳里被董事会撤换，成为 GE 历史上就任时间最短的 CEO。GE 董事会成员劳伦斯·卡尔普接替弗兰纳里，成为 GE 100 多年来首位非内部培养选拔的 CEO，承担起带领这家四面楚歌的百年老店走出困境的重任。

自 2019 年以来，在困境中寻找出路的 GE 公司又被《美国陷阱》一书拖入了舆论的泥沼，雪上加霜的是，8 月 15 日，曾经揭露过麦道夫庞氏骗局的著名会计专家马科波洛斯和他的团队发布了一份长达 175 页的针对 GE 的做空报告，直指通用电气企图通过不准确的、甚至是欺诈的财务报表来掩盖公司的经营问题，涉及金额 380 亿美元，甚至比当年的安然丑闻有过之而无不及。尽管 GE 公司第一时间发布声明辟谣，称这是某对冲基金恶意做空 GE 股票，但受此影响，GE 股票当日暴跌 11.4%，市值蒸发 89.8 亿美元。

100 年来都以"进步"为标志的 GE 陷入没有"进步"的泥潭。GE 在 20 世纪 60 年代有一则最知名的广告：GE 最自豪的产品就是"进步"。这是 GE 作为世界一流企业给全世界作出的最大贡献。但讽刺的是，在当今这个新科技大爆发的时代，我们却很少听到来自 GE 的新技术发明和革命性产品，取而代之的先是 GE 如何刷新企业规模纪录、营收纪录、市值纪录，紧接着又是媒体上关于 GE "四面楚歌"的种种报道。人们不禁会问，GE 到底怎么了？

四、GE 的阿喀琉斯之踵 [1]

冰冻三尺非一日之寒。美国知名商业作家吉姆·柯林斯在《巨人如何倒下》一书中，探讨了世界一流企业倒下的五个阶段：第一阶段，成功导致自大；第二阶段，缺乏纪律性的扩张；第三阶段，无视风险和恐慌；第四阶段，寻找救命稻草；第五阶段，湮没无闻或死亡。前四个阶段

---

1 在希腊神话中，阿喀琉斯是仙女忒提斯的儿子。忒提斯在他刚出生时就将其倒提着浸进冥河，赋予他不被任何刀剑伤害的肉体，但阿喀琉斯被母亲捏住的脚后跟却因为没有沾到冥河之水而成为其唯一且最大的"软肋"。最终，战无不胜的阿喀琉斯在特洛伊战争中被敌人射中脚后跟而死去。后人常引用"阿喀琉斯之踵"（Achilles' Heel）隐喻再强大的英雄也有致命的破绽。

似乎倒映着 GE 盛极而衰的背影。

在雪崩面前，没有一片雪花是无辜的。同样，导致 GE 由盛而衰的原因也有多种，但我们认为其最主要的原因在于看似成功的多元化战略使 GE 沉迷于资本运作、金融杠杆、媒体等新业务带来的高利润和规模快速扩张带来的高增长，尽管获得了股东的赞誉、资本市场的青睐，但却让 GE 逐步失去了对核心主业——制造业的关注，导致相关研发能力和引领能力逐步落后于竞争对手。

GE 在杰克·韦尔奇手中开始了从制造帝国向多元化企业王国的战略转型。上任伊始，杰克·韦尔奇用他最知名的"三环理论"将 GE 旗下 64 个业务板块划分为服务、技术、核心三大业务群，将研发周期长、资本投入高、更新换代频繁的业务归为"整顿、关闭和出售"。在任职的前两年中，韦尔奇卖掉了包括空调、小家电、消费电子、半导体等在内的 70 多条制造业生产线，回笼了 110 多亿美元的资金用于收购、兼并和投资新业务板块。

在多元化战略的指引下，GE 以金融服务为代表的新业务板块在接下来的 10 年中实现了飞速扩张。20 世纪 80 年代初，制造业板块占 GE 销售收入的 95% 以上，金融业贡献占比只有 3.6%，到 2000 年，GE 金融板块对集团的收入贡献占比达到 49%，这 20 年间，GE 金融业务的年均复合增长率达到 39%，而集团整体业务年均复合增长率只有 8.6%，尽管金融业务的净资产收益率不及传统工业制造业板块，但金融业务为 GE 贡献了可观的增长率，这恰恰是华尔街和 GE 董事会最希望看到的。20 世纪 60 年代 GE 成立金融部门时，只是作为推动制造主业增长的辅助板块，但到 2008 年金融危机前，GE 金融业务已经成为全球最大的零售金融项目提供者之一，服务全球 54 个国家的 1.3 亿用户。传媒产业、金融服务和资本运作带来的可观增长且利润丰厚，让高投入、长周期的制造主业黯然失色。

当我们以今天的视角回看 GE 当年的多元化战略转型，难免有些"事后诸葛亮"的嫌疑，并且杰克·韦尔奇先生以"数一数二"（即只保留能在该行业保持第一或第二名优势的业务板块）为原则进行业务重组也是在当时历史条件下作出的合理决策，但是暴涨的金融收益掩盖了工业制造能力退化带来的收入损失，模糊了董事会、管理层对企业核心能力的关注，淡漠了 GE 诞生时以创新和推动进步为使命的初心。在股东价值最大化的经营原则下，管理层必然将更多资源投入到高风险却有高回报的消费金融等新业务。当 GE 的金融雪球越滚越大时，所有人似乎都忽略了一个问题：寒冬与盛夏到底哪个会先到来？答案是盛夏，雪球终于还是融化了。

2008 年的金融危机让 GE 的金融资产大幅缩水，几十年的积累付之东流，当董事会幡然醒悟决定砍掉金融部门重回核心制造主业时，以中国制造、德国制造、日本制造、韩国制造为代表的新兴制造强国已经占有了 GE 曾经的市场，主导了 GE 曾经领先的消费电气行业。面对德国的西门子、博世，日本的松下、东芝，韩国的三星、LG，特别是中国的东方电气集团、哈尔滨电气集团、海尔集团、格力集团已经从 GE 当年"看不上"的中国代工厂，快速发展成为具有先进核心技术、世界知名品牌和强大研发制造能力的强国重企。

如果说家大业大的 GE 对白色家电、消费电器等领域的"大意失荆州"还可以承受的话，那么 GE 在能源、电力、原子能等重大装备制造领域的迟滞和落后尤其让其感到痛心了，特别是以中国东方电气集团、哈尔滨电气集团、中核集团等中国中央企业制造集群的快速赶超更让 GE 始料未及。其中，以中国大型水轮发电机组研发制造的追赶、并行和赶超最具代表性。

20 世纪 90 年代初，我国在建设三峡工程时最"卡脖子"的就是不具备研发制造 70 万千瓦水轮发电机组的能力，只能设计制造单机容量 32 万千瓦的水轮发电机组，这项技术被 GE、西门子等少数国外厂商长期垄断。在三峡电厂左岸水轮发电机组技术转让的过程中，为确保三峡工程质量达到世界一流又不失时机地提升民族工业的制造水平，国家决定"以市场换技术"，明确向 GE 等投标者提出了"三个必须"：即必须与中国制造企业联合设计、合作制造；必须向中国制造企业全面转让核心技术，培训中方技术人员；

必须保证 14 台机组中最后两台是以中国企业为主制造，中国企业分包额不低于合同总价的 25%。

为确保 GE 的核心技术转让完全到位，三峡集团给国外厂商支付了 1635 万美元的技术转让费，平均每台机组的技术转让费就高达 117 万美元，而 20 世纪 90 年代初期，中国一个普通工人的年收入也只有 100 美元左右。通过三峡工程建设的带动，我国大型水轮发电机组这一重大基础装备产业的设计、研发和制造能力一步从 32 万千瓦提高到 70 万千瓦，东电集团、哈电集团等装备制造企业仅用 7 年时间就顺利完成了从重大机电设备分包商到独立承包商的重大角色转变，实现了西方国家 30 年时间才能完成的巨大飞跃，完成了 70 万千瓦水轮发电机组从"中国制造"到"中国创造"的历史性跨越，书写了大国机电梦从构想到实现的伟大实践。

经过金沙江溪洛渡水电站[1]、向家坝水电站[2]建设，国产水轮发电机组单机容量又从 70 万千瓦成功提升到了 80 万千瓦，我国水电装备制造业也成功跻身世界先进

---

[1] 溪洛渡水电站位于四川省雷波县和云南省永善县交界处的金沙江下游，装机容量 1386 万千瓦，是仅次于三峡电站和白鹤滩水电站的中国第三大、世界第四大水电站，是西电东送的骨干电源点之一，由中国三峡集团投资、建设和运营，于 2014 年全部投产发电。溪洛渡水电站安装 18 台单机容量 77 万千瓦的水轮发电机组，其中，15 台由中国东方电气集团和中国哈尔滨电气集团分别研发、制造，3 台由福伊特集团提供。

[2] 向家坝水电站位于四川省宜宾县和云南省水富县交界处，装机容量 640 万千瓦，装机容量位居中国第五、世界第十，由中国三峡集团投资、建设和运营，于 2014 年全部投产发电，是西电东送的骨干电源点之一，同时兼顾引水灌溉功能。向家坝水电站安装 8 台单机容量 80 万千瓦的水轮发电机组，其中，4 台由中国哈尔滨电气集团研发制造，4 台由阿尔斯通集团提供。

行列。

2021年，由中国三峡集团投资建设的全球装机规模第二大的白鹤滩水电站将投产发电，它首次安装了全球目前仅有的16台单机容量为100万千瓦的巨型水轮发电机组，而且实现了全部国产化。由于全世界能够安装使用100万千瓦水轮发电机组的大坝全部在中国企业掌握之中，这标志着GE、西门子等西方装备制造企业即便想追赶也难有可以依托的工程项目和实施平台，这种技术代差一旦形成，中国水电将在未来相当长的时间保持技术领先优势。

对任何一家世界一流企业来说，一业独大、长期倚重某一业务板块很危险，但泛化无中心的多元化更加危险。GE今天的失落并不完全是多元化的失利，而是不围绕核心主业而开展多中心多元化的失利；不是管理细节和理念的失利，而是唯短期效益优先、缺少长期战略指引的失利；不是一家世界一流企业的失利，而是美国和西方现代企业对利润疯狂追逐而丧失核心竞争力的失利。

GE的案例值得今天所有的中国企业深思，面对经济全球化和时代大变革的汹涌潮水，任何企业不谋求转型升级而"一动不动"，其结果必然是被潮水所吞没；但向哪里转型、何时转型、如何转型则是更加考验中国企业的关键问题。

五、百年 GE 的"重新回归"

GE 的浮沉起落也折射出美国重工业和制造业的潮起潮落。为了减重前行，自伊梅尔特之后的三任 CEO 开始大刀阔斧地进行改革，通过一系列的金融资产剥离、重组、成立新公司、减少投资等方式实现了金融业务的瘦身，更长期的战略则是提出"工业数字化"的改革目标，确定工业互联网将成为 GE 乃至整个工业领域的突破方向，这也契合了特朗普政府极力推动的"让制造业回归美国"的施政纲领。如果横向对比，GE 今天依然是工业制造能力最先进的企业之一，特别是在航空发动机、燃气发电机、核工业领域依然掌握着大量的先进核心技术，这是 GE 百年积淀的成果，也是 GE 仍然掌握着的"技术护城河"，更是 GE 摆脱当下困局的关键。

GE 是一家受人尊敬的企业，也是同行眼中可敬的合作伙伴和竞争对手，在其百年历程中也曾历经各种危机的洗礼和考验，它过去的辉煌成就和当下的困境值得我们思考借鉴，它的未来也值得我们期待。

第十三章
从造纸坊到移动通信霸主
——百年诺基亚的兴衰沉浮

　　提起北欧国家芬兰，大多数中国人依次映入脑海的是3个形象，首先是坚固耐用的诺基亚手机，然后才是神秘的极光和圣诞老人的故乡。诺基亚是改革开放后最早进入中国市场的外资企业之一，是中国人最熟悉的芬兰品牌，也是许多中国人的第一部手机。

　　在近一个半世纪的发展历程中，诺基亚创造了太多的传奇：从北欧小镇上的造纸工坊到业务遍及全球的世界最大移动通信终端制造商，从占有绝对领先优势的行业霸主到被迫出售主营业务，在移动通信行业的黄金时代黯然退场，在销声匿迹近10年后又卷土重来，成为全球5G设备的主要供应商之一……百年诺基亚所经历的兴衰沉浮，可能也是今天的中国企业已经经历的、正在经历的或是即将经历的。

一、绝境重生的北欧百年企业

这家芬兰企业由采矿工程师雷德里克·艾德斯坦创始于 1865 年，背靠着芬兰广袤的森林资源，最早只是一家默默无闻的木浆造纸工厂。1871 年，艾德斯坦决定为自己的产品树立一个品牌，于是他用工厂附近一条名为诺基亚的河流命名了自己的企业，而"诺基亚"在古芬兰语中是紫貂的意思。也许当时的艾德斯坦并未预见到，在诺基亚此后 140 多年的发展历程中，这家芬兰小镇上的造纸厂逐步成为横跨多个产业的大型跨国集团，最终因为成功转型移动通信企业而闻名全球、家喻户晓。

在诺基亚前 100 年的发展历程中，最鲜明的特点就是"顺势而为"，即市场需要什么，企业就生产什么。从工业革命早期的木材、纸浆和橡胶，再到电气时代涉足电缆、制药，在"冷战"时期为军方生产武器弹药，并借助芬兰独特的地缘政治优势同时和社会主义阵营、资本主义阵营进行能源、化工贸易，因此其产业先后涉及造纸、化工、橡胶、电缆、制药、天然气、石油、军工、计算机等多个产业领域。

诺基亚的发展历程几乎是那个时代绝大多数企业的缩影，生存与发展是第一要务，"大而全"的企业集团被视为最具抗风险能力的资产配置方式。特别是 20 世纪 80 年代之前，芬兰企业发展方向的决定权几乎都掌握在少数银行财团手中，代表银行利益的董事在企业董事会中享有绝对的权威，企业做什么、不做什么都要得到银行的支持和首肯，而银行只关心账面的收益，不会去关心企业核心主业和核心竞争力的培育。因此，诺基亚当时进入通信设备领域从某种程度上也是机缘巧合，绝大部分原因是为了满足芬兰、北约、华约等军需采购的需要。

诺基亚快速成长壮大源于一次破产边缘的绝处逢生。1987年10月19日，美国纽约股市崩盘并引发了全球金融海啸，但却意外地将银行控制之下的诺基亚"解放"出来，尽管诺基亚此时因为之前几轮好高骛远的国际化并购，经营上已经非常困难，但还是用仅有的现金储备回购了银行所持有的股份，真正开始掌握企业自身的命运。

在希腊语中，"危机"一词并没有明显的贬义色彩，而是代指关键的转折点，成功或是失败，重生或是消亡，"危机"只是过程而不是结果。对于世界一流企业来说，"危机"的发生通常只会引发两个结果：要么破产清算、要么涅槃重生并取得更快的发展。

1992年，在财务总监出身的CEO约玛·奥利拉（Jorma Ollila）执掌下，这家百年企业在绝境边缘实现了新生，成就了诺基亚在移动通信领域无可撼动的霸主地位。1999年，诺基亚市值超过2 000亿欧元，是欧洲市值最高的公司。当时的诺基亚拥有超过70%的全球手机市场份额，几乎超过第二名三星近 4 倍，而当时苹果公司的产品仅占全球市场份额的 2.5%。到奥利拉离任时，诺基亚的净利润较他接手时已经增长了 10 倍。功成名就的奥利拉离开诺基亚 CEO 的位置时只有 54 岁，其后受邀出任荷兰皇家壳牌石油公司董事会主席。

在大洋彼岸的美国，一家濒临破产的电脑公司也即将上演诺基亚的涅槃重生传奇。1996 年，在被苹果公司董事会驱逐 10 年后，创始人乔布斯回归因为转型失败而濒临破产的苹果公司。众所周知的是，这位带有强烈个人风格、对市场敏锐判断、对产品设计极端执着的 CEO，带领苹果公司在 2001 年推出 iPod 音乐播放器、在 2007 年发布划时代的 iPhone 手机、在 2010 年推出 iPad 平板电脑，3 件明星产品不仅让苹果公司绝处逢生，更成就了一家富可敌国的世界一流企业。仅仅相隔不到 10 年，同样的"反转剧情"在诺基亚和苹果两家企业之间交替上演，也成就了两家世界一流企业"逆风翻盘"的佳话。

二、专注成就辉煌

今天，当我们回看诺基亚从平庸到世界一流的成长之路，成就其历史性地位的成功因素同样有许多，除了其他科技企业普遍具备的重视人才、重视创新投入、全球资源配置等共性因素外，我们认为诺基亚独具特色并值得当代中国企业借鉴的是抓住战略机遇推动转型升级，并且高度专注核心主业。

诺基亚早在 20 世纪 60 年代就开始进入了通信领域，但当时是从产业链低端的电缆起步。1982 年，诺基亚推出第一台移动电话，比主要竞争对手摩托罗拉晚了整整 9 年，即便是"后起之秀"，诺基亚的产品却并没有显露出"后发优势"，反而比摩托罗拉的产品要笨重得多，因为诺基亚认为移动电话要坚固、耐用，待机和通话时间要长，所以放在车里是最好的"移动方式"。尽管这一新兴产业为日后的诺基亚带来了不错的收益，但也只是其众多业务板块之一，并没有得到董事会的特别关注。直到 1990 年，移动电话业务也仅仅占到诺基亚营业额的 10%。

尽管诺基亚作为一个具有百年积淀的企业已经实现了集团化和国际化，但这种集团化和国际化是基于多业务板块平行发展的，相互之间协同度很低甚至是没有协同，物流、营销、品牌、研发各自平行、各自为政，各子业务的员工并不清晰地知道自己在为诺基亚效力，而只是知道服务自己所在的业务板块，这样有名无实的"集团化""国际化"并没有构成企业发展的优势，反而成为尾大不掉的负担、鞭长莫及的风险。事实上，诺基亚也确实因此在 20 世纪 80 年代末期陷入了多线作战却又多线收缩的经营困局，时任 CEO 卡利·凯拉莫不堪重负而自杀，令人不胜悲叹唏嘘。当时，诺基亚的控股股东芬兰银行计划将诺基亚出售给其竞争对手瑞典爱立信公司，但爱立信对此时的诺基亚毫无兴趣，一口回绝。

1992年，奥利拉临危受命执掌诺基亚，带领这家127岁的企业实现了一次改变企业、行业乃至国家命运的重大战略转型。在奥利拉本人撰写的自传中，他用浓重的笔墨记述了1992年深秋召开的诺基亚执行委员会会议。这次会议的议题是为诺基亚选定一个新的宣传语，向消费者传递企业的价值理念。这次会议形成了三项重大成果：一是专注化，从多元业务平行发展转向专注一项核心主业；二是新的全球化和集团化，即围绕核心主业开始全新的、真正的集团化和全球化；三是提出了全世界家喻户晓的企业宣传语"Connecting People"（连接你我），在中国通常翻译为"科技以人为本"，即将移动通信作为集团面向未来的核心主业。

与大多数企业从单一主业到多元化经营的发展历程不同，诺基亚从破产边缘成为世界一流企业就是从多元到单一的过程。1992年的诺基亚，旗下所有业务板块都面临着激烈的竞争和挑战，因为诺基亚"什么都能做却又什么都做不到最好"。在奥利拉的倡导下，诺基亚高层达成了一致共识，认为"专注化"意味着诺基亚需要去真正致力于那些有信心成为世界第一的领域。即使这个过程会很漫长，也必须成为企业上下一致坚守和长期奉行的共同价值观。

对处于困境中的诺基亚来说，时间、金钱、精力、人才都禁不起迟疑的损失和浪费，转型势在必行！四面楚歌的诺基亚拿出全部资源和精力，"all in"到最具发展前景同时也是诺基亚经验最丰富、竞争优势最明显的领域。诺基亚的选择就是移动通信，这在今天看来是极具战略眼光的选择，在当时却是极富冒险精神的"豪赌"，没人会想到当时售价高昂、资费高昂的移动电话会从商务精英的"奢侈品"变为人手一台的"必需品"。而诺基亚仅仅用一句"Connecting People"就树立了自己的战略自信，人类文明的发展就是不断构建枢纽、建立连接、打通阻隔的过程，还有什么比移动通信更能连接人与人呢？还有什么产品比连接人与人的枢纽更具市场价值呢？看准了未来移动通信领域巨大战略前景的诺基亚，以北欧人特有的执着、严谨、务实开始了"二次创业"。

为了聚焦打造这一新兴核心主业，诺基亚用两年时间先后裁撤了能源、化工、军工、家电等产业部门，开始了和当时的行业翘楚、移动电话的发明者——美国摩托罗拉公司长达几十年的激烈竞争，并将自身打造成为让芬兰人骄傲的民族品牌和世界一流企业，以其高质量的产品和服务推动了全世界移动通信产业的蓬勃发展，改变了人们的社交生活方式，影响了全世界的经济发展范式，是当之无愧的世界一流企业和伟大企业。

　　无论是做人、做事还是做企业，最难的事情之一就是保持长期专注。诺基亚以专注成就世界一流地位的经历并非不可复制，中国建筑集团有限公司（以下简称中建集团）就是成功的案例。

　　中建集团是我国专业化发展最久、市场化经营最早、一体化程度最高、全球规模最大的投资建设集团，于1982年在原国家建筑工程局总局下属工程局、设计院、勘测院的基础上组建成立。自成立以来，中建集团始终紧紧围绕建筑工程主业，致力于打造覆盖全产业链的核心竞争力。中国90%以上300米以上摩天大楼、3/4重点机场、3/4卫星发射基地、1/3城市综合管廊、1/2核电站都由中建集团投资或承建，在国内外建造了许多记录时代变迁、铭刻改革发展成就的经典地标建筑，特别是在超高层建筑领域拥有全球领先的综合优势，完成了许多服务国计民生的重大基础设施项目。中建集团的建筑代表作遍布祖国各地，业务拓展至世界130多个国家和地区。近年来，无论是具有传统优势的房建项目，还是基础设施建设领域，中建集团都取得了长足发展。

　　专注核心主业不仅成就了中建集团的做强做优做大，更使中建集团成为代表着中国房建领域最高水平的强国重企，实现了从过去单一的生产经营向生产经营与资本经营相结合的转型升级，中建集团已经不仅是建造商，还成为了投资商和运营商，已经成为营业收入超过1 000亿美元的基建公司、世界最大投资建设集团。

无论是个人、企业还是事业，都会因为专注而伟大，因执着而不朽，因极致而永恒，这既是事实，也是真理。

三、意料之外、情理之中的失落

从 1996 年开始，诺基亚连续 15 年占据世界手机市场份额第一，2005 年曾一度占据全球 61.5% 的手机市场份额，即全世界每卖出 5 部手机，就有 3 部手机由诺基亚生产，这一世界纪录至今未被超越。直到 2012 年，诺基亚作为全球移动终端第一的位置才被三星取代，就在短短一年后，2013 年诺基亚居然淡出市场，同年诺基亚引以为荣的手机业务被微软以 71.7 亿美元收购。

2007 年是诺基亚企业神话的滑铁卢，开始从进攻转向全线防守。从 2007 年开始，苹果公司 iPhone 的销售量虽然仅仅是诺基亚全球销售量的零头，但却占据了手机市场总利润的 40%！ 2009 年苹果公司在只有两款产品的情况下，第二季度销售收入近 50 亿美元。同一时期的诺基亚尽管发布了多款堪称"机皇"的新品，但亏损却高达 8.34 亿美元。面对诺基亚转型后的首次巨亏，时任 CEO 康培凯表达了对智能手机发展形势的错误判断的遗憾："一夜之间，全球最成功的公司苹果、谷歌、微软突然都成为了我们的竞争对手。"正如康培凯所言，打败诺基亚的居然不是同行业的传统竞争对手摩托罗拉、三星、西门子，而是生产电脑和音乐播放器的苹果、以搜索引擎起家的谷歌、以 PC 操作系统著称的微软。

诺基亚的成功实至名归、值得尊敬和学习，诺基亚的失利虽在意料之外，却在情理之中。作为一家历经 100 多年风雨的跨国企业，诺基亚并非不堪一击，在其发展历史上曾经面对过 3 次大的经营危机，但全都安然度过。而这次跌落恰恰是在诺基亚发展最巅峰的鼎盛时期，它理应拥有比以往任何时候都强大的抗风险能力和危机应对能力，特别是全球移动通信行业正处于蓬勃发展的产业黄金期并且延续至今，这背后的原因值得我们认真分析和深入思考。

巅峰时期的诺基亚掌握着行业顶尖的核心技术，产品品质有口皆碑，拥有极高的行业统治力和市场占有率，对技术研发、创新支持不遗余力，能够为人才提供行业最高水平的薪酬待遇让对手望尘莫及，并且在管理上始终保持北欧民族典型的务实、稳健作风，其财务稳健、现金流充沛，是全球移动通信行业当之无愧的霸主，并且整个移动通信行业时至今日不仅没有萎缩反而随着移动互联网技术的爆发而更加蓬勃兴盛。这个轰然倒塌的手机帝国让人扼腕叹息，更令世人愕然和深思。

诺基亚从神坛滑落的原因是多方面的，但诺基亚失利的主要原因是从功能手机制造商向智能手机制造商这一重大战略转型的犹豫和迟缓，而造成这种犹豫和迟缓的因素又恰恰是奠定诺基亚霸主地位的一系列成就。

诺基亚只是迎合市场已有需求而不能创造新需求，作为行业的龙头而不能有效引领行业未来发展方向。

诺基亚的企业文化是追求极致的用户体验和产品质量，产品以坚固耐用而赢得了极高的市场口碑，以用户为中心也是典型的传统制造企业思维。诺基亚并不缺少创新的精神，第一台能够发短信的手机、第一台能够更换外壳的手机、第一台内置游戏的手机、第一台全触屏的手机等都出自诺基亚。但诺基亚始终认为手机应当坚固、耐用、待机时间长，通话与短信息才是手机的第一功能，因而所有的产品设计都让步于此，这也是典型的 2G 思维。

以苹果公司为代表的新兴科技企业却截然相反，他们不断创造新产品、新体验、新需求改变或颠覆消费者认知，与诺基亚这样的行业巨头实行差异化发展。苹果公司创始人乔布斯坚定认为，绝大多数用户并不清晰地知道自己想要什么，苹果要做的就是靠颠覆式创新和完美体验创造用户的需求。为什么手机一定要有键盘？为什么电池一定要能够更换？为什么人们不能养成每天充电的习惯？为什么手机一定要坚固耐用而不能被小心翼翼地使用？带着这种对传统的质疑，苹果在 2007 年推出了划时代的 iPhone，改写了手机行业的发展方向和路线，走出了一条改变世界、迎向未来的新路。

事实上，诺基亚的设计师早在 2002 年就已经设计出无键盘的全屏幕触屏手机，但是诺基亚的高层只用了 5 分钟就否决了这个开发计划，就像 1982 年的诺基亚董事会否决第一台车载移动电话一样。当诺基亚第一台触屏手机的设计师在 5 年后看到乔布斯向全世界展示第一台 iPhone 的新闻时，他愤怒地将自己手中的诺基亚触屏工业原型机砸向墙壁，让人哭笑不得的是，那台手机居然毫发无损，像块坚硬的石头。领先、自大、固执，似乎是世界一流企业无法改变的宿命。

其次，大公司病导致企业对市场变化迟钝、转型困难，没有目标的变革导致诺基亚最终滑落神坛。

诺基亚早于竞争对手进入智能手机领域并积累了大量技术专利，与竞争对手每年推出几款新产品相比，诺基亚每年有几十款新手机上市，但为了兼容从高端到低端的不同型号，为了赢得最广泛的市场空间，诺基亚的智能手机系统 "Symbian" 被设计得过于保守。在竞争对手苹果和谷歌轻装上阵、实行差异化战略时，诺基亚这艘大船只能抱残守缺，修修补补地前行。

作为行业跟随者的企业，只需要跟紧领军企业，抓住机遇弯道赶超就可以实现新的跨越。但是成为行业领军企业之后，前面就失去了引路者和参照系，企业每前进一步都是 "无人区"，这是所有领军企业无法回避的悖论。对诺基亚来说，行业霸主地位让其盲目自信地认为身后一定会有人跟随，所以诺基亚先后在 Symbian、MeeGo、Windows Phone 等数个智能操作系统平台上频繁变轨，损耗了跟随者的耐心和消费者的品牌忠诚度，形单影只、孤家寡人，最终失去了整个市场。

回顾诺基亚从鼎盛到失败的迅速崩溃，困住诺基亚的并非是突如其来的"危机"，恰恰是它过去积累的辉煌和成功阻碍了诺基亚对战略转型机遇的把握，超高的市场占有率让管理团队忽视了对消费者需求和市场变化的敏感。对于巅峰时期的诺基亚来说，没有新的战略做引领，没有新的市场做平台，往哪个方向走似乎都是"走下坡路"。与诺基亚的境遇类似，爱立信、索尼、摩托罗拉等第一代移动通信终端巨头都在智能手机大规模普及的前夜黯然离场，坐失了实现新发展的重要战略机遇期。

四、转型归来

与市场上的直接竞争对手相比，诺基亚彼时的市值已经缩水至 100 亿欧元左右，苹果则增长到近 6 000 亿美元。2008 年，两家公司的市值基本上旗鼓相当。而现在，苹果的市值则是诺基亚的 60 倍。2013 年，诺基亚引以为傲的手机业务出售给微软公司，2015 年将盈利最好的导航及地图业务出售给宝马、奥迪和奔驰组成的联盟，其他业务也被相继出售，以裁员的方式清退了超过 90% 的员工。当人们认为诺基亚已经离场时，它却以另一种方式回归移动通信领域，回归大众视野。

尽管将最引以为傲的个人手机业务出售，但诺基亚公司仍然掌握着通信装备制造领域的大量核心技术。2014 年，诺基亚回收合资公司诺基亚西门子通信公司中西门子所持的 50% 股份。2015 年，诺基亚又果断以 166 亿美元收购全球主流通信设备商阿尔卡特朗讯通信公司，瞄准 5G 时代开始全面发力，面向移动运营商的通信装备制造，竞争对手直指华为和爱立信。

根据 Dell'Oro Group 的统计数据，诺基亚在 2017 年至 2018 年，分别以 16.8%、17% 的市场份额超越爱立信公司，一跃成为仅次于华为的全球第二大电信设备制造公司，诺基亚终于在卧薪尝胆 7 年之后重新回到了世界级科技公司的行列。这家曾经创造奇迹的北欧企业能否再次书写新的传奇，同样值得我们期待。

第十四章
日本制造的骄傲
——索尼公司的辉煌与困局

人类总是以概念思维赋予某些词汇以褒义或贬义的价值判断，这种价值判断一旦形成通常会固化下来、传承下去，成为跨越时代、跨越文化的认知共识，很少有力量能够扭转这种思维定式。

但是，"很少"并不代表"不可能"。"日本制造"作为一个表述产品产地的中性词汇，在20世纪60年代之前，"日本制造"几乎就是"仿冒""山寨"的同义词，但就在短短的20年后，不到一代人的时间，"日本制造"一跃成为"高品质""高科技"的象征，究竟是什么力量推动了这样的改变？答案是世界一流企业的力量。

一、日本制造的骄傲

有人曾这样形容20世纪70年代：全世界都被日本的

佳能公司所复印，被尼康公司所拍摄，被松下公司所录影，被精工公司所计时，被夏普公司的色彩所着迷。如果从日本企业中选择一家最能代表战后"日本制造"发展历程的企业，索尼当之无愧。

1945年10月，工程师出身的井深大在东京一家百货公司的旧仓库里成立了"东京通信研究所"。1946年，井深大邀请精于管理与营销的盛田昭夫共同成立了索尼的前身——"东京通信工业株式会社"。1958年，走向国际市场的东京通信工业株式会社正式更名为索尼公司。

成立之初，索尼的两位创始人一致选择了当时刚刚兴起的磁带录音机作为企业的主要产品，这也奠定了索尼日后在声音、图像处理领域的技术领先地位。和当时所有的日本制造企业一样，索尼也是靠仿制西方的磁带录音机完成了技术和资本的原始积累。1947年，美国贝尔实验室发明了晶体管，但在当时，包括贝尔实验室的研发者在内都认为这个发明无非是用于改进助听器而已。只有井深大敏锐地认为这个元器件可能会改变世界，事实上，当时连他自己也并不清楚如何应用它。他第一时间飞到美国贝尔公司获得有关晶体管的一手资料，同时从日本政府争取到了极为紧缺的外汇配额，以2.5万美元的代价买下了晶体管的专利，回国后组织了一个4人技术攻关小组进行改进攻关。他们发现，一个晶体管可代替一个巨大、发热的且寿命短暂的真空管，这就可以制造更小型、更省电、更坚固、更便利的电子产品，于是，世界上第一台袖珍式晶体管收音机在索尼诞生。

在此后近半个世纪时间里，索尼通过推出一个又一个革命性的电子产品，确立了"技术的索尼"品牌形象。它制造了世界第一台半导体收音机、第一台半导体电视机、第一台家用录影机、第一张 3.5 英寸电脑软盘等众多世界第一，创立了 8 毫米录像带标准格式，抢在柯达之前率先推出了消费级数码相机……可以说，在整个 20 世纪后半叶，索尼公司的产品一直引领着业界潮流的发展方向，索尼品牌成为了创新的代名词和行业竞相效仿的对象。创新不仅推动了索尼自身的成功，也推动日本电子产业实现了从最初模仿改良到自主创新的全面升级。

技术上的领先直接促成了索尼商业上的成功。1988 年，索尼买下已有 100 年历史的哥伦比亚唱片公司。次年，索尼又买下好莱坞六大制片厂之一的哥伦比亚影业，这起收购与三菱集团买下纽约的地标性建筑——洛克菲勒中心一同成为当时日本最大的海外并购案。20 世纪 90 年代，在世界范围的品牌调查中，索尼的"知名度"仅次于可口可乐，位居世界第二位。

作为一家全球知名的大型综合性跨国企业集团，索尼是世界视听、娱乐、影视、通信和信息技术等领域的先导者，是世界最大的电子产品制造商之一、世界电子游戏业三大巨头之一、美国好莱坞六大电影公司之一。索尼通过创新的技术和产品改变了全世界对"日本制造"的认识，"日本制造"从低价、仿制升为"高品质、新科技"的代表，在索尼、东芝、夏普、丰田、本田等日本企业的共同努力下，电子产品、精密仪器和汽车共同成为日本国家品牌的象征。

二、索尼的辉煌

索尼作为日本制造在第二次世界大战后崛起发展的亲历者和推动者，日本企业特有的创新精神和工匠精神功不可没。同时，作为深受东方传统文化熏陶的索尼，其实现国际化和世界一流的历程也值得今天的中国企业借鉴参考。

首先，以"工程师的乐园"为代表的工匠精神是驱动索尼成就消费电子领域核心竞争力的主要因素。索尼创始人井深大在公司"成立意旨书"中充分表达了他对所创办企业的期望——"充分发挥勤勉认真的技术人员的技能，建立一个自由豁达、轻松愉快的理想工厂"。他创办索尼的初衷就是要打造一个"工程师的乐园"。

索尼的联合创始人、井深大一生的挚友和亲密的合作伙伴盛田昭夫曾骄傲地对媒体说，当美国人在忙着培养律师的时候，索尼在用尽全力培养工程师。不仅如此，井深大和盛田昭夫为索尼选择的第二代领导人大贺典雄就是音乐专业出身，他们也正是看中了大贺典雄身上艺术家特有的完美主义精神才将索尼托付于他。

以工程师为主导、以追求极致为目标的企业文化，推动索尼在发展的道路上始终追求完美，也造就了索尼产品高品质的口碑。众所周知，美国航空航天局在选择航天设备供应商时极为严格，即便是一支笔[1]都要经历严苛的测试才能进入供应商名单。1969 年，美国航空航天局在没有提前通知索尼的情况下，将索尼生产的 TC-50 录音机列入装备清单并随着"阿波罗 10 号"进入太空，这并非索尼为美国航空航天局特别研制的设备，而是面向普通消费者的民用产品，这也从一个侧面证明了索尼产品的高品质。

其次，以"只引领、不跟随"为代表的创新精神，是索尼不断超越自我的核心动力。

正如 iPhone 成就了苹果公司的辉煌，索尼的崛起得益于在 1979 年推出的世界第一台个人便携式磁带放音机——Walkman。这个产品原本并不被业界看好，连索尼自己的工程师都认为它不过是一个简化了录音功能的录音机。但Walkman 一经推出就风靡全世界，甚至"Walkman"这个

1　太空笔是为宇航员设计的专用笔。因为普通墨水笔在无重力状态下无法使用，早期的宇航员都使用铅笔，但铅笔芯断裂后可能飘进宇航员鼻腔或精密设备仪器。此外，铅笔木质或纸质外皮属于高可燃性的危险品。所以，美国工程师保罗·费舍尔在 1965 年发明能在太空失重环境下使用的墨水圆珠笔，即太空笔。

并不合乎语法标准的"日式英文单词"也被牛津词典收录，成为音乐随身听的代名词。

这就是索尼之所以为"索尼"，是因为对于世界上没有的产品，索尼就坚持要率先创造出"世界第一"；对于竞争对手已经有的产品，索尼就坚持要做到"世界最小，最轻"；对于自己的产品，索尼也要做到"更精、更好"。索尼用一系列颠覆业界认知、超越消费者想象的新产品，展示了不断挑战新的高度、新的领域，做"别人所未做"的"挑战型企业"形象，索尼所倡导的创新精神、工匠精神影响了一代人，其中就包括苹果公司的创始人乔布斯。

再次，索尼成功的第三个因素是率先实现了品牌国际化和经营全球化。

由于日本国内市场非常有限，日本在第二次世界大战后就确立了"外贸立国"的发展战略，日本企业也天然地带有"走出去"的意识。1953 年，即索尼成立后的第 6 年，盛田昭夫在欧洲考察市场，他发现当时已经声名鹊起的欧洲家电产业巨头飞利浦公司也不过是在荷兰的小城埃因霍温起步，这更加坚定了他打造全球化企业的信心。

1955 年，盛田昭夫带着引以为傲的晶体管收音机野心勃勃开拓美国市场。不出所料，产品得到了美国市场的认可，美国企业宝路华开出 10 万台的订单，这让盛田昭夫大喜过望，但是对方随即提出只能贴牌生产，不能使用"东京通信工业株式会社"的品牌，尽管当时非常需要这笔订单，但盛田昭夫还是忍痛拒绝了合作，并下定决心要打造国际化品牌。回到日本后，两位创始人共同选择了"Sony"这个自创的英文单词[1]作为企业品牌，并将企业名称从东京通信工业株式会社正式更名为索尼，成为日本第一家以英文作为企业品牌的企业。

最后，盛田昭夫承认，选择"Sony"作为企业品牌的主要目的就是"打擦边球"，以一个西化的品牌取得西方消费者的认同，这也显露出日本企业在刚刚打入欧美市场时的不自信，但索尼还是以一种近乎忍辱负重的方式开始了国际化之路。索尼先在美国设立了子公司，建立了销售网络和生产中心，并成为第一家在美国上市的日本公司。接着，索尼又把在美国的成功经验复制到欧洲各国及全球其他地区。索尼这种卧薪尝胆的付出也终于取得了回报，成为一家真正的全球化公司，同时也让全世界都知道了索尼是一家日本企业，是日本制造的代表。

三、沦为配角的昔日主角

与日本一海之隔的韩国三星电子公司于 1969 年成立，

1　根据索尼公司官方网站的介绍，"Sony"是由表示声音的拉丁文词根"sonus"和含义为"聪明可爱"的"sonny"两个词组合而来。

最初只是为日本三洋公司进行贴牌生产的代工厂，在成立之初，三星公司就将当时的业界翘楚索尼视为模仿、学习和追赶的标杆。直到 2003 年，三星集团的第二代掌门人李健熙还明令禁止三星员工讨论超越索尼的话题，以免刺激索尼。2003 年的世界 500 强排名中，索尼排名第 32 位，三星电子排名第 59 位。但到了 2005 年，三星电子无论是品牌价值还是世界 500 强排名都已经超越了索尼。2019 年，索尼排名世界 500 强第 116 位，三星电子排名第 15 位。电子产业曾经的"偶像"居然被往日的"粉丝"远远甩在了身后。

作为全球最大的电子产品制造商之一，索尼一直以其尖端的科技、出色的设计、优良的做工和可靠的性能在国际市场赢得了良好口碑和市场份额。然而这一切都在索尼进入新世纪以后发生了转变。以电子领域领先的硬件技术为核心竞争力的索尼在进入信息化时代后，似乎无法适应行业高速的变革，用户越来越青睐苹果、华为和三星等品牌，索尼渐显"疲态"，进入长达 10 年的亏损状态。

自 2008 年起，索尼的游戏机、数码相机以及智能手机等电子产品的销量都持续缩减，甚至在 2012 年至 2013 年，索尼相继售卖了在美国和日本的办公大楼。2014 年以来，在相继出售了个人电脑及电子书业务，并分拆电视业务后，扩张了半个多世纪的索尼产品线开始萎缩。标准普尔将索尼的资信评级调降至"BBB-",这是索尼历史上最低水平评级,预示着下一步还有可能跌至"垃圾级"。标普认为,随着竞争加剧,索尼旗下移动业务的利息、税项、折旧及摊销前利润或将大幅下降。

索尼公司的成功源于成功推出了一系列震惊行业的创新产品。索尼对创新的执着精神可以归结为以下几点:从不模仿别人、永远是行业先锋;做别人不敢做的产品,永远领先一步;发挥最高的技术优势、永远创新、永远进步;坚持国际化战略,永远为全世界提供最优秀的产品。但索尼的衰落又在于故步自封的创新和流于外表的国际化。

索尼的衰落首先可以归结为故步自封、以邻为壑,不愿分享产品平台,以封闭的心态做高度开放的电子信息产业。

长期以来,索尼公司在多个领域执行业牛耳,呼风唤雨,索尼的标准一度成为行业的通行标准,因此也成为索尼压制对手的技术"护城河",产业链上下游的伙伴只能在索尼和它的对手之间选边站队。在传统制造时代和竞争对手较少的情况下,这种模式固然可以赢得伙伴的忠诚和较高的市场份额。但在以平台和共享为特征的互联网时代,这种封闭姿态的后果就是产品兼容性差,并且不同产品链之间没有协同效应,连同一品牌内的产品生态都没有有效形成,更不要说和其他软硬件伙伴形成平台共享。

曲高和寡、形单影只，使索尼最终失去了宝贵的市场占有率。

索尼曾经在多个电子产品领域都是独一无二的主角，鲜有竞争对手。但是今天，越来越多的软件开发商向硬件制造商转型，比如微软公司、谷歌公司、亚马逊公司。同时也有越来越多的硬件制造商向基于移动互联网产品生态转型，并且不断加大软件研发投入，比如三星、华为、小米等，无论在硬件端还是软件端，索尼都是强敌环伺，逐步从行业主角沦为配角。

今天，构建产业生态、融入产业生态已经成为中国企业的普遍共识，企业无论大小强弱，都更加迫切需要互通有无、互利互惠，在开放与合作中共筑产业生态圈，努力培育、发展和构建面向未来的核心竞争优势。

索尼近乎偏执地追求市场占有率也是很多中国企业曾经走过的路。从 2G 时代到 4G 时代，中国移动、中国电信和中国联通三大国有电信运营商也曾经通过"价格战""划地盘""抢用户"的方式巩固市场占有率。但是，随着国内电信市场的发展趋于饱和，单纯依靠流量业务和用户数量的增量很难带来收入和利润的持续增加。所以，如何在互联网经济高速发展的今天，不再仅仅是为互联网企业和社会大众提供数据通信服务的管道，成为中国三大国有电信运营商必须面对和解决的问题，也是当前加快实现战略转型的重点。

随着 5G 时代的到来，5G 大规模商用无疑提供了解决这一问题的重要路径。中国三大国有电信运营商面向更为广阔的 AICDE 创新领域，一方面通过 5G 等信息技术的创新和应用服务，降低连接难度，拓展连接广度，号召更多的行业用户加入 5G 产业生态圈，形成广域规模优势，为拓展数字化服务打造坚实基础；另一方面，以大数据、云计算技术为依托，深挖行业潜在价值，深耕政务、工业、农业、教育、交通、医疗、金融等垂直行业，支持更多的产业向数字化、智能化、移动化、去中心化转型升级，创造新的发展动力，实现了从企业到产业的共同做强做优做大。

索尼衰落的另一个原因也可以认为是没有真正实现东西方在企业管理上的真正融合。

索尼的创始人盛田昭夫同时也负责市场开发，他展示给外人的形象是一个深谙西方思想文化的现代企业经理人，但事实上，连盛田昭夫的儿子都认为，其父亲内心仍然是一个非常传统、内敛、严肃又带有家长制作风的典型东方企业家。盛田昭夫自己也承认这一点，他直言不讳地说："我们日本商人必须是两栖动物，我们必须在水中和陆地上生存。"这番话也暗示，在盛田昭夫心中，日本文化和西方文化是两种截然不同的生态环境，日本商人必须去模仿、学习和适应西方文化，但永远无法完全接纳和融入西方文化。

盛田昭夫个人的矛盾其实也是索尼的矛盾，同时也是绝大多数东方企业初试国际化经营的矛盾。表面上看，索尼是一家高度全球化的企业，是雇用外籍高管最多的日本企业，是西方知名度最高的日本品牌之一。但本质上，索尼的权力结构和运营模式仍然带有浓厚的东方家族式企业色彩，与西方商业文化存在着无法调和的冲突。早在日本进入美国市场之初，就已经显现出跨文化的"水土不服"，最具代表性的就是东西方企业对"契约精神"的理解，索尼秉承东方文化"一诺千金""君子之约"的谨慎内敛，以回避冲突来达成共识，这与西方文化直来直往、利益至上、据理力争的观念显然不合拍。这样的文化冲突并非雇用更多外籍高管就能解决的，反而导致了索尼董事会与外籍高管之间经常爆发矛盾，一方面是外籍高管无法长期留任，另一方面是本土员工因为享受终身雇用制而暮气沉沉。

随着经济全球化和市场竞争的日趋激烈，"走出去"开展国际化经营已成为中国企业利用"两个市场、两种资源"、实现可持续发展的必然选择，我们也同样面临着东西方不同国家、民族、宗教和文化之间的碰撞和融合问题。

2004 年，联想并购美国 IBM 个人电脑事业部，TCL 并购法国汤姆逊彩电业务，这是进入新世纪后的中国企业"走出去"开展国际并购、实现国际化经营的标志性事件。但是，与联想并购 IBM 个人电脑事业部后成为全球第一大电脑厂商相比，TCL 对汤姆逊彩电的并购不但没有给 TCL 带来快速进入欧美市场的新发展机遇，反而却将 TCL 拖入了发展的困局，也让许多摩拳擦掌"走出去"的中国企业认识到了跨国并购的高风险和国际化经营的不易。企业界和学界复盘这次失败并购的经验教训是，除了双方战略融合失利、东西方法律制度差别等因素外，东西方企业之间的文化隔阂对这次失败的"联姻"起到了推波助澜的重要作用。

对于许多已经或正在走出去的中国企业来说，我们的优势与自信不仅建立在资本优势上，更要在管理能力、核心技术等方面占有绝对的领先优势，特别是在企业文化上要有高度的自信，这样才能让被并购的西方企业心悦诚服地接受中国企业的管理。作为中国企业"走出去"开展海外并购的先行者，TCL 的战略勇气和国际视野都值得中国企业敬佩，尽管这次并购的结果并不尽如人意，但却是所有中国企业十分宝贵的经验。

2019 年 6 月，执掌索尼 7 年的董事长平井一夫卸任。在平井一夫任内，索尼开始了改革与复兴，不断收缩战线，将主要精力聚焦在娱乐产业和成像技术等核心主业上。根据《日本经济新闻》报道，索尼 2018 财年（截至 2019 年 3 月）的营业利润连续两年创出新高，这也许预示着这家有着 70 多年历史的老牌世界一流企业正在逐步复苏。尽管这已经不再是索尼一家独大、呼风唤雨的时代，但是索尼毕竟是一家创造了辉煌和奇迹、并让全世界为之赞叹的东方世界一流企业，在信息科技日新月异的今天，索尼重新焕发的生机也一定能够给整个行业带来更加异彩纷呈的动力，用更多震撼世界的产品重新证明自己并再创辉煌。

唐代诗人杜牧在《阿房宫赋》中说"灭六国者，六国也，非秦也……秦人不暇自哀，而后人哀之；后人哀之而不鉴之，亦使后人而复哀后人也"。最坚固的堡垒都是先从内部瓦解的，决定王朝更迭、国家兴衰、企业沉浮的，并非都是时代之手在推波助澜，也不都是外部因素在翻云覆雨，内因才是真正起决定性作用的关键。

我们在这里列举了美国的通用电气公司、芬兰的诺基亚公司和日本的索尼公司作为案例，并非是"隔岸观火"和以后来人的"优越感"品评指摘，无论这些世界一流企业当前面临着怎样的困局，它们在百年发展历程中用奋斗所积淀的百年基业仍在，它们为社会发展进步所作出的贡献将永远被历史所铭记。

过去启迪着今天，也影响着未来。太阳底下无新鲜事，历史不会简单地自我重复，但会反复验证已有的规律，历史的意义就在于照亮后来人的行程。文明之所以螺旋上升，是后人能够将前人的失败总结为经验，将他人的成功提炼为智慧。上述东西方世界一流企业所经历的成功也好，一时的困局也罢，是所有世界一流企业都必然会经历的磨砺过程。这种时间和实践所形成的积淀，恰恰是当前中国企业最缺乏也是最需要的。

世界一流企业的崛起之路之所以充满挑战与艰辛，就在于它难于模仿和复制，但这些企业所经历的失败和困局却是后来者可以避免的。今天中国企业所积累的优势、所面对的挑战、所面临的形势，也许都能在东西方世界一流企业中找到相似的情况，它们成功的经验值得我们学习，失败的教训更值得我们引以为戒。

今天，许多中国企业也和通用电气公司一样，面临着是做强做优做大做新传统主业还是跨界转型的战略发展抉择；一些已经在业内成就引领地位的中国企业也和诺基亚一样，已经感受到"高处不胜寒""未来向何处去"的发展压力；许多"走出去"的中国企业也像索尼一样，承受着东西方文化隔阂带来的经营风险。中国企业背靠的国家越来越强大，这是我们自信的支撑。但是，中国企业今天所面临的困难和挑战只会比通用电气、诺基亚和索尼更多、更复杂，因为时代前进的步伐越来越快，留给我们思考和决策的时间越来越少，给我们试错之后再弥补的机会越来越少。

成语"目不见睫"出自《韩非子·喻老》，说的是人的眼睛能够看清楚远处事物，但却看不见离眼睛最近的睫毛。后人用这个成语指代看别人的缺点容易、把握自己的不足却很难。尊重对手、欣赏对手是世界一流企业应有的姿态。

在中国企业建设世界一流、打造强国重企的征途上，我们也应当期待与 GE、诺基亚、索尼这些"百年老店"同场竞技，与亚马逊、微软、谷歌、苹果、特斯拉、Space X 这些已经或正在冉冉升起的时代新星一较高下，用竞争推动全世界的共同进步，在与各国世界一流企业的竞争合作中，成就中国的强国重企和世界一流企业。

重企强国

第五部分

重企强国的
中国探索

无论是国家的发展、民族的进步还是企业的成长，都会在关键的时刻完成从量变到质变的历史性飞跃，华裔历史学家唐德刚将这一时间节点称为"历史的三峡"：正如航船在壁立千仞、曲折悠长的长江三峡峡谷中探索前行，一旦冲出西陵峡口，就是一片宽阔的江面与光明的未来。

　　今天，时代的大潮正将中国和中国企业共同推向"历史的三峡"，对国家而言，这是实现民族伟大复兴的历史节点；对中国企业而言，这是我们真正建成一批世界一流企业的关键时刻。我们坚信中国企业一定能够闯过这道"峡口"，成功建成一大批强国重企和世界一流企业。但将何时建成？怎样建成？要以怎样的努力建成？将付出什么样的代价建成？党和国家，国有企业和民营企业都在注视着中央企业，期待着中央企业用实践闯出一条能够充分发挥中国特色社会主义制度优越性的中国路径，用成果鼓舞更多的中国企业成为强国重企、问鼎世界一流，这是中央企业作为共和国长子义不容辞的使命、责任和担当！

　　尽管大多数中国企业目前尚不具备成为世界一流企业的条件和基础，但做强做优做大、完成从"大"到"强大"的二次蝶变、成为强国重企，却是所有中国企业共同的发展目标和成长路径。因此，中央企业更需要探索出一条符合中国国情、具有中国特色、发挥中国优势、适合绝大多数中国企业实际情况的强企之路，发挥国家队、先行者、主力军和破风手的担当引领作用。

企业的经营管理是以规则为导向，企业的战略管控是以发展为导向，企业的创新是以价值为导向，中国企业建设世界一流企业是以目标为导向，目标不同、导向不同则路径方法也不同。每家中国企业都有着不同的产权属性、功能定位、行业特点、发展历程和企业文化，建设世界一流企业没有标准答案，打造强国重企很难挂图作战。基于对企业、现代企业和世界一流企业本质特征的认知，以中国企业不平凡的改革发展历程为基础，以打造强国重企、建设世界一流企业为目标，在坚持党的领导、坚持现代企业制度、坚持建立现代企业治理结构、坚持完善市场化运行机制、坚持科学系统化管理的基础上，借鉴东西方世界一流企业成败得失的经验，我们尝试提出 10 条跨越行业、可供大多数中国企业打造世界一流企业的路径思考与实践认知。

第十五章
做强做优做大核心主业

错失多元化会错失很多机遇，但失掉核心主业的领先优势就将失掉一切竞争力。成就世界一流企业的不仅仅是卓越，更重要的是不可替代。企业无论大小，都需要有一马当先的核心主业、一骑绝尘的核心竞争力和一技傍身的核心技术。

一、主业强大　企业强大

当我们列出世界一流企业的名录，紧跟着每一个企业品牌映入我们脑海的必然是其核心主业，比如提到美国波音公司就会想到以 737、747 为代表的民航客机，尽管波音公司也是美国最大的武器制造商和国防承包商之一；提到德国的戴姆勒集团就会想到以奔驰汽车为代表的豪华轿车，尽管戴姆勒集团还是全球第二大商用卡车制造商；提到韩国三星电子公司，人们自然想到手机、电视、冰箱等高端电子产品和家用电器，以及三星公司在高清显示屏、闪存等领域拥有毋庸置疑的控制力。

二、做强核心主业才能多元化发展

企业做强做优做大必须紧紧围绕核心主业掌握关键技术，并且持续地创新和不断地突破。企业只有围绕核心主业做强做优，形成核心能力、打造一流产品和服务、掌握关键核心技术、才能形成强大的竞争优势，只有将关键技术、核心能力转化为核心资产，通过将核心资产资本化，不断将核心主业打造成为支柱产业，才能将企业核心竞争力转化为市场的拓展力和持续发展的推动力。企业的关键技术、核心能力应当着重体现在企业的核心主业上，在此基础上实现业务板块化、板块专业化、专业市场化、市场国际化，必须用市场的手段、效益的标尺、国际的竞争才能检验企业的核心主业优不优、关键技术硬不硬和核心能力强不强。

每个行业领域都有其基本规则和发展规律，产业链上的每家企业都有其角色定位，多主业就意味着企业在多个领域和多个对手同时开展竞争，没有一个突出、优强的核心主业很难应付"多线作战"的巨大压力。在高度逐利化、市场化和证券化的全球资本市场上，行业第一名、第二名兼并行业第三名、第四名只需要几分钟便可完成，即"吞并你只是我的意愿，与你的意愿无关"，很少见到四两拨千斤、以小博大的案例，因为行业第一名所打造的核心主业、所掌握的核心技术、所形成的核心竞争力并非后来者可以轻易"吃下"和"消化"的。

今天，许多中国企业特别是民营企业都在如火如荼地开展多元化经营，以涉猎众多业务领域为做大做强的标志，以打造企业王国为成功的标志，比如有些房地产企业生产矿泉水、投资新能源汽车、涉足娱乐产业。企业实行多元化经营可以规避主业单一带来的风险，但实行多元化经营应当围绕核心主业展开，与核心主业之间形成紧密的战略协同效应。中国的大企业在进行战略规划时，首先应当权衡思考企业能够在哪些方面成为世界一流，哪些方面不可能成为世界一流，应当把最主要的精力和资源投入到最擅长、最有可能成为世界一流的主业中。我们充分赞同中国企业开展多元化经营，但是并不认同无中心、与主业不协同的多元化经营，特别是企业的核心主业还没有做大做强、做到行业一流时就贸然开展多元化经营，这必然会分散企业对核心主业的关注和投入，不利于企业核心竞争力的形成和持续提升。前文列举了美国通用电气公司的案例，从另外一个角度看，如果没有通用电气在电气、能源、航空发动机等高端装备制造领域积累了上百年的核心主业领先优势，通用电气也许很难熬过金融危机后的"冬天"。同样，波音公司也从事金融业务，但其金融板块只是为主业的拓展提供必要的资金和信贷支持。波音公司从诞生起，来自新机型问世的赞誉与因飞机失事而导致的诟病一样多，但是波音公司至今仍然是航空航天领域的霸主，因为波音公司始终专注航空航天主业，从民用客机、军用飞机、航天飞机到卫星、制导武器，在"飞行"这一领域上长期执业牛耳，只要人类还对天空抱有理想和追求，世界就永远需要波音公司这样的企业，因为它强大卓越的核心主业至今没有其他企业可以完全替代。

三、核心主业要坚守更要拓展提升

在一个产品上做到极致能够成就一个工匠和一个家族企业，只有在一个行业、一个产业上做到极致才能够成就一个企业家，成就一家世界一流企业和强国重企。企业的核心主业必须坚守而不能固守，多主业是所有企业做强做优做大的必然趋势，关键是何时打造新主业、如何开拓新主业。当企业在某一领域做到数一数二之后，就具备了打造第二主业、第三主业的条件和基础，但新主业和传统核心主业之间必须形成紧密的战略协同效应，而不应当是相互平行的关系，应当紧跟时代发展前沿，牢牢把握行业制高点和时代发展方向，始终瞄准最具发展潜力的行业和产业链中高端，聚力创新发展主业才有市场和价值。企业的核心主业应该选择有发展潜力的行业和占产业链主导地位的主业，如果主业所处的行业是夕阳产业或长期停留在产业链的中低端，企业做得再成功也很难成为世界一流企业。

中央企业都是具有突出优强核心主业的代表，但需要注意的是，有些中央企业的主业长期徘徊在产业链的中低端，所处的行业已经处于衰退之中、淘汰边缘和变革前夕，面临着急迫的主业升级和主业拓展问题。

中央企业的主责主业是由国家赋予的，是中央企业的使命、职责所在，要坚守好更要发展好。传统主业要不断做高端、做创新、做极致、做特色、做数一数二，在与时俱进的迭代升级中获得新的生命力，这样才能围绕主业形成合理的业务结构和资产结构，不断发挥新的功能、创造更大的价值，以此保持企业的旺盛活力和强劲竞争力。我们可以借鉴中国电子科技集团在坚守电子信息产业主业优势的同时进行多元化发展的成功案例。

中国电子科技集团有限公司（以下简称中国电科）是以原信息产业部直属电子研究院所和高科技企业为基础组建而成。自2002年成立以来，中国电科始终以电子信息科技产业为核心主业，在这一领域不断地深耕，形成"电子信息产品与装备制造""行业信息化应用系统工程""现代信息服务"三大产业群和安全电子、能源电子、软件与信息服务、电子制造装备与仪器仪表、新型元器件五大产业板块。今天，中国电科已成为国内唯一一家覆盖电子信息全领域的大型科技集团；国内唯一能够为我军各种型号的装备提供各类关键电子元器件的企业集团；国内在公共安全和电子信息装备、仪器仪表的研制、生产和服务方面实力最强的中国企业，2019年《财富》杂志世界500强排名第370位，是中国在电子信息与空天雷达、信息防御领域可与美国波音公司、诺斯罗普·格鲁曼公司一较高下的国之重企，为我国的航空航天和国防工程立下了重大功勋。

打造中国在电子信息领域的国家队是党和国家赋予中国电科的职责使命和主责主业，更是中国电科做强做优做大的目标，也是建设世界一流企业的动力和支撑。中国电科是中央企业专注核心主业、发展协同主业、不断提升企业核心竞争力的代表之一，也是当下正在谋求多元化发展的中国企业所应当参照借鉴的典范之一。

无论是国家的巨轮，还是企业的舢板，在时代的洪流中都时时刻刻面临着变与不变的抉择。一边是充满不确定性的变革趋势，一边是千百年来企业制度自然生长的固有逻辑。面对变革，企业需要定力、需要睿智，需要真正地理解"不变"、灵活地把握"转变"、适时地推动"嬗变"，中国企业不能只求渐变不求突破，只求扩张不求专注，我们需要在坚守中大胆地发展与创新，在发展与创新中坚定地夯实发展之基。

世界一流企业之所以能在全球市场劈波斩浪，是因为拥有可以作为中流砥柱的核心主业。对所有的中国企业来说，无论其规模多大、体量如何，突出优强的核心主业都是企业长期立足的基石和可持续发展的依托，是企业基业长青的根本所在，是企业的压舱石、安全区、护城河和根据地。打造世界一流的强大核心主业不仅是企业开展多元化经营的依靠、开拓全球市场的基础，更是一种使命格局，一份家国情怀，因为核心主业强就是企业竞争力强，企业竞争力强就是国家竞争力强。对所有的中央企业来说，核心主业都是党和国家赋予的，核心主业的竞争优势都是举国家之力逐步积累形成的，核心主业就是核心主责，将核心主业做强做优做大、做成世界一流，是中央企业存在的意义和奋斗的价值所在，是对党、对国家、对人民崇高的使命和责任之所在。

第十六章
瞄准世界一流不断创新

人类因创新而创生，因创新而文明，因创新而强大，正是因为创新意识的存在，人类才掌握了适应自然、利用自然和改造自然的能力，创新始终是推动人类社会进步的不竭动力，也是所有国家、民族、企业和组织的核心竞争力之一。

一、创新是企业永恒的发展命题

对中国企业来说，我们思考最深的是发展创新，谈论最多的是商业模式创新，最自豪的成就是引进消化吸收再创新，欠账最多的是原始创新，最焦虑的是颠覆式创新，最意外的是跨界创新，最渴望的是范式创新。每个中国企业都对创新有着自己的不同理解和实践，对所有中国企业来说，创新都是企业发展壮大的根本动力、赢得市场的充分必要条件；对行业领军企业来说，只有向上才是向前，只有不断开拓新的"无人区"才不会走下坡路；对世界一流企业来说，创新就是"心跳"和"呼吸"，一旦停止创新，企业的生命就走到尽头。

企业在一个时期掌握的关键核心技术、形成的核心能力、拥有的竞争优势，都难以支撑企业终身的发展，必须瞄准世界一流，与时俱进，持续创新。企业掌握了关键技术、形成了核心能力，不能被动地固守，必须不断创新、不断突破、不断升级，才能保持关键技术自主可控，才能始终保持领先的核心能力。国家大力推动创新，企业不遗余力地投入创新，可我们又时常感叹创新门槛越来越高，可以创新的空间越来越小。

1913 年，福特汽车公司应用了世界上第一条汽车装配流水线，使每辆 T 型汽车的组装时间由原来的 12 小时 28 分钟缩短至 90 分钟，生产效率提高 8 倍。这种集约高效的生产模式至今已经发展了 100 多年，并且不断吸收来自日本、德国等先进制造业大国最新的科技成果和管理精华，历经自动化、信息化、数字化和人工智能等新技术不断迭代。100 多年的流水线、100 多年的汽车制造产业，几代人的创新积累，全世界的共同投入，汽车制造流水线的创新是否已经穷尽？答案是不。

我们曾实地考察隶属于中国兵器装备集团（以下简称

中国兵装）的长安汽车制造车间，在一条刚刚投产两年多且代表当今世界先进水平的自动化智能装配流水线上，有一个必须要工人手工装配螺丝的环节，完成这个操作原本需要 6 秒钟，其中有两秒钟是用于工人切换两种不同口径的电钻，但是长安汽车厂的工人用塑料管、矿泉水瓶和滑轮组自制了一个手持电钻传送装置，这样就可以节约 2 秒钟时间。相对于中国兵装在智能火炮、高精度弹药、新型材料、无人驾驶等重大科研领域的大创新来说，这样一个微小的生产改进简直可以说是"微不足道"，但却证明了"创新"在中国兵装不是空洞的口号，而是已经融入了这个企业的基因和文化，成为企业所有员工的共同价值观。同时，这个案例也道出了一个让大多数人容易忽略的事实——习以为常是创新最大的敌人。

二、创新是企业的基础能力

企业的创新不是孤独的攀登，而是你追我赶的"军备竞赛"。许多走向衰败的世界一流企业并非失去了创新的意识、动力和勇气，只是垄断利润、领先优势带来的优越感导致对创新的重视相对减弱于竞争对手，这种相对速度差一旦形成，就迟早会被后来者超越。企业创新需要长期机制保障，必须融入企业的发展战略、顶层设计和基础管理。

创新不仅要有理念引领，更要有勇气实施、有魄力推动。创新的重要性人尽皆知，但创新的勇气并非人人皆有。文字在最初发明的时候，曾被占据社会阶层顶端的宗教祭司强烈抵制，因为这一重大创新让祭司失去了对神祇的解释权，标志着一个阶层的失落。创新往往意味着舍弃过去已经建立的优势，意味着颠覆以往的认知体系，意味着独自承受失败的巨大风险，意味着不被理解、形单影只甚至曲折坎坷。伟大的创新在它诞生的那一刻，通常是不被传统观念所理解和接受的，然后逐步被接纳成为惊世骇俗的伟大变革，最后才融入生活、成为习惯、归于常识。

创新不应该成为自上而下的号召，应当成为上下一致的行动和姿态，特别是企业主要负责人和企业高管更应当以身作则，主动认知和了解新技术，以谦逊的态度接纳新事物，不断更新自己的知识体系，企业主要负责人的责任绝不仅仅是站在高处为创新摇旗呐喊，而应当站在创新者的身后为他们扛住最大的压力，为创新者撑腰、让开拓者前行。

创新不仅需要能力支撑，而且需要长期机制保障。伟大的创新并非都是电光火石间灵光一现，创新也不是天才的专利，更不应当被神化，它更多的是几代人不断积累、渐进、迭代的慢功夫，更是不断试错、失败又从头再来的苦差事，创新最大的困难不在于它是直线的滚石上山、曲线的坚韧不拔，而在于创新就像在漆黑的迷雾中探索迷宫一般，每一次转弯都意味着成功或失败两种不同结局，创新之所以伟大，就在于它是没有终点的长跑、前途未卜的远航，是勇敢者的专利。

创新要有宽阔的全球视野，以跨界思维倒逼传统产业创新。正如抢占康师傅方便面市场份额的并不是其他的方便面品牌，而是移动互联网所打造的手机外卖平台；颠覆银行现金和汇款业务的是以聊天工具为主业的腾讯微信，这种现象被称为"跨界打劫"。当引领者在长跑赛道上埋头奔跑并时刻提防着身后的跟随者弯道超越时，跨行业的竞争者已经在隔壁的自行车赛道上"冲线"取胜了。不是领跑者不够努力，只是两条赛道的"终点线"恰好是同一个。

三、中国企业需要的创新

中国企业需要各个层次的创新，尤其需要解决关键核心技术不自主、不可控、受制于人和依赖于人的创新，需要能够提升现有消费习惯的创新，需要能够创造新需求的创新，需要像核磁共振、高铁、5G 等能够跨越国界、文化和意识形态并且在较长时期内不可替代的创新，需要能够影响乃至颠覆现有社会主体技术群的创新。中国要建设数字强国、互联网强国、5G 强国、高铁强国、航天强国、金融强国、能源强国，都需要建立在这种层面的创新基础之上，而中国企业就是引领和担当这些创新的主力之一。

中国企业应当投入更多资源在原始创新上，不能仅仅停留在商业模式创新和引进消化再创新。原始创新是从 0 到 1 的创新，是颠覆式的创新，是改写现有技术标准和发展范式的创新，是最能体现一个国家、一个民族的智慧、能力和潜力的创新，也是投入最多、风险最高、周期最长、难度最大的创新。有些企业家认为，原始创新是国家层面的战略，是科研院所的工作，企业的本能是降低成本和创造利润，企业的专长是跑好从实验室到柜台的最后一棒。长期以来，一些中国企业实用主义至上，高度重视和关注能够直接转化为生产力和经济效益的创新技术应用，而不重视技术创新背后更深层次的科学理论。

美国著名物理学家、美国物理学会第一任会长亨利·奥古斯特·罗兰于 1883 年在美国科学促进会年会上曾做过题为《为纯科学呼吁》的演讲："为了应用科学，科学本身必须存在。假如我们停止科学的进步而只留意科学的应用，我们很快就会退化成中国人那样，多少代人以来他们都没有什么进步，因为他们只满足于科学的应用，却从来没有追问过他们所做事情中的原理。这些原理就构成了纯科学……因为只满足于火药能爆炸的事实，而没有寻根问底，中国人已经远远落后于世界的进步，以至于我们现在只将这个所有民族中最古老、人口最多的民族当成野蛮人。"这段话被刻写在中国兵器工业集团某研究所大厅正中，时刻警醒着每一个从这里走过的科研人员，也警醒着所有想成为世界一流的中国企业，我们应当重视理论科学，尊重理论创新，重视原始创新，应当从对民族、对国家、对历史负责的高度，加快高端基础理论科学的创新突破。

创新不仅仅是技术领域和理念层面，还应当创建新范式和构建新场景，以颠覆式的创新引领行业发展、主导未来方向。诺基亚的成功源于对核心主业的专注、对核心技术的创新，而诺基亚在巅峰时期的失利在于不能大胆地通过创新引导市场升级和行业革新，错失了发展机遇，走进了自己建造的"死胡同"。在范式创新层面，我们可以从中国兵器工业集团（以下简称兵器工业集团）的创新实践中得到一些启示。

兵器工业集团最早是中国共产党在革命战争时期创建的军事工业部门，也是新中国国防科技工业的摇篮。1931年，中央军委在江西创建了我党我军历史上第一个兵工厂——官田兵工厂，由此揭开了新中国军事工业的历史篇章。在革命战争年代，广大兵工人不怕牺牲、艰苦创业，涌现出一批以"中国保尔"吴运铎为代表的英雄模范。新中国成立后，兵器工业集团抽调了大批管理干部和技术人员，支援航空、航天、船舶等国防工业部门的创建和发展，为新中国国防工业建设奠定了基础。兵器工业集团忠诚秉持"把一切献给党"的人民兵工精神，是我军机械化、信息化、智能化装备研发制造的重点骨干企业之一，2019 年位居世界 500 强企业第 140 位。

兵器工业集团始终坚定履行强军主责、服务军队装备保障的主责主业，瞄准世界一流，持续研发创新攻关，兵器工业装备研发实现了从单装向体系化发展转变，从设计武器装备向设计未来战争场景升级，从满足部队当前需要到超前研究未来战争形态和作战方式，从按部队订单标准生产到自带创新成品参与竞标，从武器单品的数字化、智能化到武器装备体系的整体革新，从学习仿制外军装备到另辟蹊径创新发展中国特色武器装备体系和发展范式，军工研发制造核心能力与科技创新基础能力实现了极大提升，走出了一条创新发展的新路子，用世界一流的创新构建了引领未来战争形态、研发制造先进犀利武器的核心能力，用世界一流的创新为企业发展赢得了宝贵的全球竞争力，为中国建设世界一流的人民军队提供了坚强保障。

世界一流企业不是"自封"的头衔，强国重企需要有实力支撑。中国人自古以来就善于学习、勤于学习、乐于学习，也正因为如此，中国企业善于通过引进消化吸收实现再创新，善于集成创新、融合创新，善于在商业模式、市场营销手段上创新，但是学习他人注定只能跟在别人后面做学生，要想成为世界一流企业就必须在某一领域问鼎行业第一、主导发展方向，只有一流创新才能超越，只有一流创新才有未来，停止创新会被淘汰，创新慢了也会被淘汰。新一轮科技革命带来的是更加激烈的创新竞争，对所有的中国企业来说，形势逼人，挑战逼人，使命逼人！

创新是现代企业进步的原动力，是增强核心竞争能力，实现跨越式发展的决定性因素。我国同发达国家的科技经济实力差距主要体现在创新能力上，以一流的创新发展推动实现新旧动能转换，是中国在新时代爬坡过坎的关键，是中国企业肩负的时代使命，更是中国企业打造强国重企、建设世界一流企业的重要路径之一。

第十七章
战略引领未来　转型成就一流

全球市场竞争遵循的不仅是文明的商业法则，也有原始的丛林法则。在激烈的市场竞争中，世界一流企业不是"猎人"就是"猎物"，很难长期保持超然中立。许多时候市场淘汰一家企业，并不是因为这家企业不够努力，只是因为它选错了方向，站到了时代趋势的对立面。

一、战略决策是企业实现"质变"的关键

高质量经营管理是企业的生命线，在瞬息万变的全球竞争中打造强国重企、建设世界一流企业，必须依靠高质量的经营管理，但仅仅依靠经营管理能力的提升和按部就班的积累远远不够，必须抓住一两次重大的战略机遇才能实现质的飞跃。特别是当企业发展到一定规模和量级，在

努力提升企业经营管理水平的基础上，必须依靠重大战略引领才能成功实现发展和转型的质变。企业要实现可持续发展，必须始终保持企业战略的正确和与时俱进，以战略开拓形成可持续发展能力。

20世纪八九十年代，以丰田公司"精益管理"和京瓷集团创始人稻盛和夫的"阿米巴经营"为代表的日本企业管理理念开始风靡中国。不可否认的是，当时的中国企业普遍处于粗放生长之中，亟须贴近中国国情的企业管理理论和系统管理方法，而日本企业与中国企业在文化理念、起步阶段、成长经历等诸多方面有相似之处，向当时较为先进的日本企业学习管理方法，是中国企业加快成长成熟的重要推动因素之一。但是，日式企业管理理念和方法普遍认为，当行业发展到一定阶段后就必然会遭遇透明的"天花板"，企业只能通过"挖存量"获取新的增量，其管理理念的核心在于提高客户满意度、降低生产成本、提高产品质量、加快流程效率等生产经营管理层面。大量事实已经证明，技术进步和产业革命创造新需求、培育新产业、拓展新市场的能力远超我们的想象，精益管理在高质量发展的需要面前仍然是具有极高价值和借鉴意义的管理方式，但以今天中国企业面临的形势、发展的现状以及肩负的国家使命，仅仅依靠企业经营层面的"量变"提升是远远不够的，还需要推动企业以战略为指引实现从"大"到"强大"的"蝶变"。

二、战略开拓成就世界一流企业

优秀企业的成功是精益管理的成功，而世界一流企业的成功无一例外都是正确战略引领的成功。诺基亚公司从伐木造纸起家，波音公司靠贩售木材完成了资本的原始积累，丰田公司最初是一家纺织设备制造企业，IBM 公司成立时的核心产品是磅秤、打卡机和计时器。如果这些企业在关键时期没有实现关键的战略转型开拓，就没有今天这些享誉全球的世界一流企业和改变世界的伟大产品。

成为世界一流企业不仅是企业做过什么，更重要的是在企业发展的历史关口作出了怎样的战略选择，而每一个重要战略选择必须具有明确的目标性、价值创造性、符合客观规律性和高效率、高效益性。不仅是世界一流企业，所有的企业要想做大做强，其成功之要在于不断根据企业外部环境和发展情况变化，与时俱进地调整完善企业发展战略，始终坚持用科学、正确的战略指引企业的发展和生产经营。

企业的战略指引开拓能力是企业实现基业长青和长期可持续发展的关键。战略制定与日常经营管理都不可缺位，更不能错位，企业"一把手"和董事会是战略制定谋划的主体，以集体形式存在的企业，其集团总部的首要职责是作为战略管控的中心，而不能将总部拘泥于企业的日常经营管理之中。我们不能要求子企业的经理层去谋划制定战

279

略，这既不是他们的责任，也不是他们当前的站位、格局和视野所能扮演好的角色。我们同样不能苛求所有员工都能第一时间理解和认同企业的战略规划，因为任何一项重大战略的实施总会触动企业各业务板块之间的资源分配格局，从而影响个体的利益和发展。因此，企业"一把手"的责任不仅是谋划制定战略，还要亲自阐释战略，主动推动战略实施，让企业战略真正成为企业绝大多数员工的思想共识和一致目标。

企业战略开拓不仅需要战略智慧、战略决断，更需要战略勇气和战略格局。企业优强的核心竞争力最多只能让企业保持一代人的领先，而企业长期优秀卓越必须依靠正确的战略指引和战略开拓。对大企业来说，战略发挥着举旗定向的作用，可以为企业赢得几年甚至十几年的领先优势；企业战略一旦失误或失去战略指引，对大企业将是灭顶之灾。

没有不经风雨的远航，也没有不冒风险的战略开拓。战略制定和决策是高度专业化的工作，并非人人皆可，需要缜密逻辑思维、宏观全局视野、科学判断能力、强大内心定力和果敢决策魄力的企业家，他们是企业制定战略和战略决策的关键，也是世界一流企业的重要特征，他们能够作出超越常人格局、超越时代局限、超越行业视野的战略判断，并且符合发展趋势、科学规律和时代方向，不断地研究未来、布局未来、投资未来、引领未来和塑造未来。

战略制定和决策都有一定风险，敢于承担风险需要企业掌舵人和高管团队的大担当和大境界；战略执行具有长期性，今人栽树后人乘凉，需要企业掌舵人和高管团队的大格局和大胸怀。

对已经取得行业领先地位的企业进行战略管理远比正处于逆境中的企业进行战略管理更难。对困境中的企业来说，在谷底向哪个方向突围都是向上的胜利。但是，对于已经成为世界一流、具备行业领先优势、特别是掌握了一定垄断地位的企业来说，在山顶的每一步都是在走下坡路，进行战略引领反而不易，东西方企业概莫能外，世界一流企业也无法置身事外，但只有敢于跨界转型，坚持与时俱进地开拓新主业，才能跳出自我重复的泥潭。

三、战略转型决定企业命运轨迹

技术永远在进步、社会永远在发展、市场的需求永远在提升，所以任何产业都逃不出萌芽、兴盛到衰落的发展周期，任何企业的主业都不可能一劳永逸，不断转型升级是创业发展的必然规律。企业的战略转型是关系企业发展成败乃至生死存亡的重大决策，任何企业迟早都会面临战略转型问题，转型时机的选择尤为重要。要在企业发展的上升期谋划转型，在企业发展的优势期推动转型，在企业发展的鼎盛期完成转型，背水一战、破釜沉舟式的转型固然可敬，但成功者寥寥。

柯达是 20 世纪家喻户晓的美国胶片品牌，在数码相机普及之前，柯达公司始终是胶片行业的绝对统治者，但今天的年轻人几乎很少知道这个品牌了。自 1880 年成立以来，柯达公司一直是全世界最大的影像产品及相关服务的生产和供应商，早在 1976 年就开发出了数字成像技术并用于航空航天领域，领先竞争对手整整一个时代。但是，柯达公司满足于传统胶片产品的市场份额和垄断地位，没有及时调整企业经营重心和未来发展战略，不仅失去了先发优势，更错失了数字时代的战略转型机遇。而日本索尼、尼康、佳能等企业成功转型数码影像领域，这时柯达公司才震惊地发现，衰败的不是自己的企业，而是整个胶片影像行业。柯达公司的幡然悔悟为时已晚，不得不在 2012 年申请破产，曾经称霸该行业达百年之久的柯达公司最终走向落幕。

对中国企业来说，无论国有企业还是民营企业，当企业规模达到一定量级，就不可能再超然独立，而必须融入国家战略，主动成为其中的一部分。中国企业的发展不能将自身隔绝于国家的战略需要之外，紧跟国家战略、服务国家战略才能抓住做强做优做大的历史机遇。世界一流企业以其在行业领域内无法取代的重要功能作用，也成为影响国家战略制定和实施的重要因素之一。达到这种规模和量级的企业，在进行战略谋划、战略决策和战略引领时，必须站在国家战略的高度和视角，一方面要积极跟随、主动融入国家战略，另一方面也要积极服务国家战略。

企业的发展定位是企业战略谋划和企业转型发展的重要组成部分。一家企业有多大的格局，对自己就有多高的定位，也就能够实现多大的作为。比如，一家企业的主业是生产拉链，如果它将自己定位于为服装提供高品质的配件，那么它最大的成就也就是成为中国最好的拉链供应商；如果它将自己定位在为全世界提供最优秀的"连接"解决方案，那么它就具备了成为世界一流企业的可能，因为它的目标和行为不再仅仅局限于"连接"衣服，就有可能拓展到修补特大型建筑的裂缝、修补人体破损的伤口等更广阔的领域。

国有企业在谋划战略时应当先"回归"，再"出发"。所谓"回归"就是"不忘初心、牢记使命"，回归到党和国家赋予的主责、主业上来，重新聚焦到发展为民、服务国家、推动行业进步上来；所谓"出发"就是在紧紧围绕"初心"的基础上，把握新时代、新形势、新挑战，进行战略的调整、转型、升级和创新。今天，一些国有企业正在从规模大、利润高、发展快的巅峰滑落，新业务无以为继、新技术乏善可陈，一边享受着体制机制带来的保障优势，一边又抱怨战略开拓被经营考核和追责机制所束缚。在这一点上，国有企业应当向缺少政策兜底保障、全靠自我打拼的民营企业虚心学习。

四、战略引领的三峡经验

中国长江三峡集团有限公司（以下简称三峡集团）从建设大国重器到打造强国重企的战略引领和转型升级案例，可为大家提供一些参考借鉴。

为建设三峡工程，国务院于 1993 年批准成立中国长江三峡工程开发总公司，这家肩负着党和国家重托，承载着民族百年夙愿的中央企业在风云激荡的改革开放大潮中诞生。在党中央、国务院的坚强领导下，在全国人民的关心与支持下，经过 26 年的改革发展和努力拼搏，三峡集团已经从一个工程建设管理公司发展成长为中国最大的清洁能源集团和世界最大的水电开发建设运营管理企业。

三峡集团始终以服务服从国家战略为最大战略，始终紧紧围绕清洁能源核心主业，始终坚持战略引领，在企业发展上升期谋划战略转型、在企业发展优势期推动转型升级、在重大战略机遇期完成转型发展，成功实现了从三峡走向长江，从长江走向海洋，从湖北走向全国，从中国走向世界的跨越式发展，空间分布拓江入海、走向全球。

一是以三峡工程为基点和支撑，溯江而上开发金沙江下游水电资源，携手中国水电勘测设计、装备制造、施工管理企业和五大发电集团[1]，共同服务国家长江水电清洁

1　五大发电集团（排名不分先后）：中国华能集团公司、中国大唐集团公司、中国华电集团公司、国家能源投资集团有限公司、国家电力投资集团公司。

能源走廊建设，将中国水电开发建设运营能力提升到全新高度，奠定中国水电在全球的霸主地位。三峡集团对中国水电的贡献不仅在于为共和国建设了 5 座装机容量排名世界前十的世界级水利水电工程，还在于将孤立的水电站连"点"成"线"、以"线"带"面"，在长江上打造了一个总容量近千亿立方米的国家战略淡水资源库，为国家未来进行跨流域调水和淡水资源配置提供了重要基础。

二是从金沙江顺江而下，投身"共抓长江大保护"的伟大新事业，服务国家长江生态文明走廊建设，修复长江生态，建设美丽长江。2018 年 4 月 26 日，习近平总书记在深入推动长江经济带发展座谈会上明确指示："三峡集团要发挥好应有作用，积极参与长江经济带生态修复和环境保护建设。"为贯彻落实习近平生态文明思想和关于共抓长江大保护的系列重要指示精神、以及国家赋予的新使命新任务，三峡集团自觉服从服务国家战略，开拓生态环保战略板块，成立了三峡生态环保集团等五大平台，探索打通"绿水青山"与"金山银山"的转化路径，目前已在江西九江、安徽芜湖、湖北宜昌、湖南岳阳 4 个试点城市取得突破性进展，正在将试点范围拓展到长江沿线其他重点城市。

三是从长江东向入海，以百万千瓦为单位集中连片规模化开发海上风电资源，服务国家海上风电走廊建设。截至 2019 年年末，三峡集团在北起大连庄河、南至广东阳江的 1.7 万多千米大陆海岸线上，已累计获取海上风电资源近 2 000 万千瓦，投产、在建和核准待建装机近 1 000 万千瓦，海上风电的集中连片规模化开发布局基本完成，为打造"海上风电三峡"奠定了坚实基础。

四是从三峡走向全国，集中连片规模化开发利用陆上风能和太阳能资源，与五大发电集团一道，共同服务国家打造三北"风光"清洁可再生能源走廊建设。截至 2019 年末，三峡集团在国内拥有投产及在建的新能源装机超过 1 200 万千瓦。在内蒙古四子王旗，建成了装机 40 万千瓦的亚洲最大单体风电场；在青海格尔木的万顷戈壁，建成投产了 50 万千瓦的国内首个大型平价上网光伏示范项目；在河北太行山集中连片贫困区，建设了 15 万千瓦的全球最大山体光伏项目；在安徽淮南，利用采煤沉陷区水面建设了全国最大的 15 万千瓦的水面光伏项目。

五是从中国走向世界，服务"一带一路"清洁可再生能源走廊建设。三峡集团紧紧抓住"一带一路"建设重大历史机遇，先后在全球 47 个国家开展投资和承包工程，海外清洁能源总装机规模突破 1 700 万千瓦，一半以上的项目都分布在"一带一路"沿线国家。同时，三峡集团抓住欧债危机这一历史机遇，通过股权并购控制葡萄牙电力公司，收购德国已投产最大海上风电项目，通过特许经营权竞拍成为巴西最大的非国有清洁能源企业，通过"投贷结合、建营一体"模式成为几内亚最大的电力企业。

通过上述战略开拓和战略转型，三峡集团正在积极推动"五大转变"：即由建设重大工程向世界一流企业转变，由单一水电企业向世界领先的综合清洁能源集团转变，由主要面向国内向面向国内和国际的清洁能源跨国集团转变，由"建设三峡、开发长江"向"管理三峡、保护长江"转变，由建设伟大工程向建设伟大企业转变。

历史的演进反复证明，能否在关键的时代节点抓住战略机遇，往往决定着国家的前途和民族的命运。中国正处于百年不遇的大变局，中国企业也处于大有可为的重要战略机遇期，这是中国企业借助国家发展、民族复兴的历史大势，打造世界一流企业的重要历史机遇，中国企业比以往任何时候都更加需要重视战略引领，以战略推动跨越式发展，以全球布局加速国际化步伐，中国企业特别是中国企业家们更应当重视战略、研究战略、思考战略，在新的世界一流企业竞争格局和创新版图中抢占制高点。

第十八章
把握机遇 管控风险

时代是渐进向前的，但变革与危机总在不经意间不期而至。全球市场不是一路光明的高速公路，而是充满迷雾的沼泽，原地踏步会陷入泥沼，贸然行动也会滑落深渊，只有把握机遇、敬畏风险、科学管控，企业才能持续做大做强，成为并保持世界一流水平。

一、机遇不会第二次敲门

"机遇"与"危机"只有一字之差，也仅有一步之遥，更是一体两面，它们始终贯穿于企业发展的全过程。两者的区别在于，抓住了、用好了就是机遇，错失了、用不好就可能酿成危机。机遇对所有企业都是平等的，关键在于企业能否敏锐地发现和识别机遇，是否能够有足够的战略勇气敢于抓住机遇，是否有足够的综合实力牢牢把握机遇，并善用智慧最大化利用机遇。对于机遇的认识和把握，有以下几点认知可以参考。

一是从企业发展的战略层面高度重视机遇。机遇稍纵即逝，从不会第二次敲门，关键在于判断机遇、多谋善断、当断则断、断得准并且断得及时。抓住了机遇，企业就抓住了未来发展的主动权，就可以实现跨越式发展；错过了最佳机遇期，即便未来还有机会，但需要花费数倍的代价；错失了机遇，有可能丧失十几年的发展优势甚至给企业带来危机。

二是从企业管理的战术层面切实用好机遇。机遇不能等同于运气，能否成功把握机遇、用好机遇，考验的是企业的决策效率、决策水平和揭示风险、管控风险的综合能力。重大机遇往往伴随着大量潜在风险和或有事件，重要战略决断既可以一锤定音，也可以分阶段决策、分步骤实施。

三是在积极服务国家战略中牢牢把握机遇。对中国企业来说，服务国家战略是企业的职责使命，也是重大机遇。应当善于从服务国家战略中敏锐发现机遇、把握机遇。比如，"一带一路"建设所涉及的项目大多都是沿线国家最急需发展的重大基础设施和重要产能合作项目，这样的合作机遇能够直接对接双方的资源与需求，并且能够得到两国政府间的信誉背书，双方重视，风险较低。

四是善于从复杂多变的全球市场中捕捉机遇。从 2008 年开始并蔓延的西方经济危机，造成了西方大量优质资产估值较低，这是许多中国企业"走出去"实现跨国并购并以此为跳板实现国际化的重大历史机遇。2020 年初开始蔓延全球的新型冠状病毒肺炎疫情也给全球经济带来了极大不确定性，但随着各国防疫管控措施的有效实施，全球经济也将在新一轮复苏中酝酿大量机遇。中国主张的"一带一路"倡议得到大多数国家的支持响应，美国特朗普政府的多变政策也让全球经济复苏的道路复杂多变，其中蕴含着众多机遇，需要中国企业敏感地感知、果断地决策，否则就有可能稍纵即逝。

机遇无论是抓住的还是错失的，无论是成功的还是失败的，都是企业宝贵的经验财富，值得及时总结、不断复盘，从中归纳总结，提炼出经验、教训，形成智慧，固化为制度，提高对机遇的辨识能力、深度思考能力和长远谋划能力，提升格局视野，能够指导我们未来走得更快、更稳、更远。

二、"正常事故"与风险管控

无论是世界一流企业还是中小企业，无论身处大江大海还是湖泊溪流，都应当始终对风险心怀敬畏，高度重视风险，坚守底线思维，不断提升揭示风险、防范风险，提高应对和管控风险的能力。

美国社会学家佩德罗是"正常事故"理论的提出者，他认为，对于高度复杂和高度耦合的系统而言，出现事故是一种正常状态。这也解释了为什么功能复杂、系统精密、走时精准的瑞士机械手表总以天价示人，因为除了品牌溢价外，维持系统正常运转并为避免风险而付出高昂代价是必然的成本。所有的世界一流企业都是组织结构复杂、内部关系高度耦合的系统，业务遍及全球、员工多达十几万或几十万，按照这一理论，面对风险、规避风险、管控风险就是世界一流企业的常态，揭示风险、防范风险、管控风险、应对风险就是世界一流企业日常管理的重要组成部分。

重大机遇未必都能转化为辉煌的成功，但一次重大风险往往会酿成一次关系企业存亡的重大危机。对于世界一流企业和正在努力建设世界一流企业的中国企业来说，企业的规模和市场越大，面临各种风险也越多，风险失控对企业的伤害也越大。

巴林银行是英国老牌银行和全球知名的金融投资机构，有着 200 多年优秀经营历史。1995 年，巴林银行驻新加坡期货公司一名资深交易员在日经指数市场的投机失利引发了海啸般的连锁反应，导致巴林银行几乎一夜破产。这样的案例在世界一流企业间不断上演，屡见不鲜。有着 158

年历史的美国第四大银行雷曼兄弟,在已经过热的美国房地产市场中通过次级贷款火中取栗,不但葬送了自己,更引发了呼啸全球的经济海啸。金融业是公认的高风险行业,对利润的追逐让不少金融企业不断突破自己设置的重重风险防控底线,这样的教训值得所有中国企业深思和借鉴。

对风险的成功管控成就世界一流企业,对风险的漠视、无能毁灭世界一流企业,所有世界一流企业都是在一次次的风险和危机中成长壮大起来的。从某种程度上说,企业如果没有经历过大的风险和挑战,这本身就是企业最大的风险和挑战之一。如果已经成为世界一流企业,就自恃拥有行业引领优势而不能有效防范风险、应对危机,将迟早会被危机所吞噬、被时代所淘汰。

航空航天是典型的高风险产业。波音公司的成长之路伴随着世人对新机型横空出世的赞誉,也伴随着一次次空难的沉重打击,市场永远需要更安全、更快、更舒适、更远航程的飞机,波音公司只能不断前行。一架波音747飞机有600多万个零部件,每次飞行的天气、气流和驾驶员习惯等都存在着未知的不可控风险,正是在高风险领域的长期磨砺,造就了波音公司高度重视风险的企业文化和揭示风险、防范风险、提高应对和管控风险的能力,也是波音公司每次都能从危机边缘绝处逢生的关键所在。

三、国别风险的管控实践

今天，越来越多的中国企业正在"走出去"完成从本土企业向跨国集团的关键转型，而看似充满机遇的国际市场一如蛮荒的丛林草原，既有不期而至的"黑天鹅"[1]，也有横冲直撞的"灰犀牛"。在国内国际政治经济形势稳定有序的顺境中做大做强，这是所有企业的本能；在全球性衰退的逆势中能够止损、减损甚至抓住机遇完成转型升级，这是少数世界一流企业的本事。全球化已经成为人类社会发展不可逆转的大趋势，创造价值的要素与产品从未如此高效地在全球流通，而毁损价值的风险和危机也从未如此快速地在全球蔓延。在各国企业共同构建的全球商业版图上，没有一个国家是与世隔绝的孤岛，没有一家跨国企业可以独善其身。中国企业构建了覆盖全球的产业链、经贸网和生态圈，每一家中国企业都享受着全球化带来的发展红利，也不可避免地要承受全球性衰退浪潮的波及，这是由中国企业的地位、结构和性质所决定的，因此我们必须在任何时候都要做好应对全球性风险与挑战的准备。

国别风险是中国企业"走出去"面临的永恒风险和最主要风险。国别风险主要是东道国因国内或国际环境变化

1　黑天鹅事件，指非常难以预测的事件，通常会引起市场连锁负面反应甚至颠覆。灰犀牛事件，指太过于常见以至于人们习以为常的风险，比喻大概率且影响巨大的潜在危机。

所引发的政治、经济、社会等方面的不稳定状态对投资方带来损失的可能性。比如，有的国家内部民族、宗教、宗族派系众多，矛盾错综复杂、冲突不断；有的国家政治体制成熟度还比较低，政府更迭频繁，新政府往往全盘否定上一届政府的重大决策，朝令夕改；有的国家政府部门官僚僵化，办事效率较低，视贪腐、"回扣"为潜规则；有的国家民主制度泛化，政党和民间组织特别容易受到西方势力鼓动，导致政府重大决策悬而不决；有的国家税制变化频繁，不仅承诺的优惠政策无法兑现，而且一旦遇到政府财政困难就先对外资企业启动歧视性征税；有的国家经济基础不稳固，汇率受国际经济环境影响较大，波动频繁；有的国家自身国力有限又地处大国之间博弈的敏感地带，极易成为冲突爆发的导火索或对抗焦点；有的国家地处台风、地震等自然灾害频发地区。此外，国别风险还包括在国家之间的冲突对抗，区域性或者全球性的重大自然灾害、重大公共卫生事件、重大传染疫情等，上述风险和不确定性都是中国企业"走出去"需要经常面对的国别风险。怎样规避和应对国别风险？

一是紧跟国家战略，努力将企业间商业合作提升到国家间交往层面。中国企业应当围绕"一带一路"、中巴经济走廊、上合组织、南南合作等由我国政府主导建立的外交战略、国际组织或对话合作机制，选择与我国政府形成稳定伙伴关系、并且我国对该国有重要影响力的国家进行重点业务布局，在战略层面规避风险。优先选择对国家间经贸合作具有重大推动意义的项目，全力争取在双方国家领导人见证下签署战略合作协议，获得双方国家政府的支持和信用背书，并形成强大的国家激励或约束机制。

二是科学制定风险评价体系，事前充分揭示项目风险，分阶段决策、全生命周期防控。充分认识不同国家差异，建立涵盖国别风险、汇率风险、行业及项目风险等综合因素的加权平均资本成本评价体系(WACC 值)，对不同市场、不同行业设置提出差异化投资策略和收益率标准。借助专业中介机构深入开展项目前期技术、市场、财务和法律风险的研判和尽职调查，充分揭示项目前期、建设期、交割期和运营期等各环节和全生命周期的重大风险，提高决策质量。中国企业"走出去"不要追求一蹴而就、一锤定音的成功，要实现长期经营和可持续发展，就要在项目全生命周期内不停地揭示潜在风险，分阶段决策，分别设置决策底线，逐步实施，一旦情况发生变化，能够及时止损、尽量全身而退。

三是充分发挥股权纽带作用，通过选择最佳战略合作伙伴，形成平衡各方、优势互补的合作共同体、利益共同体和发展共同体。通过与在东道国有深厚影响力的国际金融组织、跨国公司和当地大型国有企业结成以股权为纽带的联营体，打造合作共同体、利益共同体，以达到获取优质资源、形成多方合力、影响东道国政府政策稳定的目标，共同分担风险、分享发展成果。

四是利用国际资金开展国际业务。中国企业参与国际竞争要学会利用海外资金、海外市场、海外资源建设海外项目，获取利润及时回流国内，按照"统一决策、分级授权、分类集中、统筹调度"原则，分别设立境外资金池，实现对境外资金的集中归集，以规避国际汇率、利率风险，不断提高企业境外低成本资金获取能力、国际资本运作能力和风险管控能力。

五是实行属地化经营，与被投资国建立命运共同体才能在海外行稳致远，不断化解国际经营风险。从管理成本、管理效能、人文关怀和可持续性发展方面考虑，海外项目和子企业的中国员工只能是少数。属地化管理既可以稳定队伍、降低运营成本，还可赢得当地民众的信赖和认可。由过去靠中国人管理海外企业逐步过渡到海外企业管理人员属地化，这种跨国别、跨文化的管理模式，有利于中国企业与当地政府和人民结为紧密的发展利益共同体，一旦被投资国的政策、政局有变，这种深度融入当地的经营管理方式也会让当地政府有所顾忌，不会贸然作出损害中资企业经营的行为。实现属地化管理是跨国集团的通行法则，也是中国企业实现国际化经营的必由之路。

每一家企业的成长与发展都时刻伴随着多种多样的机遇与风险，也只有那些能够科学判断机遇、果敢抓住机遇，始终敬畏风险、勇敢应对风险的企业才能真正成长为世界一流企业，而成为世界一流企业本身就是一次次抓住机遇、一次次化解风险的结果。

第十九章

以平台借力聚力　以合作扩能赋能

与生态系统一样，任何封闭的产业体系在瞬息万变的市场面前都是脆弱的。在全球化的背景下，没有企业可以一家独大、包打天下，要想避免被"跨界超车"，首先应当学会跨界合作。世界一流企业都善于合作、乐于分享，能够借助国家平台、打造产业平台、搭建跨行业平台来创造机遇、开拓市场、化解风险，通过"借力"实现企业做强做优做大，通过"赋能""增能""扩能"巩固行业引领地位。

一、善用平台与合作的力量

当今世界，平台具有个体所不具备的多种功能，具有单一国家和企业无法企及的巨大作用。平台能够提高资源配置效率和效益，共享金融、法律、保险等同质化服务，减少不必要的重复投入。平台能够最大程度地减少信息不对称，在海量市场信息中快速过滤出最具价值的发展机遇。平台能够促成与产业链上下游企业的紧密合作，形成优势互补，风险共担、分享收益、共享机遇。平台还可以将分散的小机遇整合为大机遇，将不同国家的区域性市场整合为全球性的大市场。

企业同国家和文明一样，开放带来进步、封闭必然落后。一旦企业凭借垄断的超额利润筑起高高的产业壁垒和技术"护城河"，带来的只是短时间的"安全"，失去的将是更多的合作伙伴和更大的市场。在时代发展面前，任何企业一时的垄断都无法阻挡或延缓技术变革的大趋势。正如前文提到的柯达公司一样，直到破产的前一天，柯达公司生产的胶卷仍然代表着世界最高水平，只不过市场不再需要它的产品而已。

短视的企业高筑壁垒，睿智的企业构筑产业平台、拓展生态平台、对接国家平台，通过搭建平台实现聚力协同，汇众力、聚众智则无敌于天下，开放展示的是一种自信和实力。对于有能力搭建平台的中央企业来说，我们应当有更强的平台意识、合作胸怀，不仅要主动对接国家平台，更应当主动构建产业平台、主导行业平台，为更多中小企业提供合作共赢的机遇。

建设世界一流企业为中国企业协同发展、共同进步提供了重要的协作平台。一条产业链上下游企业的协同发展、共同进步，才有可能推动几家行业内的领军企业成为世界一流企业。同样，世界一流企业为产业链上下游企业共同弥补行业短板和不足提供了重要协作平台和参照标准，通过建设若干行业的世界一流企业，可以带动整个产业集群的发展进步，培育更多世界一流产业。

二、三峡集团构建利用平台"走出去"的实践

三峡集团在服务"一带一路"倡议过程中，实践了一条借助平台"走出去"、搭建平台"向远处走"，从三峡走向全球，实现了从业务单一的国内水电企业向世界领先的跨国能源投资集团的转变。三峡集团"走出去"的过程也是所有中国企业跟随国家脚步、伴随国家成长、借助国际平台实现视野提升、格局提升、影响力提升的成功实践，能够为大家提供一些有益的借鉴和参考。

第一阶段，三峡集团成立初期，以三峡工程建设为平台，有针对性地与西方企业开展技术交流和装备引进，在企业发展起步阶段对标世界一流水平，培育国际视野。

三峡集团今天之所以能够自信"走出去"服务"一带一路"清洁能源走廊建设，打造世界一流清洁能源集团，在企业筹备阶段，即改革开放初期就勇敢地"走出去"开眼看世界，知道世界是什么水平才能知道自己是什么水平。

通过"走出去"学习引进西方先进技术、管理理念、规范标准，花费巨资引进当时世界最先进的、我国不具备研发制造能力的 70 万千瓦水轮发电机组等重大装备全套研发制造技术和管理能力，为企业掌握关键技术、形成核心能力打下了坚实基础。

第二阶段，在完成国内业务布局，积累形成世界领先的水电关键技术和核心能力以及全球知名品牌后，三峡集团开启国际化战略，通过重组一家与三峡集团主业高度相关、具有成熟海外品牌、发达业务网络和专业管理团队的企业作为实施国际化经营的平台，并赋予这个平台三峡品牌，从熟悉的市场起步，高起点、低风险"走出去"。

在高质量完成三峡工程主体建设任务之后，三峡集团开始滚动开发金沙江下游 4 座巨型水电站，同时努力开拓国内新能源市场，在具备清洁能源核心主业竞争优势的基础上，开始第二次"走出去"，拓展国际化经营。2009 年三峡集团成功重组我国最早对外开展经济援助、作为中国八大对外窗口公司之一的中国水利水电对外公司，一举获得一个专业化的国际水电工程承包平台和专业化国际项目开发建设管理团队，及其在亚非拉深耕半个多世纪的成熟业务网络，同时将"中国三峡"的知名品牌赋予了中国水利水电对外公司，使三峡集团的国际化一开始就站在了高起点平台上，有效规避了从零开始的风险。

第三阶段，在积累形成较强投资实力、获得较高国际信用评级、国际影响力逐步提升的基础上，三峡集团成立专业化国际清洁能源投资平台，实现从承包商向跨国投资集团的升级，为迈向产业链高端、参与跨国并购经营奠定了坚实基础，为打造世界一流企业做好了准备。

不开展国际投资，就不算是真正意义上的国际化经营，为别人打工承包会永远受制于人，不能长久持续。2011年，三峡集团组建全资子企业三峡国际能源投资集团，实现了"投资—建设—运行—管理"一体化，工程承包与绿地投资[1]两轮驱动，逐步向跨国清洁能源投资集团转变。

第四阶段，抢抓欧债危机这一重大历史机遇，战略投资并控制一家西方老牌跨国清洁能源集团，与被投资企业共同搭建海外清洁能源投资开发平台，并利用被投资企业打破西方壁垒，带领中国产业链上下游企业快速进入第三方市场，实现"借船出海"和品牌再升级。

"借船出海"可以利用西方发达国家跨国能源集团成熟的国际化平台、发达业务网络以及技术、资源、管理、文化等优势，打破西方国家市场壁垒，用较短时间进入欧洲能源市场和第三方国家市场，带动中国企业共同"走出去"。

2012年，三峡集团抓住欧债危机背景下葡萄牙政府出售国家电力公司股权机遇，通过投资并购葡萄牙电力公司国家股权，成功登陆欧洲清洁能源市场，并以葡萄牙电

---

1 绿地投资又称创建投资，是指跨国公司等投资主体在东道国境内设置的部分或全部资产所有权归外国投资者所有的投资项目或企业。

力公司为平台，投资波兰、意大利、西班牙等欧洲国家的清洁能源项目和巴西、秘鲁等南美国家水电市场，成功探索出利用被投资企业快速进入第三方市场"借船出海"的模式。

第五阶段，紧跟国家战略，服务"一带一路"倡议，以我为主组建并主导国际产业联合体平台，走出中国影响、中国气派，形成中国企业在世界水电和清洁能源领域的主导权和引领者地位。

今天，以中国在国际舞台上的影响力，以中国水电在国际水电行业的引领地位和独有的滚动开发千万千瓦级流域梯级水电站的核心能力，我们已经不再为别人打工，在开拓新的海外市场时不再依赖西方合作伙伴的力量，而是越来越多的西方跨国能源集团聚拢在以三峡集团为代表的中国水电企业周围，在全世界大江大河上开发具有世界影响的水利水电工程。

以平台借力、聚力，以合作扩能、赋能，是中国企业打造强国重企、建设世界一流企业的重要路径。任何一家企业都不可能包打天下、包揽一切，需要以平台为桥梁跨越发展的鸿沟，以合作为杠杆提升自己的能力，以平台缩短发展时间、扩大发展空间，以平台获取当前单个企业不具备的能力、条件和视野。

第二十章
树立全球视野　提高国际影响力和竞争力

中华民族是典型的根植于大河文明基础之上的民族，有着根深蒂固的家园故土情结，当我们提到"走西口""闯关东""下南洋"时，总会不自觉地被一种背井离乡的艰辛和悲凉所感染，这也是今天百年来所形成的民族文化情感共鸣。但对于伴随中国走近世界舞台中央的中国企业来说，必须坚定地融入全球市场的大分工、大竞争和大合作中去，这是一个必然的艰难过程，但却是中国企业建设世界一流企业、打造强国重企的必经之路。

一、中国企业需要全球视野

访问过中国国际航空公司、中国南方航空公司和中国东方航空公司的空管控制中心的朋友都会留下深刻的印象，这里每天都指挥、调度着全球上千架的民航班机，每年365天、每天24小时都处于紧张而有序的工作状态。在指挥大厅硕大的屏幕上，不仅滚动刷新着全球各大机场的起降信息、各大城市的天气情况、每架飞机的状态数据和乘客信息，还有世界各地、各种语言的实时滚动新闻，全球各地的政治变局、经济危机、异常气候、地质灾害、重大事故、流行疾病，都是影响航班安全和调度效率的潜在变量。

这样的情景正在越来越多的中国企业中出现，中国企业已经全面接入了全球化大生产、资源大配置、资本大流通、数据大共享和科技大融合。具备全球视野已经成为中国企业"走出去"和"引进来"的基本要求，提升国际影响力和国际竞争力已经成为新时代中国企业的普遍需要。

无论是全球视野的培育，还是国际影响力和国际竞争力的提升都十分艰辛和不易，背后是中国企业历经几十年的艰苦创业和奋斗打拼，饱含着中国企业走出国门参与国际分工和全球竞争的坚定信心。中国企业在不同历史时期"走出去"的经历具有鲜明的时代特色，许多很早就开始"走出去"的中国企业，都经历过以下八个主要环节：一是新中国成立初期，面向亚非拉兄弟国家开展经济援助；二是改革开放初期，面向西方发达国家开展技术学习和引进；三是改革开放后，面向全世界进行较低层次的劳务输出；

四是开展海外工程总承包，向西方学习国际化经营经验；五是具备一定实力后，在熟悉的业务领域开展投资并购成熟的项目资产，提升国际化经营能力和水平；六是在发展中国家和新兴经济体进行绿地投资，进行全领域、全过程管控；七是抓住机遇收购西方大型跨国集团股权，通过资本的力量打破西方国家贸易壁垒，获得更高层次的国际化平台，实现更大作为；八是占据全球产业链高端，主导行业发展方向，引领全球产业发展。

中国企业做大做强做优做世界一流，必须树立全球视野。建设世界一流企业既要"低头拉车"，更要"抬头看路"，不仅要知道自己做得好不好，还应当看到自己在全球行业内的位置和地位；不仅要知道自己要做什么，也要看到竞争对手和合作伙伴要做什么，行业在发生着哪些变化，世界正在酝酿哪些变革。企业的战略管理和经营管理都是基于对各种信息的判断，既包括企业的内部信息和行业信息，也包括多种外部信息和综合信息。企业的规模和市场越大，需要分析研判和处理的信息就越多，如果没有全球视野，也就无法形成全球格局，自然也不会具备建设世界一流企业所需要的国际影响力和国际竞争力。

全球视野的形成不是一日之功，需要企业不断提升信息的收集、过滤、分析、归纳、研判能力，需要企业管理层所做的任何一个重大决策都应当放在全球化的大格局、大历史下去考虑，一项重大决策也许在当时、当地可行，但在长远、在全球就有风险，这种全球视野是大多数正在"走出去"的中国企业亟待提升的短板之一。

二、提升国际影响力和竞争力的重大价值

中国企业在具备全球视野的基础上，还应当加快提升国际影响力和国际竞争力。中国企业长期以来习惯多做少说、只做不说，我们细心于观察，擅长于实干，但逊色于表达，这是中华民族谦逊低调、不事张扬的民族本性之一。但是，在中国企业日趋国际化的当下，我们所培养的全球视野应当为形成、巩固和提升全球影响力和竞争力服务，为争取全球话语权服务。

中国企业应当努力提高国际影响力和国际竞争力，获取与中国综合国力和中国企业自身实力相匹配的话语权。在中国企业"走出去"的过程中，我们时常感到海外市场青睐中国资本、中国产品和中国技术，但中国企业没有得到与企业综合实力相匹配的尊重。这说明中国企业的投资实力、品牌号召力、资源整合力等综合实力还没有转化为相匹配的国际影响力和国际竞争力，导致西方国家对中国企业仍停留在处于全球产业链中低端的刻板印象。

企业国际影响力和国际竞争力源于企业的综合实力

又高于综合实力，不仅包括企业的资本、技术、人才等硬实力和品牌、信誉、管理等软实力，还包括企业的行业主导力、创新引领力、产业链控制力、战略开拓力和风险应对力等关键能力。它既是企业在长期经营过程中积累形成并逐步外化的核心能力，也是企业在日常经营之外服务民生福祉、推动社会进步而逐步内化的企业精神文化。

全球化背景下，企业的国际影响力和国际竞争力有着不可估量的重大现实价值，是所有渴望"走出去"、正在"走出去"和已经"走出去"的中国企业都迫切需要获得和提升的一项核心能力和重要战略资产。企业拥有强大的国际影响力和国际竞争力，意味着更强的风险防控能力、资源控制能力和政策引导能力，能够让企业赢得先机、掌握发展的主动权，它有着不可替代的现实价值，能够跨越国界、文化和行业发挥效用。它能够产生超额效益，包括获得重大机遇和优质资源、更高的国际资信评级、更低的融资成本和更高层面的政府背书，能够引领并主导行业的发展方向，甚至影响政府相关法规政策的制定。

企业之间的国际影响力和国际竞争力比拼较量通常是零和博弈，需要不断巩固提升，借助国家影响力可以事半功倍。一家企业的国际影响力和国际竞争力的提升，必然标志着同行业竞争对手国际影响力和国际竞争力的降低。企业国际影响力和竞争力的形成、提升往往需要长时间的积累，更需要企业有意识地主动培养。中国企业应当利用多种国家平台和外交机遇，抓住中国国际影响力不断提升的发展大势，通过服务国家战略、承担国家任务、服务国家外交，借助中国崛起强大的大势和平台快速提升中国企业的国际影响力和国际竞争力。

第二十一章
优化资本结构
提升企业市场价值

    20 世纪 90 年代初期，中国经济步入年增长率 10% 以上的高速发展轨道，香港中国投资对策发展有限公司主动联合一些急于寻求发展而企业财务指标尚不理想的国有企业，采取低估企业市场价值的办法，进行低成本收购或合资控股。在短短的一年半时间里，收购了 200 多家国有企业，经过短暂的结构调整和经营包装，对企业资产存量进行重组，并引入资金和技术，上马新项目，推出新产品，利用并购产生的协同效应，使被收购企业的市场价值快速提高。随后又将这些企业纳入该公司海外控股公司名下，在海外上市融资。同时又将在海外上市筹集到的资金投入到国内，实行滚动收购市场价值被低估的企业，没有投资办一个工厂就赚钱无数，有人称之为"中策现象"。

    在今天的中国企业界，企业价值理论已开始被广泛认识和实践。但重新看当年"中策现象"，仍然可以给今天的中国企业带来一些全新的启示，使我们思考什么是企业的市场价值，企业应当怎样行动和发展才能提升市场价值。

一、努力提升企业市场价值

世界知名投资银行几乎都以企业市场价值或与市场价值相关的指标作为评价企业的主要依据。企业市场价值是在企业发展的高级阶段，在市场经济条件下出现的一个全新概念，真正意义上的企业市场价值产生于现代公司企业。

企业市场价值作为企业整体质量和综合属性及其功能的反映，它是企业一系列重要因素共同作用的结果，其中企业的核心竞争力、盈利能力、创新能力、资本结构和抗风险能力共同构成企业市场价值的主要决定因素。之所以是主要决定因素，是因为这些因素是企业市场价值本质特征的反映，它们直接构成财富的创造和价值的形成，能够决定一个企业的效用和优强，可以不通过其他任何中间环节，对企业市场价值的创造和毁损以及企业市场价值的大小直接产生作用，而企业的市场价值是世界一流企业的重要特性指标。

关于企业核心竞争力、创新能力和抗风险能力我们已在前文进行了论述，本章将重点论述企业的持续盈利能力提升和企业资本结构优化的关系。

二、持续增强企业盈利能力

企业的盈利能力是指企业能够通过生产经营活动获取利润的能力，是企业赖以生存和发展的基础，是企业所有能力中最基本和最重要的一种综合性能力，它比企业盈利本身要重要得多。一个企业拥有稳定的盈利能力，就具备了企业市场价值创造的基础，不但使企业在市场竞争中能够长久地生存和稳步地发展，而且还能够使企业的价值不断得到提高和增值。

企业整体盈利能力的提高需要从体制上去完善。企业制度具有不断变革的趋势，只有在企业结构性功能不断完善的情况下，企业的整体盈利能力才会得到实质性的提高，而且这种提高并不是静态的，而是持续性提高的趋势。

企业盈利能力提升需要完善以盈利为目的的合约关系。企业的盈利是在市场上形成，但是盈利的成本确是在企业内部形成。完善企业内部合约关系，实际上能够减少企业的内部交易费用，形成企业进一步盈利的成长机制。经济行为人的有限理性，经济主体的侥幸倾向，都会降低企业合约的有效性。为了防止合约的弹性，避免管理中出现的"短板"效应，就必须完善企业的整体合约。实际上，企业管理中的"短板现象"的出现带有必然性。有效降低这种必然性的发生，应该成为企业努力的方向。只有将企业的盈利能力具体化到企业每一项行为和每一个合约之中，在企业的盈利形成以前，就已经将盈利价格具体化，将盈利风险分散化，将盈利成本化，才能够实现企业盈利能力的稳定与提高。

企业整体盈利能力的提高，需要企业坚持不懈地拓展企业经营能力的边界。对于每一个企业来说，企业经营能力都是有一定边界的。在边界内经营，是企业保证基本盈利的基本条件。但是企业如果不拓展其经营中形成的边界，长期处在静止的状态中，就会被其他企业超过，在市场中降低企业的盈利能力。企业这种能力边界的调整，要求企业能够及时收缩战线，同时又能适时扩展战线。收缩战线要求企业从自身不擅长的领域和产业中退出，或者从已经走向成熟期的领域中逐步退出，或者及时地剥离掉不良资产，使企业及时得到调整。扩展战线要求企业能够力争将企业最具优势的主攻产品放置到最有发展前途的项目上，形成企业的核心资产和核心技术，保持竞争优势，同时及时发现具有发展潜力的项目，及时抢占前沿阵地，保持企业持久的竞争能力和发展竞争优势。

企业整体盈利能力的提高，需要消除关联的组织障碍，消除协作单位之间的利益不对称。消除了抵制关联的利益动机，实现相互之间的关联就有了可能。在企业之间构建关联，可以依据不同的方向来进行。横向之间的关联，更多的可以采取非组织的法律协议方式进行。纵向之间的关联，可以采取组织的形式实现业务的传递性。同时要加强企业资金流量管理，努力提高企业可支配资金的流入量；加强企业的资产管理，通过实行有效的资源分配方式，加快物资周转，提高生产效率；加大投入，集中力量发展企业的核心业务，实现企业市场价值的快速增长。

企业盈利能力的提升应当体现在利润平滑和资本结构可持续地优化基础上。理想的企业利润增长曲线不应是起起落落的"波浪式"，也不应当是一平一起的"台阶式"，而应当是曲线式的平滑增长。这种平滑式的增长曲线给予市场的不仅仅是对企业未来的乐观预期，更代表了企业的盈利是有目标、可控制、可持续的增长，是企业核心能力优强、市场控制力强大、资源管控能力突出的表现。

三、不断优化企业最佳资本结构

企业资本结构是指企业所有者权益与负债的比例关系。在市场经济条件下，无论何种规模、何种所有制的企业，不管其是否有条件建设世界一流，都存在着企业资本结构的问题。对大多数中国企业特别是中央企业来说，企业资本结构都是在历史发展过程中逐步积累形成的，而不是一种企业理性选择的结果，因为中央企业即便资产负债率再高，也能获得较为优厚的银行贷款支持，因而普遍缺乏对企业资本结构重要性的认识和管理。

任何一个企业都存在最佳资本结构问题，这是一个无法回避的事实，也是一个必然的客观结果。在市场经济条件下，企业在建立和发展过程中所需要的资金不可能都由企业自己独自解决，必须多途径、多渠道筹措解决。而企业在任何一个时期所需要的资金又是有限的，这就必然带来了选择问题，是发行股票、发行债券，还是向银行贷款，是采取租赁，还是采取并购方式。利用上述方式各筹集多少资金，各种资金在总资金中所占的比重是多少为最好，这就必然存在企业的最佳资本结构问题。

决定一个企业资本结构的优劣，除企业所需要的资金必须而且只能多渠道筹集这个因素外，还因为不同渠道筹集的资金具有不同的融资成本，具有不同的回报要求，而且具有不同的风险特征，同时对企业的经营具有不同的控制权和影响力，而这些又共同构成了对企业市场价值产生重要的影响。

企业资本结构与企业市场价值关系密切，并且不同性质的企业和不同经营情况的企业，存在着不同的最佳资本结构。所谓最佳资本结构是指企业的资金成本最小，风险最小，企业收益和企业市场价值最大。清华大学陈小悦教授已经证明，企业的最佳资本结构，在一定条件下唯一存在而且稳定。在现实中，由于多种因素的互动影响，企业最佳资本结构是一个区间值，资本结构在这个区间内波动不会影响企业市场价值。

不同的企业，不同的经营状况，其最佳资本结构不同，但最佳资本结构的确定都是企业对资金成本和收益权衡下的结果，都是企业追求价值最大化与破产违约风险约束的良性互动结果，而不应该是人为的选择和主观确定的结果。需要指出的是，企业最佳资本结构是一个不断优化的动态过程。只要市场完全有效，当企业资本结构偏离最佳资本结构区间时，市场机制的作用会促使企业自动回到最佳资本结构区间上来，因为只有在这个区间上的资本结构对应的企业市场价值最大。当市场机制不健全，企业制度化结构和内部机制不合理时，企业自身缺乏对来自市场信号反应的灵敏性，而且企业内部自身也难以产生出动力要求，此时，企业很难有自动实现优化资本结构的功能。因此，必须对市场的完善和企业自身的改革同时提出要求，只有当两者条件都成熟时，才能形成上述机制。

企业最佳资本结构能够将市场外部环境和企业内部条件互动影响综合起来，内化成一种较为稳定的资金结构，来规范约束企业的融资行为和投资行为。企业的全部活动可以概括为融资、投资和经营三大活动，而融资所形成的资本结构，制约并影响企业的投资和经营两大活动。企业负债比率上升，预示着企业具有较好的投资项目，也预示着企业处在较好的经营阶段，从而预示着企业具有较好的未来预期收益，而正是这种符合规律的客观反映，给投资者以信心，并吸引投资者对企业进行投资。

另外，不同的企业最佳资本结构能够显示企业的不同风险特征和企业的不同控制权结构，并能对企业产生不同的激励和约束作用，对企业的利润分配和对企业的控制程度提出不同的要求，从而对企业的投资行为和经营行为以及对企业的发展战略产生不同的影响和约束，从而有利于企业行为的规范。

由于企业最佳资本结构的上述特性，以及同企业市场价值具有紧密的内在联系，所以我们提出要以更加优化的企业资本结构来作为评价和度量中国企业市场价值的重要指标和推动企业实现资本优化配置的路径抓手。

从理论上讲，每一家企业都存在近乎独一无二的最佳资本结构，但在实际中企业很难准确找到这一最佳点。这个"点"与企业的内部、外部因素高度相关，外部因素包括国家发达程度、市场成熟度、政策法律完备程度、经济发展周期、财税机制、行业竞争度等，内部因素包括企业所处行业、产业链位置、资金财务成本、经营管理能力、战略开拓能力、创新能力、风险应对能力、企业控制力等。因此，在现实操作中不能机械地套用理论模型进行分析，而必须充分考虑企业的实际情况和所处的客观环境，在认真分析研究影响企业资本结构优化的各种因素的基础上，进行资本结构的优化。

正是因为上述这些因素，决定了中国企业应当审视企业的资本结构、重视企业的资本结构并尽快构建科学的企业资本结构，合理使用各种资金，使企业风险成本最小，收益和企业市场价值最大，同时也有利于中国企业获得较高的资信评级，以强大的盈利能力和最佳的资本结构加速实现做强做优做大，加快打造世界一流企业的步伐。

第二十二章
选好"一把手" 配强"关键少数"

在现实中我们常常遇到这样的情况，人往往都愿意追随在各方面都强于自己的人，所以二流的"老板"只能吸引三流的人才，二流的人才也无法管理一流的企业。企业要想招募吸引更好的人才，企业的"一把手"首先要更优秀。企业"一把手"的眼界、格局、层次往往决定了企业所能达到的最高水平。企业"一把手"在企业发展中所处的位置至关重要，他们是整个企业的领跑者，他们的速度决定了身后所有人跟跑的速度，他们的视野决定了企业发展的未来，他们的精神特质影响着整个企业的文化底蕴。同样的行业、同样的企业在不同的"一把手"掌控下，在不同的人才团队管理下，往往呈现出不同的发展态势。"一把手"的眼界、格局、层次不高，副手和管理团队有能力也很难有空间施展。

对中国企业而言，选好"一把手"、配强"关键少数"，最大限度地激发弘扬企业家精神，是事关企业前途命运的重大发展命题。"一把手"和"关键少数"的选拔关键是要有过硬的政治素养、卓越的领导能力、良好的道德品行、独特的性格特质。

一、过硬的能力素养

中国企业的"一把手"首先应当是懂企业的政治家，讲政治的企业家，充满家国情怀和使命责任感，有崇高的理想信念和坚定的政治立场。

习近平总书记在国有企业党的建设工作会议上明确指出，"国有企业领导人员是党在经济领域的执政骨干，是治国理政复合型人才的重要来源，肩负着经营管理国有资产、实现保值增值的重要责任。国有企业领导人员必须做到对党忠诚、勇于创新、治企有方、兴企有为、清正廉洁。国有企业领导人员要坚定信念、任事担当，牢记自己的第一职责是为党工作，牢固树立政治意识、大局意识、核心意识、看齐意识，把爱党、忧党、兴党、护党落实到经营管理各项工作中。"这是国有企业党员领导干部的标准，也是肩负起做强做优做大国有企业，履职尽责、担当有为的总要求。

国有企业的"一把手"和企业领导人员，必须要始终牢记自己的身份是党的干部，自己的平台和权力是党和国家赋予的，必须忠党报国，牢固树立"四个意识"，坚定"四个自信"，坚决做到"两个维护"，勇于担当作为，无私奉献，全力以赴为党尽忠职守，为国家殚精竭虑，为企业拼搏付出，不辜负党的培养，无愧于党给予的平台和信任。

我们都有短板和不足，但企业"一把手"始终处于"聚光灯"和"放大镜"下工作和生活，他们的任何短板和不足都会被放大或被利用。因而他们必须有坚定的理想信念，必须是杰出优秀的专业人才，有高尚的品德修养，优良的性格特质和良好的作风。

二、良好的道德品行

企业"一把手"是企业的"旗帜"，他们未必具备十分全面的专业能力，但一定是某些领域的专家，因为不同领域的专业知识可以通过雇佣或外包更专业的团队机构来完成，但企业"一把手"的特质能力无法外包、不能购买、无人补位，只能依靠个人的努力和长期实践积累。

有端庄厚重的品行、廉洁自律的作风是"一把手"被委以重任的前提和基础。"一把手"应当有理想信仰、目标追求、全球视野、历史眼光、大国格局、家国情怀、做人境界、品德修养；有奋斗开拓精神、执着敬业精神、创新理性精神；有遵章守制的底线意识，有接受组织和群众监督的思想自觉，有勤俭低调、不事张扬的作风；有思想影响力、战略引领力、组织领导力、用人凝聚力、精神感染力、行动感召力。

"一把手"能够随时将丰富鲜活的社会实践和企业创新实践用理论思维提升形成科学认知，形成独特理论成果。他们能够敏锐感知变化、获取数据、分析机理、提出措施、制定方案，形成规律性的认知。他们能够将个人的追求进步，同国家民族的事业融为一体，在服务国家、奉献社会中成就自己、丰富人生、体现价值、展现才华。他们学习有方法、做事有学问、做人有品格、事业有追求、奋斗有理想、精神有信仰、人生有目标，行为理性规范，思维严谨缜密，态度谦和稳重，性格包容独特，不唯书、不唯上、只唯实。他们善于帮助人，用信念感召人、用情怀感染人、用事业和平台培养、成就更多优秀的人才。他们能够用数字感知变化，用数据分析机理、用概念思维理解世界、用逻辑推理问题、用知识判断价值、用结构化的方式学习、用实践创新理论、用智慧创造思想、用平台合作借力、用共享实现共赢、用使命凝聚力量。

三、优秀的性格特质

企业"一把手"始终有坚定的目标定力，先有自信才有他信，只有自信才能坚信，唯有坚信才能坚持，只有坚持才能成功，只有成功才能更加坚定自信、更加坚信、更加强大、更加有作为。企业"一把手"不仅要有理想还要有激情，有激情还要有理性。不过分重视别人的看法和意见，不追求众口一词都说好，不为博取他人好感而把自己陷入愚昧的虚荣当中，能够沉默笃定获取他人的信任。他们勤奋之中有理性，勇敢之中有谨慎，拼搏之中有勤于思考，一生意志坚定，平和而执着，谦虚而无畏。无论任务有多艰巨，压力有多大，都能从容笑对人生，从事业中得到一生的乐趣。

企业"一把手"应当善于团结班子成员和下属，善用集体的才干和智慧，发挥群体的合力实现企业共同的发展目标。企业"一把手"在各种情况下都能够理性待上，平等待下。他们不媚上欺下，不降志辱身，不追赶时髦，不为流俗所困，特立独行，专注实干，一生择一事、从一事、成一事。他们时刻谨言慎行、低调谦逊，不给他人恭维、利用和围猎的机会。他们态度谦和，没有架子，从不炫耀自己的权力、能力、知识和关系，从不轻易下结论，总是用自己特有的作风和睿智影响身边的工作人员，总是激励和调动下属干事创业的积极性，以自己丰富的知识，高超的能力，缜密的思维，优秀的品德，赢得同事的敬佩、信赖和尊重。

企业"一把手"能够善于察觉他人的情感需求和所关心事物，不断提升换位思考的能力。优秀的企业家能够善解人意，帮助他人进步，能够运用有效策略，说服他人，善于聆听，表达信息清晰。对个人和群体能够进行有效激励和引导，具有培养和谐互助的人际关系的能力。同时对自己有准确的评估，能够运用自己工作的价值导向作出决定，充满自信自强。

四、"一把手"的影响力与领导力

在人们传统的认知中，国有企业"一把手"作用的发挥是通过"权力"来实现的，然而在现实中，优秀的企业"一把手"通常是通过"影响力"和"领导力"来实现有效的管理。"影响力"和"领导力"常被人们等同视之，但事实上，两者既有紧密联系又有明显区别。从两者的联系看，"领导力"需要通过"影响力"才能有效发挥，期间通常都会经历"认识、接纳、认同、信赖、跟随"的发展演进过程，没有"影响力"的赋能，"领导力"就没有可供施展的平台。"领导力"也能影响并拓展"影响力"。"影响力"虽然是上级组织赋予的，但其影响范围和影响层次却不是固定的，才干突出的"一把手"能够通过自身的"领导力"拓展"影响力"的范围和层次。从两者的区别看，国有企业"一把手"的"影响力"通常都是上级党组织赋予的，符合现代企业制度的决策程序并得到企业法人合法授权，当一个领导者被放置在"一把手"的岗位上，不管其个人能力高低，首先都代表着上级党组织的权威、国家法律的严肃和现代企业制度的严谨，也就是说，"一把手"的"影响力"并非来自于个人，而是自上而下的组织授权，来自于上一级组织。"一把手"的"领导力"往往是基于个人的能力、经验、智慧、修养、德行所积累形成的，对国有企业的"一把手"而言，更是个人理想信念、党性觉悟、政治站位的外在彰显，是一种由内而外散发的睿智、勤勉、谦逊和担当，"领导力"不是天赋、无须授权也无法给予，只能依靠自身的后天努力才能形成。对"一把手"而言，"影响力"和"领导力"缺一不可。空有组织赋予的"影响力"而不具备与岗位、责任相匹配的"领导力"，也就无法正常领导全局、开展具体工作。

对于国有企业各个层级的"一把手"而言，对所处的位置、所掌握的资源、行使的权力、担当的责任、得到的尊重、享受的待遇等都应当有清醒、客观和理性的认识，究竟哪些是基于上级组织赋予的"影响力"，哪些是基于个人德行才干的"领导力"，不能将组织赋予的"影响力"等同于个人的"领导力"。对于国有企业的各级"一把手"，"领导力"的形成都需要组织的发现和培养，需要组织授予的信任和赋能，需要组织赋予的平台和机遇，这是所有体制内人才能够成为"一把手"的前置条件。没有一定的时间积累和实践探索，在走上"一把手"岗位之前就具备相应"领导力"的干部毕竟是少数，绝大多数干部都是在"一把手"的位置上经历磨砺、承受压力才逐步提升"领导力"的。他们总是谦虚、谨慎地弥补自己能力上的不足、知识上的短板，并不断自我锤炼、自我加压和自我提升，善于利用组织的力量、团队的帮助、事业的平台，不断补齐专业短板，提高政治站位，拓展视野格局，在真抓实干中提升"影响力"和"领导力"，并且将"领导力""影响力"转化为企业的生产力和创新力。

市场经济越发展成熟，体制机制越完善有效，"一把手"和"关键少数"在企业发展中的作用就越大，贡献也越大。中国特色社会主义市场经济发展进步过程中关键的力量之一，就是有效激发并发扬了企业家精神，这种企业家精神和"一把手"文化在中国企业创建世界一流企业的实践中将起到至关重要的推动作用。政府、企业和社会都应当尊重企业家精神，重视"一把手"的头雁效应，制定完善保护企业家的权益和激励"一把手"创新担当精神的政策措施，形成容错机制和宽容态度，营造鼓励创新、宽容失败的政策环境和社会氛围，支持国有企业"一把手""关键少数"和民营企业家为国家强盛而拼搏奋斗，不断作出新的更大贡献。

第二十三章
人才是企业最重要的核心资产

今天，人才的重要性已经成为所有世界一流企业的共识，并作为衡量企业综合实力的重要指标之一。习近平总书记明确指出，人才是实现民族振兴、赢得国际竞争主动的战略资源，必须加快实施人才强国战略，确立人才引领发展的战略地位。

一、重视人才　珍惜人才

企业能够创造价值和财富归根结底是要靠人的劳动、经验和知识才能实现。人才掌握着企业最关键的经验、技能，并且是不可分割的重要资产和可以传承发展的资本。

以一流人才为核心的企业资产，是世界一流企业不断发展壮大的根基所在、生命力所在。企业的"企"字，"人"在上为"企"，无"人"为"止"。在知识经济时代，资本越来越多以知识和技术的形态而存在，而且这种形态的资本价值比机器、实物形态的资本价值要大得多。知识、技术、智慧和经验是支撑并推动企业发展的生产力要素和重要资产，而以这些要素为化身的核心人才构成一个企业核心资产中的核心。核心人才是企业创新动力、盈利能力和发展活力的基础和源泉。优秀的企业能够吸引成熟人才、培养一流人才、塑造领军人才、留住核心人才。

世界一流企业无一不是重视培养核心人才的典范，不惜重金去网罗人才、发现人才，舍得本钱去培养人才、留住人才，特别是各专业的领军人才，始终坚持人才为本的企业发展观和企业市场价值观。世界一流企业吸引一流人才的资本不仅仅是富有竞争力的薪酬，更在于世界一流的平台、世界一流的视野、世界一流的事业，这也是世界一流企业最大的吸引力所在、优势所在。

世界一流企业不仅要吸引人才、培养人才、留住人才，也应当乐于为行业、为社会、为国家培养人才、输出人才，而不应当将人才作为企业的"私有财产"。世界一流企业应当有这种自信，即人才可以成就企业，企业同样也可以成就人才，在企业与企业、企业与社会之间形成一流人才的良性流动循环，将企业的理念、文化、精神传播到更广泛的行业领域、社会领域，推动企业与社会的共同进步，也是世界一流企业的伟大之处。

二、培养人才　成就人才

能为企业创造价值并且具有不可替代性的员工都应当被视为人才，而不应以学历和毕业院校作为评价人才的唯一依据。被企业所需要的人才并不是仅靠学校就能培养教育出来的，需要企业从基层工作中选拔出来，在吃劲岗位上锻炼出来，在多岗位的交流中培养出来。优秀的人才是企业招聘来的，一流的人才、核心的人才是企业自己培养出来的，也是激励出来的。

人才培养的重要性无须多言，今天几乎所有的中国大企业都成立了自己的企业大学、企业党校，也形成了较为完善的人才培养体制和机制。中华民族自古以来就是全世界最重视教育、擅长学习的民族之一。但正因为这种民族传统，我们更重视知识、经验和技能的传承，而常常忽略了精神层面的激励在人才培养中的重要性。人是富于情感的生物，天生需要和渴望被赞美与欣赏，引导、鞭策和激励都是加快人才成长的重要手段方法。组织行为学的观点认为，激励可以有效激发人的主动性和创造力，强化组织内各成员行为和目标的一致性。激励意味着对人才工作能力的认可、人格的尊重、精神的关爱，在人才的成长过程中，鼓励、支持和报偿都是不可或缺的要素。对企业"一把手"来说，因人而异的激励措施是体现管理水平的重要方面。除了基本的薪酬激励、股权激励之外，还应当灵活运用荣誉激励、职务激励、精神激励、政治激励等多种方式。

知人善任、人尽其才也是企业人才战略的重要组成部分。一流的人才未必都是通用的"螺丝钉"，在一个岗位能发挥所长、产生效益，削足适履、盲目安排，也可能会"水土不服"，不仅难以发挥出全部才能和应有作用，反而可能引发负面效果。因此，人岗相适、知人善任才能最大程度激发人才的创造力，这是企业用好一流人才、留住领军人才的关键。

对于中国企业来说，人才强企并不仅仅是多多益善的一流人才队伍，更需要建立科学合理的企业人才结构，包括人才的年龄结构、学历结构和专业结构等，使人才群体内各种有关因素形成最佳组合，并且根据企业发展的现状、阶段和目标不断调整人才结构，制定人才发展规划，将其纳入企业发展战略层面进行总体布局规划。

中国企业不仅需要一流的管理帅才和技术领军人才，当前尤其缺乏有国际视野、有战略开拓和项目决策能力、懂管理、可以胜任国际化经营的管理人才，缺乏具备海外项目评估能力、揭示国际经营风险能力、判断评估海外资产价值能力、规避海外法律税务金融等风险能力的专业人才，缺乏能够实现从 0 到 1 的原始技术创新人才和重大关键基础创新领军人才。中国企业建设世界一流企业不能全部依赖投行和咨询公司，重大技术创新不能靠外包委托，在关键领域和关键环节企业必须自主可控，必须有自己独立的创新能力和审核评判能力，而这一切的关键都在于高素质的专业人才。

第二十四章
培育独具特色的企业精神文化

人体细胞每隔 7 年就将整体更新一次，能够让"我"仍是"我"的，在于精神思想的一贯性和文化理念的一致性。

一、企业独特精神的价值内涵

企业精神和企业文化往往由企业的第一代领导者创立，并随着时代发展而发展，是在企业内部取得普遍共识、广泛拥护和共同践行的核心价值观。

所有的世界一流企业都有其独特的企业精神和企业文化，这种精神文化的形成不是事先经过理性方案设计出来的，而是企业在创业、发展、壮大中逐步总结形成的，是企业所有成功、挫折和失败的凝结，是从企业"一把手"到普通员工的精神共鸣，企业精神文化不能一蹴而就，也不会一劳永逸，需要不断注入时代精神、与时俱进，需要"一把手"坚强的理想信念引领，更需要全体员工同心同德的共同坚守和传承发扬。

拥有独特精神和文化的企业不一定都是世界一流企业，但没有独特精神和文化的企业注定无法成为世界一流企业。有着 120 多年历史的美国 GE，其企业精神历经多次重大迭代，从 20 世纪 30 年代的"电气让生活更美好"再到 21 世纪的"梦想启动未来"，变化的是 GE 从推动电气产业发展到致力于引领全球工业变革的雄心壮志，不变的是公司创始人爱迪生对创新孜孜不倦的追求。在企业精神的驱动下，GE 不仅成为世界最大的提供技术和服务的跨国公司，而且是最出色的能够将伟大创想转化为领先产品和服务的世界一流企业。这样一家有着百年底蕴的世界一流企业，它的企业精神和文化的形成并非一日之功，GE 的企业精神和文化也是企业走出当前困境、重现往日辉煌的重要推动力量。

人无精神则不立，国无精神则不强，企业无精神则不兴。企业精神和企业文化是企业核心价值观的凝练，是发展历程的缩影，是基业长青的基石，是凝心聚力的旗帜，是创造价值的催化剂，只有精神坚如磐石、如中流砥柱，企业文化兼收并蓄、传承发展，企业才能屹立不倒、激流勇进。没有强大的企业精神文化，就无法形成上下同欲的精神凝聚力，也就没有勠力同心、实现共同目标的一致追求，这些都是中国企业打造强国重企、建设世界一流企业不可或缺的重要基础条件。

二、将时代精神和优秀民族文化融入企业精神

打造世界一流企业和强国重企，不仅要建设科学的治理结构和良好的体制机制，而且要彰显先进的思想理念、独特的文化氛围和高尚的精神品格，不仅要培育持续发展的内生动力、不断创新的强大活力、持续盈利的稳定能力，还要培养领袖、企业家、人才和团队，推动社会进步和文化繁荣，使企业受人尊敬、令人向往、值得信赖和引人跟随。

一滴水可以折射太阳的光辉，一个国家整体的企业精神文化也是民族文化的浓缩，民族气质的彰显。中国企业应当成为民族优秀传统文化的传承者、传播者。华夏文明历经 5000 年风雨从未中断，成就了世界文明中的奇迹，更成就了源远流长、深邃厚重、熠熠生辉的民族精神。中国企业萌芽与发展壮大是一段跌宕起伏的史诗，是中国工匠精神、创新精神、爱国精神、奋斗精神、吃苦精神等民族精神的凝结，是革故鼎新、诚信守正、义利兼顾、义在利前、和谐万邦等民族文化内涵的集中展现。

中国企业应当成为中国特色社会主义制度和新时代时代精神的践行者和唱响者。新中国成立以来，中国企业伴

随共和国一同走过了风风雨雨的 70 多载，不但成就了一系列的大国重器、强国重企，更是先后涌现出"两弹一星"精神、北大荒精神、大庆精神、航天精神、天路精神、三峡精神、特区精神、"一带一路"精神，这是在中国共产党领导下的社会主义新中国才有的敢闯、敢试、敢为天下先的改革精神，是奋发有为、只争朝夕的创业精神，是为党的事业、为国家的进步、为民族复兴、为世界和谐而奋斗的时代精神，是中国展示给全世界的国家名片，更是中国企业"走出去""引进来"的文化自信所在。

企业的精神文化既是理想信念，也是可以具象化、现实化的实践目标。对于中央企业而言，每一家中央企业的诞生都承载着独一无二的国家使命，这是中央企业最独特的文化标签和精神底蕴。比如中国电信集团的起点可以追溯到红色瑞金，靠半部电台起家，服务红色政权的通信事业；华润集团是共产党亲手创办的企业，靠党中央拨给的三根金条在中国香港成立，承担着为抗日根据地筹措经费、购置物资的使命，红色央企就是它最鲜明的标签；招商局集团 100 多年来始终秉持着"通五洲商，以商业成功推动时代进步"的民族使命，从晚清到民国再到新中国，在不同的历史时期都为国家作出了重要贡献；三峡工程赋予了三峡集团独具特色的红色基因、国家基因、民族基因、改革基因、创新基因、绿色基因、工匠基因、协作基因、奋斗基因和廉洁基因，构建了三峡集团可持续发展的坚实根基和梁柱，凝聚了独具特色的三峡精神文化内核。无论三峡集团走多远、做多大，为民族事业而生、以三峡工程为根的企业初心、企业精神、企业使命都不会动摇，这是企业的文化基因、精神源流。

有人曾经做过统计，50年前的世界500强，现在依然留在榜单中的不到10％。10年前的世界500强，有20％已经跌出了榜单。东西方世界一流企业胜败兴衰的案例都说明一个道理，再优秀的企业如果不能始终保持一流，就随时可能跌入二流、滑入三流，甚至最终不入流。古人讲"骐骥一跃，不能十步；驽马十驾，功在不舍"，建设世界一流企业是一场没有终点的长跑，没有一蹴而就的成功，没有一劳永逸的付出，更没有幸运的突变，只有持之以恒的坚持和水滴石穿的韧劲。

世界一流企业的光环有多么绚烂，背后的打拼就有多么艰辛。建设世界一流企业决不能有毕其功于一役的投机心理，要有功成不必在我、建功必定有我的胸怀，要有"跑好自己这一棒"的责任担当，准备好付出一代人甚至几代人的长期努力，并且当企业成为世界一流企业之后仍然需要继续奋斗，因为时代仍在向前发展，对手也在进步，后来者都在试图超越，对所有产业领域的世界一流企业来说，"只有不停向前奔跑，才有可能留在原地[1]"。

1　出自于英国童话大师刘易斯·卡罗尔的《爱丽斯漫游仙境》。

结语

1735 年，全世界第一家腕表企业在瑞士注册成立，近 300 年后，瑞士仍然独占全球高端腕表制造行业的鳌头，同时也是精密仪器的研发制造强国，因为瑞士有斯沃琪集团、历峰集团和劳力士集团。1885 年，全世界第一辆汽车在德国诞生，100 多年后的今天，德国依然是全球汽车工业的主要引领者，因为德国有戴姆勒公司、宝马公司和大众公司。1903 年，全世界第一架飞机在美国试飞成功，100 多年后的今天，美国依然是全球航空航天领域的霸主，因为美国有波音公司、洛克希德马丁公司、太空探索技术公司（SpaceX）。

不管我们愿意不愿意，全球化的浪潮就在那里，它不请自来地推门而入，裹挟着每一个国家、民族和企业滚滚向前；不管我们主动不主动，世界一流企业的席位都是零和博弈，先到先得；不管我们接受不接受，世界一流企业都不是"世袭罔替",一旦企业停止创新、不再进步,残酷的市场就会毫不留情地收回它曾经馈赠给企业的一切。经济全球化的大幕一旦拉开就不会落下,全球市场的舞台很大,但聚光灯下的位置屈指可数,大国强企轮番登场,世界一流企业的位置从不为谁虚位以待。

沿着这条道路前进,需要非凡的勇气,因为国际市场也是国家博弈的战场,这条路上充满艰辛、困难和风险;肩负这个责任前行,需要坚强的意志和超人的毅力,因为打造强国重企、建设世界一流企业不能一蹴而就,需要一代人甚至几代人的接续努力、奋斗拼搏;为了这个目标打拼,需要坚持不懈的开拓创新,因为它没有统一做法和唯一路径,只能在探索中前行,在试错中成熟;为了这个理想而经历风雨,需要睿智和远见,因为前方仍然充满挑战和不确定性,有时会形单影只、不被理解。但我们必须前行,只能前行,因为"胜利不会向我走来,我必须走向胜利[1]"。

大国崛起,企业先行;大国脊梁,企业担当;大国战略,企业践行;大国合作,企业搭桥;大国博弈,企业亮剑;大国富强,企业荣光!

---

1 出自 20 世纪美国重要女诗人玛丽安娜·穆尔 (Marianne Moore,1887—1972)。

参 考 文 献

[1] 习近平 . 决胜全面建成小康社会　夺取新时代中国特色社会主义伟大胜利：在中国共产党第十九次全国代表大会上的报告 [M]. 北京：人民出版社，2017.

[2] 习近平 . 坚持党的领导、加强党的建设是国有企业的独特优势 [M/OL]. 北京：人民网，（2016-10）http://theory.people.com.cn/n1/ 2018/0103/c416126-29743033.html.

[3] 习近平 . 习近平谈治国理政 [M]. 北京：外文出版社，2014.

[4] 习近平 . 习近平谈治国理政（第二卷）[M]. 北京：外文出版社，2017.

[5] 国务院新闻办公室 .《关于中美经贸摩擦的事实与中方立场》白皮书 [R/OL](2018-09)http://www.scio.gov.cn/ztk/dtzt/37868/39004/ index.htm.

[6] 国务院国有资产监督管理委员会 . 关于印发中央企业做强做优、培育具有国际竞争力的世界一流企业要素指引的通知：国资发改革〔2013〕17 号 [A/OL]，(2013-1)https://www.pkulaw.com/chl/ d1fd0e9d7fd456febdfb.html?keyword=%e4%bc%81%e4%b8%9a% e5%ae%b6.

[7] 国务院国资委新闻中心，《国资报告》杂志社 . 国企改革 12 样本 [M]. 北京：中国经济出版社，2016.

[8] 中央电视台纪录片《公司的力量》节目组 . 公司的力量 [M].

太原：山西教育出版社，2010.

[9] 李正茂，王晓云，张同须等 .5G+：5G 如何改变社会 [M]. 北京：中信出版社，2019.

[10] 约玛·奥利拉，哈利·沙库马 . 诺基亚总裁自述：重压之下 [M]. 王雨阳，译 . 上海：文汇出版社，2018.

[11] 彭剑锋，白洁，江珊，言飞龙 . 波音：全球整合，集成飞翔 [M]. 北京：机械工业出版社，2013.

[12] 涩泽荣一 . 论语与算盘 [M]. 余贝，译 . 北京：九州出版社，2012.

[13] 高承禧，金圣寿，金新，金荣来，薛凤植 . 为什么是三星 [M]. 北京：中信出版社，2014.

[14] 大卫·马吉 . 伊梅尔特的通用之道 [M]. 范颖，译 . 北京：中国人民大学出版社，2019.

[15] 盛田昭夫，下村满子 . 日本制造 [M]. 周征文，译 . 北京：中信出版社，2019.

[16] 出井伸之 . 迷失与决断：我执掌索尼的十年 [M]. 程雅琴，译 . 北京：中信出版社，2008.

[17] 吉姆·柯林斯，杰里·波勒斯，基业长青 [M]. 真如，译 . 北京：中信出版社，2014.

[18] 施展 . 枢纽 [M]. 桂林：广西师范大学出版社，2018.

后 记

　　任何思想和认知都难免带有时代局限性，更何况"重企强国"这样一个宏大、深邃、广博的重大历史命题，我们仅仅是有幸窥见了这一思想宝库所折射的一点点光芒，就迫不及待地想与读者分享这份欣喜与激动，兴奋之余又不免为理论知识储备不足、认知深度有限而深感不安。本书的观点、案例和见解未必能够做到正确完美、合乎众意，但我们仍然愿意抛砖引玉、投砾引珠，希望"重企强国"这一命题能够引发政界、企业界和学界人士更多的关心、关注、思考和实践。

　　本书的撰写与出版得到了许多领导、同事、同行和学者的鼓励与帮助，也离不开家人、朋友和同学们的理解与支持。感谢在工作、学习中结下深厚情谊的多位良师益友，他们长期工作在中国企业经营管理、改革创新和理论研究的第一线，将毕生的精力与激情都倾注在对"重企强国"这一历史命题的思考与实践中，与他们的每一次交流探讨都令我受益匪浅，他们对本书出版的鼓励与期待更令我倍感责任非凡。还要感谢清华大学出版社的王如月老师以及参与书稿审校的各位资深专家学者，他们就书稿的改进、完善与提升提出了许多宝贵意见和诚挚建议，让这本脱胎于讲稿的书稿更加严谨翔实，也更具可读性。本书写作过程中的资料收集、整理与录入工作都由秘书张大伟同志代为完成，在此一并表示感谢。最后，再次向对本书出版给予支持和帮助的各位同志致以由衷的感谢。

本书付梓之际，中国与世界各国正在共同抗击新型冠状病毒疫情。这是一场不分国界、没有硝烟的战役，我们置身其中，深感自然永远值得敬畏，健康永远值得珍惜，祖国永远值得骄傲，中国特色社会主义制度的强大优越性永远值得自豪，人类命运共同体这一伟大共识永远值得捍卫！支撑中国人民控制疫情、战胜疫情的，是以习近平同志为核心的党中央的坚强领导，是为民政府、负责政府的有力管控，是广大医务工作者的勇毅"逆行"，是全国人民的万众一心，是睦邻友好国家的守望相助，也是广大中国企业服务一线"战疫"、支撑国家经济的担当有为。所有相关行业的中国企业都在开足马力生产，昼夜不停地运转，竭尽所能地为这场战役的胜利贡献每一分力量。这就是中国企业的力量，是强国重企的力量，是支撑国家崛起强大的力量，是推动民族实现伟大复兴的力量，是给我们信心和希望的力量，也是为全人类塑造美好未来的力量！

卢 纯

2020 年 3 月